Ingeborg Steiner-Beyer
Lichtfunken von Engeln und Erzengeln

AF194466

Ingeborg Steiner-Beyer

Lichtfunken
von Engeln und Erzengeln

Fusswege zur Seele für Therapeuten und Suchende

Haag + Herchen

Die auf der vorderen Umschlagseite abgebildete Puppenfigur wurde von Noriko Steiner-Obata (www.atelierkirin.ch) gefertigt.

Die Ratschläge in diesem Buch sind von der Autorin und dem Verlag sorgfältig erwogen und geprüft. Dennoch kann eine Garantie nicht übernommen werden. Sie sollen bei bestehenden Krankheiten auch nicht den Besuch eines Arztes oder Heilpraktikers ersetzen.
Eine Haftung der Autoren bzw. des Verlags und seiner Beauftragten für Personen-, Sach- und Vermögensschäden ist ausgeschlossen.

Bibliografische Information Der Deutschen Bibliothek
Die Deutsche Bibliothek verzeichnet diese Publikation in der Deutschen Nationalbibliografie; detaillierte bibliografische Angaben sind im Internet über http://dnb.ddb.de abrufbar.

ISBN 978-3-89846-544-1
© 2009 by HAAG + HERCHEN Verlag GmbH,
Fuchshohl 19a, 60431 Frankfurt am Main
Alle Rechte vorbehalten
Produktion: Herchen + Herchen & Co. Medien KG,
Frankfurt am Main
Satz: KB
Herstellung: dp
Printed in Germany

Verlagsnummer 3544

Inhaltsverzeichnis

Vorwort

Jahrelange Arbeit an mir und mit vielen Menschen haben in mir den Wunsch geweckt und verstärkt, über all den verschiedenen Schicksalen nach dem Sinn unseres doch recht anspruchsvollen Lebens zu suchen. Da ich über die Füsse arbeite, zeigte sich, was für ein wichtiger Ratgeber unser Körper ist, und dass es sich lohnt, auf ihn zu achten.

Das hat mich auch in die Vergangenheit geführt, in der Gründe dafür zu finden sind, dass wir so achtlos mit uns selbst und dadurch mit unserem Planeten umgehen. Ich hoffe, dass über all die miterlebten Geschichten deutlich wird, auf welche Weise wir immer wieder in alten Mustern stecken bleiben. Dies nicht zuletzt, weil unzählige Verletzungen in diesem und vergangenen Leben Schocks hinterlassen haben, die unsere Wahrnehmung einengen. Meist sind sie deutlich mit unseren jetzigen Problemen verknüpft und ein Grund für die geheimnisvollen Wege unserer Schicksale.

Wunderbarerweise gibt es einfache Mittel, solche Dramen mit Hilfe der geistigen Welt zu entschlüsseln und über die inneren Bilder Erlösungsarbeit zu leisten. Es ist spannend, dabei ein wenig von den universellen Gesetzen kennen und sie verstehen zu lernen.

Vor allem ist mir wichtig aufzuzeigen, dass jeder Mensch davon weiss, auch wenn es ihm nicht bewusst ist. Es ist wirklich so, als spielten wir in einem Theaterstück, in dem uns ein versteckter Regisseur immer neue Teilnehmer mit entsprechenden Rollen zuführt, bis sich die Geschichten in vollem Ausmass zeigen.

Meine Hoffnung für dieses Buch geht dahin, dass immer mehr Menschen, die einander helfen möchten, dadurch auch Mittel an die Hand bekommen, um an unsere unbewussten Quellen anzuknüpfen.

Die Arbeit ist nicht abgehoben, sondern sehr praktisch. Zudem gibt sie immer neu auf Schmerz- und Problemlösungen die Antwort, dass meine Grundlagen weiterhelfen und nicht nur Theorien enthalten.

Es ist absolut spannend, unsere Leben entschlüsseln zu lernen. Das ist eine sehr ausführliche Arbeit zur Bewusstwerdung, ganz praktisch im Alltag. Ich glaube immer mehr, dass darin der Auftrag unseres Menschseins liegt. Das ist nicht nur anspruchsvoll und schwierig, sondern hilft, Probleme schneller zu verstehen. Für mich gibt es nichts Traurigeres, als zu erleben, wie jemand hilflos leidet. Ich bin überzeugt, dass das nicht unsere Bestimmung ist, weder von der Schöpfung, von Gott, der Quelle oder dem universellen Gesetz her.

Trotzdem bleiben grosse Rätsel. Seher auf der ganzen Welt verkünden, dass alles nur Maya, ein scheinbares Spiel ist, dass es keine Zeit gibt und wir alle eins sind. Das ist sicher wahr, aber für uns nicht so leicht erlebbar. Unser Alltag besteht meist aus harter Arbeit. Es gibt Tag und Nacht und alle Jahreszeiten. Wir kommen auf die Welt und wir sterben. Wir freuen uns und wir trauern. Manchmal leben wir nur »lauwarm«, das ist unsere Realität.

Sicher dürfen wir lernen, bewusster und damit leichter zu leben. Der Schlüssel dazu ist unsere unsterbliche Seele, die uns durch all diese Möglichkeiten leitet. Die Hilfen warten in unsichtbaren Dimensionen um jeden von uns. Wir können lernen, die Lichtwesen zu erfühlen, sie manchmal sogar zu sehen, vielleicht über Farben oder Töne, auch über Träume und so immer sicherere Wahrnehmungen zuzulassen.

Unsere Einsamkeit und die Sehnsucht nach Verbundenheit helfen uns dabei, in diese Dimensionen vorzudringen, in denen das Geistige wahrnehmbar wird, wo Weisheit Wissen durchdringt. Zuvor aber müssen wir alle Blockaden im Körper, im Verstand wie auch im Herzen durch die Schwingungen des Lichts auflösen lernen.

Wir leben in einer sehr besonderen Zeit, die hilft, uns durch lichte Schwingungen getragen zu fühlen, wenn wir es nur zulassen. Ein Beitrag dazu möchte dieses Buch werden.

Dahinter steht meine grosse innere Sicherheit, dass kein Leid umsonst war, wenn wir die Lichtfunken finden und erkennen, dass wir bereits auf dem Weg zur All-Einheit sind. Vielleicht fühlen wir diese Lichter klein wie einen Tautropfen, in dem sich das Licht bricht. Sie können in einem unerwarteten Lächeln sein oder wir erhalten plötzlich Klarheit darüber, was nun zu tun ist. Es kann aber auch die plötzliche Erkenntnis sein, wie hilfreich letztlich eine schwierige Zeit für uns gewesen ist. Manchmal sind es wirklich Lichtgestalten oder Erlösungshilfen durch alle Zeiten, denen wir begegnen dürfen.

Der rote Faden, der durch dieses Buch begleitet, sind die Geschichten von vielen Menschen, die mir durch ihr Vertrauen Schlüssel zu bohrenden Fragen an die Hand gegeben haben. Das geschah immer mit der Hilfe der geistigen Welt, sonst bestünde kein Recht, so viele umwerfende Lebensgeschichten mit Auflösungsarbeit zu verbinden.

Da es den meisten Menschen sofort oder bald sowohl körperlich wie seelisch besser geht, möchte ich diese Hilfsmöglichkeiten weitergeben. Das erscheint Ihnen vielleicht zu breit gefächert, was ich alles anspreche in einem Fachbuch über Fussreflexzonenarbeit mit Meridianbezug, aber es enthält zudem zusätzlich meine Lebenserfahrung.

Wichtig ist mir eine immer grössere Achtsamkeit in allen Bereichen, die ich selbst immer weiter suche auf dem Weg zur ALL-EINHEIT. Diese Bereiche beinhalten nicht nur geistige Welten, sondern alles, was auf dieser Erde miteinander verbunden ist.

Wie innen – so aussen – wie oben – so unten
Wie aussen – so innen – wie unten – so oben

Dass die Geschichten so einfach erscheinen, ist das Wunderbare daran. Dazu kann ich nur sagen: Alles Grosse ist einfach.

Kapitel 1

Die Lichtfunken unserer Engel und Erzengel als Hilfe

Die Engel

Ich brauchte Mut, um diesen Titel so zu setzen. Er war eines Nachts da und ich wusste, dass ich dazu stehen darf. Er gibt allen Lichtwesen die Ehre, ihre Kraft auf unserer Erde immer mehr zum Durchbruch kommen zu lassen, indem wir sie wahrnehmen.

Der nächste Schritt heisst, uns bewusst zu werden, dass sie in uns integriert sind und es immer deutlicher zu werden wünschen! Sagen wir denn nicht, wenn wir uns besonders dankbar fühlen: Du bist ein Engel?

Engel besassen schon in meiner Kindheit einen selbstverständlichen Platz. Das wurde ohne grosse Worte von den Kalendern Sulamith Wülfings unterstützt, die wohl schon damals mehr wirkten als ich ahnte. Sie begleiten mich noch heute und ich freue mich, dass diese wunderbare Frau ihre Wahrnehmungen in aller Zartheit so deutlich darstellen konnte.

Seither hat sich sehr viel verändert in unserer Welt, besonders bei allen Menschen, die guten Willens sind! Das sind ganz viele Lichtmenschen, die manchmal, ohne es zu wissen, Freude, Mut und Dankbarkeit in Bewegung setzen. Manchmal sind sie völlig unauffällig, manchmal arbeiten sie im Blickfeld der Öffentlichkeit. Immer aber haben sie ein tiefe innere Sicherheit, dass das Leben einen Sinn haben muss, sogar dann, wenn sie völlig entmutigt sind.

Seit den 80er Jahren arbeiten immer mehr Gruppen mit den Engelkräften. Das geschah anfangs eher in den sogenannten esoterischen Kreisen. Langsam beginnen sich aber auch in kirchlichen Gemeinschaften solche Vorstellungen zu erneuern. Als eigenartig empfinde ich es übrigens, dass in Kirchen und Kathedralen seit Jahrhunderten

13

die Figuren und Bilder der Engel gegenwärtig sind, die Priesterschaft aber eine Scheu zeigte, das Thema ausser an Weihnachten ernst zu nehmen. Maria und die Heiligen waren in der katholischen Kirche wichtiger, evangelische Christen beriefen sich einzig auf Jesus.

Das ändert sich langsam und die Welt hat das wohl bitter nötig. Darum ist sicher dieser Modetrend von Engeln in allen Variationen bis in die Warenhäuser hinein entstanden. Er bringt das Thema durch verschiedene Dimensionen ins Bewusstsein, um es positiv auszudrücken.

Für mich sind die Engel in allen Lebenslagen hilfreich und darum anrufbar, so ähnlich wie Mütter, die sich auch überall zu helfen wissen müssen! Interessant ist für mich, über die inneren Bilder meiner Klienten wahrzunehmen, wie verschieden sich diese Lichtwesen zeigen. Es gibt die lieblichen Engelchen, tröstend wie Kinder, die ihrer Mutter die Tränen wegwischen. Dann gibt es Engel in allen Farben und Grössen, liebevoll, sanft, lächelnd, tanzend vor Freude, meist einige zusammen, auch warnend, streng auf eine Wichtigkeit hinweisend. Niemals sind sie negativ, auch wenn die Engel beschuldigt werden, nicht genügend bemerkbar zu sein. In Wahrheit ist es umgekehrt: Weil so viele dunkle Gedanken ausgestrahlt werden, können die Engelkräfte nicht mehr durchgelassen werden. Die Christusenergie dagegen empfinde ich den Alltäglichkeiten übergeordnet, dafür weltumspannend, wegweisend, integriert in die Engelkräfte.

Über meine vielen Patienten lernte ich, in schwierigen Situationen die Frage zu stellen: »Was meint dein/Ihr Engel, was ist jetzt wichtig?« Vorher hatte ich mein Wissen oder meine Erfahrungen benutzt und mit guten Rat-Schlägen manchmal vielleicht wirklich »Schläge« erteilt. Rückblickend begann diese Entwicklung langsam vor mehr als 20 Jahren und die Notwendigkeit wurde immer deutlicher, entsprechend dem Mut, den ich zu dieser klaren Fragestellung aufbrachte!

Mittlerweile läuft kaum eine Sitzung ohne Bezug zu den Lichtwesen ab, denn etwas Sichereres als ihre Antwort gibt es nicht. Sie besitzen zum Tiefinneren und gleichzeitig höheren Wissen eines jeden Menschen einen direkten Zugang.

Bei einer solchen Frage nach der Engelmeinung zeigen sich oftmals Licht, Farben und Bilder zum Problem. Erstaunlich oft sind die Schutzengel der Menschen fühl- oder sogar sichtbar. Es können in Notlagen sogar ganze Scharen sein, welche den Fragenden umringen, sich ihm vor allem sichtbar machen!

Wenn die Antwort zugelassen wird, lässt sich eine grosse Freude dieser Engel wahrnehmen, ja sogar Dank, dass wir sie in Anspruch genommen haben. Es wird deutlich, wie wichtig es auch für sie ist, gebraucht zu werden. Wahre Heerscharen sind bereit, durch ihre Hilfe Licht und Liebe auf unseren Planeten zu bringen. Das wird immer offensichtlicher, weil sehr vieles im Umbruch ist.

Der Engel, der uns durch unser Leben begleitet, steht »mit Engelsgeduld« wartend hinter uns, bis wir erwachen und ihn wahrnehmen, meist, weil wir aus irgendeinem Grund nicht mehr weiter wissen.

Engel sein heisst Schwingung sein. Ihre Schwingen können uns berühren, trösten, leiten und hoffnungsvoller stimmen. Darum sehen wir sie wohl mit Flügeln vor unserem inneren oder äusseren Auge. Es gibt einen schönen Spruch, der heisst: »Wenn du an die Engel denkst, bewegen sich ihre Flügel!«

Wir gehören zusammen, die Engel und wir. Sie sind die feinstoffliche Verbindung zwischen Himmel und Erde. Wir sind die Materie, die sichtbar machen kann, was im Feinstofflichen angelegt ist. Wir sind ihr Herz, ihre Augen, ihre Ohren, ihr Mund, ihre Hände und Füsse. Wir sind Ausdruck der Liebe im Alltag. Wirklich leben können wir diese Liebe nur mit Hilfe der höheren Schwingungen von geistigen Helfern, sonst bleiben wir im Wenn und Aber der Unvollkommenheiten stecken.

Der Körper aber muss dafür aufbereitet werden, diese Lichtkräfte zu empfangen und somit unsere Durchlässigkeit zu üben. Dazu gehört das Lösen von Blockaden in jedem Körperbereich, die meist durch unsere Emotionen, vielleicht auch durch Schicksalsschläge entstanden sind. Dann atmet die Seele gewissermassen auf und kann erkennen, was als Nächstes möglich wird, und dass sie nicht alleine ist.

Wenn die Not sehr gross ist, wird bald klar, dass es noch zusätzlich die Kraft eines Erzengels braucht. Das ist vor allem wichtig, wenn sich Seelen für das Licht befreien wollen. Dann kann ich den bedürftigen Menschen fragen lassen, welcher Erzengel denn nun helfen kann. Meist kommt ein Name, das können bekannte Erzengel sein wie Michael, Raphael, Gabriel und Uriel. Es können aber auch ganz andere Namen abgerufen werden, welche der Empfänger noch nie gehört hat.

Das sind für mich wichtige Zeichen, dass alles stimmt, was da geschieht. Gerade bei Zweiflern kommen solche unbekannten Helfer, denn diese haben die Angst, alles könnte nur Wunschdenken oder Einbildung sein und bremsen damit ihre Erkenntnisse ab. Wenn nun eine Lösung zugelassen wird, strömt das Licht hell und leicht in diesen Menschen. Schuldgefühle und andere Lasten fallen ab. Ein neuer Weg wird innerlich und oft auch äusserlich sichtbar.

Warum gerade diese Hierarchien? Das ist eine wichtige Frage, weil sich manche Menschen sofort gegen eine vermeintliche Macht sträuben. Erzengel und andere Lichtwesen wie die Seraphim, Elohim und Throne haben eine weitere höhere Übersicht und damit eine stärkere Energie. Sie sind der Ur-Quelle Gott näher.

Unsere eigenen Engel transformieren diese Kraft auf unsere Wellenlänge, damit wir keinen Schaden nehmen. Das ist ein absolutes Zusammenspiel und hat nur mit Liebe für uns zu tun, keineswegs mit Macht.

Menschen aus anderen Kulturen sind mit Engeln manchmal nicht so vertraut. In dem Fall habe ich schon bei Sternen- oder Sonnenwesen um Hilfe bitten lassen. Das wirkte in gleicher Weise. Alte Kulturen haben oft die Sonne als Lebenszentrum verehrt. Die Ägypter Ra, die Griechen Helios, die Indianer den Grossen Geist. Die Japaner haben noch heute die aufgehende Sonne in ihrem Landeswappen.

Die Druiden, die Priester der Kelten, liessen die Steinkreise bauen, um eine Verbindung zu den Sternen zu erhalten. Aber auch die Sonne spielte im Jahreszyklus ihre Rolle, zum Beispiel in Mexiko, in Afrika und bei den meisten, wenn nicht allen Urvölkern.

Das Universum ist unendlich in seinen Möglichkeiten und braucht kein Dogma.

Wenn uns jemand nicht ganz fassbar ist, sagen wir: »Der kommt von einem anderen Stern!« Sind wir überwältigt von der Liebe, glauben wir gerne, dass dieser Mensch vom gleichen Stern kommt! Meist sind wir uns nicht bewusst, wie selbstverständlich wir diese Redewendungen gebrauchen.

Jeder Engel hat seine ganz besondere Eigenschaft und damit Kraft. Das drückt sich über die Laute in seinem Namen aus, genau wie bei uns Menschen auch.

Ich arbeite zusätzlich mit den Farben und Düften von Aura Soma, in denen sich diese Kräfte über die Balance Öle und die Düfte der Pomander und Quintessenzen deutlicher zeigen. Es hilft unserem Bewusstwerden, unseren Körper mit den Farben aufzubereiten oder unsere Aura damit zu füllen, wobei sich die Ausrichtung in uns selbst klären kann.

In meinen Buch »Lebenswege erkennen und beleuchten lassen«[1] habe ich vor allem die so hilfreichen aufgestiegenen Meister angesprochen. Aber das Universum ist offenbar erfüllt mit allen Aspekten der Engelkräfte, die uns näher kommen, je nötiger sie für uns werden. Da sind Sonnen- oder Mondengel, welche die bewussten oder unbewussten Möglichkeiten in uns fördern helfen. Es gibt die Cherubine und Seraphim, die ein starkes heilendes Licht der Wandlung und Erlösung aus der momentanen Situation senden können. Diese Engel helfen uns alle jetzt auf dieser Erde, nicht erst nach unserem Tod. Es geht darum, das Bestmögliche aus unserem Leben hier und jetzt zu gestalten. Auch die Energie der Elohim verhilft zum Licht der Erlösung aus unseren Gedankenverstrickungen. Manchmal braucht es vorher noch das klärende, reinigende Gefühl der Läuterung über einen der Erzengel. Nicht selten wirken sie zusammen

---

[1] Ingeborg Steiner-Beyer: Lebenswege erkennen und beleuchten lassen. Erfahrungen in der therapeutischen Arbeit. Verlag Haag + Herchen, Frankfurt am Main, 2001.

und versichern uns damit, dass es keine Situation gibt, die aussichtslos ist.

Alle Erzengel haben ihre besonderen Wirkungsbereiche. Aber wenn sie um Beistand gebeten werden, ist es nicht unbedingt nötig, das genau zu wissen. Das Wunderbare in entspanntem Zustand ist die Erfahrung, dass der Richtige bei jeder Bitte um Klarheit antwortet.
Trotzdem möchte ich einstweilen kleine Hinweise zu den Bekanntesten geben.
Die Künstler haben durch viele Jahrhunderte ihre Wahrnehmungen oder Vorstellungen von Engeln und Erzengel dargestellt. Natürlich ist das nur die Suche nach Möglichkeiten, Unsichtbares für uns vorstellbar zu machen. Ich bitte Sie, meine Wahrnehmungen zur Bewusstwerdung einfach einmal wirken zu lassen. Erklärungen zu den Details kommen später.
Eine praktische Hilfe dazu sind die Farbkräfte der Aura Soma-Equilibrium Flaschen. Wir können sie nicht nur über unsere Augen wirken lassen, sondern auch über die Anwendung der Öle alle entsprechenden Zellen in uns wachrufen.

Wunderbar gestaltete Tarotkarten[2] verhelfen visuell zu deutlicheren Symbolbildern, die den heutigen Schwingungen entsprechen. Ab 1995 wurden die Erzengel in den Farben der Öle ins Leben und damit ins Bewusstsein gerufen. Sie haben aber seit Urzeiten existiert.

---

[2] Pamela Matthews/Mike Booth, Aura-Soma-Tarot, 2005.

Die Erzengel

Erzengel Michael: Aura Soma Equilibrium 94, Geburt 1995. Farbe: Hellblau – Hellgelb.

Wir kennen ihn mit dem Schwert. In der Tarotkarte von Aura Soma verdeutlicht er den Turm auf zweiter Ebene. Das heisst freiwillig zulassen, ohne dass wir durch Schicksalsschläge gezwungen werden, unsere Ausrichtung zu ändern, unseren Willen in den Dienst des Göttlichen zu stellen.

Die Karte zeigt einen sehr machtvollen Ritter, der sein reich geschmücktes Schwert behutsam in der Hand hält. Die Spitze ist auf den Turm gerichtet, das Ziel auf dem Berg.

Der Drache auf seiner rechten Seite hat sich ergeben in der Lichterflut, die ihn umgibt.

Sein Wappen ist der Gralskelch in Verbindung mit der Vereinigung von Männlichem und Weiblichem über zwei Ringen sowie der Friedenstaube. Auch dieses Symbol ist überstrahlt von Licht.

Oft hilft Michael dabei, Klarheit zu schaffen und befreit mit seinem Schwert allzu verwobene Schicksalssituationen. Ein klarer Neuanfang wird möglich.

Offenbar ist dieser Engel im jetzigen Zeitpunkt äusserst wichtig, um die Zeitenwende zu unterstützen, in der wir leben, und zu klären, wo es nötig ist. Die Christusenergie ist im Gralskelch symbolisch enthalten, die in neuer Form deutlicher als innere geistige Kraft allen Menschen zur Verfügung steht.

Der Erzengel Michael trennt über sein kraftvolles Schwert von Illusionen. Er bringt Freude, Dankbarkeit, Frieden, Glauben, Weisheit, Demut, Gelassenheit, Ruhe, Reinigung, Erkenntnis, Schutz, Inspiration und karmische Erlösung.

Chancen multiplizieren sich, wenn man sie ergreift.

Erzengel Gabriel: Aura Soma Equilibrium 95, Geburt 1996.
Farbe: Magenta – Gold.

Wir kennen ihn aus der Weihnachtsgeschichte. Er verkündete Maria die Geburt von Jesus, dem Christus, und leitete damit eine neue Zeit ein. Die Karte leuchtet in starken Orangetönen, wie damals vielleicht der Stern über Bethlehem geleuchtet hat.

Der Stern über Gabriel nährt die Chakren beim dritten Auge und vor allem im Solarplexus, der Verbindung zur Welt. In einer Hand hält Gabriel eine Trompete. In der anderen Hand ist die Friedenstaube zum Flug bereit. Die Lilien, welche in Verbindung mit Maria gebracht werden können, verbinden zur Pflanzenwelt hin.

So kommt oft über Gabriel die neue Möglichkeit in einer schwierigen Lebenssituation mit liebevoller Kraft wie ein Geschenk von oben. Es ist die Liebe zu den kleinen Dingen, zu dem kleinen, wichtigen Schritt heute, immer mit dem Ziel vor Augen, das wir uns gesetzt haben.

Diese Energie ermöglicht uns, den Magenta-Strahl, den Seelenstern im Scheitel-Chakra, mit dem Gold des Inkarnationssterns im Nabel-Chakra zu verbinden. Das heisst einfacher gesagt, die liebevolle Christusenergie in unser Leben einzulassen und das Erdhafte und damit auch uns so zu akzeptieren, wie alles ist. Da sind viele Schwierigkeiten, aber es gibt auch die grosse Chance, die praktische Form von Transformation im Alltag anzunehmen. Das wünschte sich Jesus, als er sichtbar auf der Erde weilte, und er wünscht es immer noch!

Seine Strahlkraft bedeutet: Ausdruck, Loslassen, Befreiung, Offenheit, Leichtigkeit, Freiheit und Erlösung.

Jeder ist berufen, etwas in dieser Welt zur Vollendung zu bringen.

Erzengel Raphael: Aura Soma Equilibrium 96, Geburt 1996.
Farbe: Königsblau - Königblau (Heilfarbe).

Seine Karte ist in Blau- und Weisstönen gehalten. Der Mond in allen Stadien unterstreicht die weibliche Wasserkraft dieser hoheitsvollen Figur, welche ebenso Heilkraft aus den geistigen Welten empfängt wie sie diese in allen Farben an die Erde weitergibt.

Raphael gilt als Heilengel und wirkt über die Erkenntnisse der Zusammenhänge zwischen Körper und Seele. Durch ihn kann klarer werden, warum wir krank wurden und nun gesunden können. Zudem finden wir eine verstärkte Form der Equilibrium-Flaschen Null und Eins, den Heilfarben.

Es ist viel weibliche Mondenergie in dieser Farbe und vielleicht erklärt dies, dass wir manchmal über Nacht nach einer Krise gesund werden können oder sich mindestens zeigt, dass der Weg zur Besserung begonnen hat. Uns selbst zu vergeben, ist ein wichtiger Schritt zur wirklichen Heilung.

Heilung, Harmonie, Intuition, Vergebung, Leichtigkeit, Hingabe an die geistigen Kräfte.

Achte auf deinen Körper, denn er ist der einzige Ort, in dem du hier leben kannst.

Erzengel Uriel: Aura Soma Equilibrium 97, Geburt 1996.
Farbe: Gold – Königsblau.

Die Tarotkarte strahlt förmlich wie Sonnenkraft in den Flügeln dieses Engels, der damit Himmel und Erde verbindet. Seine Hände und sein Körper nehmen Licht in grossem Masse auf. Dieser Engel wagt sich mit seiner Sonnenkraft sehr nahe an das Irdische und hilft allen Menschen, welche immer wieder abheben, wenn das Leben zu schwierig erscheint. Er gehört sehr nahe zum Mondengel, der in Raphael erschienen ist und unterstützt uns mit dem Bewusstwerden alter Weisheit in uns selbst.

Der Inkarnationsstern, unsere wahre Aura, wie Vicky Wall sagte, unser Bauch-Wissen, kann besser wahrgenommen werden. Uriel strahlt bis zum Erdstern unter unseren Füssen.

Das heisst ein Ja zum Leben, das Ja zum Herzensweg mit dem Smaragdgrün, das aus dem Zusammenschütteln in dieser Flasche entsteht.

Kreativität, Umsetzung, Manifestation, Liebe zur Schöpfung, Erfüllung in Liebe, Kraft, Vertrauen, Freude am Dasein.

Wenn wir einen grünen Zweig im Herzen tragen, wird sich ein Singvogel darauf niederlassen.

Erzengel Sandalphon: Aura Soma Equilibrium 98, Geburt 1998. Farbe: Lila – Koralle.

Dieser Erzengel kennt die Problematik der unerwiderten Liebe und damit die negativen Gedanken des nicht geliebt worden Seins mit den entsprechenden Vorwürfen an die Umgebung.

Die Tarotkarte veranschaulicht ein Elternpaar, das eine Seele erwartet, vielleicht auch wieder ziehen lässt. Das Kind und der Engel sind eins.

Die Kraft dieses Erzengels ist zart und erreicht in sanfter Liebe alles, was aus Negativem, auch Missbrauch in verschiedensten Formen geheilt werden möchte. Seine Flügel sind umfassend in allen Welten.

Die Korallen sind über lange Zeit entstanden, erhärtet im Meer. Es braucht die spezielle, zarte korallenfarbige Christuskraft der Erlösung aus der Starrheit alter Muster.

Das Sternenkind Equilibrium 20 ist in dieser Flasche neu auferstanden. Diese Farben helfen dabei zu begreifen, dass niemand wirklich unerwünscht ist, sonst wäre er nicht geboren worden. Alle negativen Gedanken, die solche Ursprünge haben, sind in diesen Ölen gut aufgehoben. Es muss nicht mehr in unseren Gedanken gerichtet werden, denn es gibt keine Schuld. Der neue Mensch, der daraus entsteht, wird frei und damit glücklich. Das ist der Moment, wo die Engel vor Freude um uns herumtanzen!

Freude, Glück, Strahlkraft, Gnade, neu werden.

Achte auf deine Gedanken, sie sind der Anfang aller Taten!

Erzengel Tzadkiel: Aura Soma Equilibrium 99, Geburt 1999. Farbe: Blassolive – Rosa.

Dieser Erzengel leuchtet in weiblicher Führungskraft des Herzens auf das neue Jahrhundert/Jahrtausend hin. Die Tarotkarte zeigt die Weltkugel in seinen Händen in seinem Herzraum. Es könnte auch Maria sein, die hier abgebildet ist.

Die Klarheit der Herzenskraft mit dem zarten Bild der Lotosblüte gibt uns den nötigen Mut, sich den neuen Energien anzuvertrauen. Ruhevolle Kraft strahlt aus dem liebevollen Antlitz und der ganzen Gestalt. Intuition und Inspiration werden über diese Energien, welche die Welt verändern können, deutlicher zugelassen.

Die Informationen aus der ganzen Welt, denen wir heutzutage ausgesetzt sind, benötigen alle Engelskräfte, um am Mitgefühl zum universellen Geschehen nicht zu zerbrechen, sondern es im Geist mitzutragen.

Verantwortung, Disziplin, Freiheit, Wahrheit, Zärtlichkeit.

Wer nicht um das Dunkel weiss, kann das Licht nicht erkennen.

Erzengel Metatron: Aura Soma Equilibrium 100, Geburt 2000. Farbe: Klar – Tiefmagenta.

Die Tarotkarte von Erzengel Metatron zeigt einen riesigen Engel mit einer Krone. Er ist der Herr von Raum und Zeit, er wird auch der

23

König der Engel genannt. Seine Flügel sind riesig und schimmern in allen Farben. Eine Treppe führt zu seinen Flügeln, Mond und Sterne umhüllen ihn.

Eine seiner grossen Fähigkeiten ist die Fürsorge zu früh verstorbenen Kindern und das Bild zeigt die Engel, welche ihm über eine Spirale diese kleinen Seelen bringen.

Dieser Erzengel wirkt ebenso wie alle anderen Engel seit Anbeginn der Zeiten. Sie alle wurden in unserer Zeit über diese Farbenergien neu geboren, das heisst neu in unser Bewusstsein gebracht.

So wie ich mit den Menschen, mit denen ich arbeite, Erzengel Metatron erlebe, ist er hell leuchtend in aller Dunkelheit. Das Tiefmagenta setzt offenbar Kräfte frei, die Mut machen für das neue Jahrtausend, in dem ebenso grosse Ängste warten, gar Weltuntergangsstimmung im Hintergrund lauert. Der Erzengel Michael und der Erzengel Metatron sind grosse Helfer bei Entscheidungen zur Klarheit. Das Gitternetz der Erde, das mit höheren Schwingungen zurechtkommen muss, steht unter ihrer Obhut, sonst würden wohl noch grössere Erdbeben und andere Katastrophen über uns hereinbrechen.

Das Verstehen von Leid und entsprechendes Transformieren sind die Möglichkeiten dieses wunderbaren Erzengels über das tiefe Magenta, das ebenso in höchste Höhen führt.

Allumfassendes Sein, Transzendenz, Fülle, Glückseligkeit, Segen, Gnaden, Wünsche, Verwirklichung, Wunder, Licht: Das sind alles Aussagen über diesen Erzengel, der sich im Jahr 2000 manifestierte. Ich glaube, dass wir dies ernst nehmen dürfen, um mit dem nötigen Mut diese hohe Schwingung anzunehmen. Es ist an uns, auf welcher Seite wir uns einreihen.

Feste Entschlossenheit im Inneren, sanfte Anpassung und Stärke im Äusseren, das ist der Weg, um etwas zu erreichen.

Erzengel Jophiel: Aura Soma Equilibrium 101, Geburt 2000.
Farbe: Hellblau – Helloliv.

Dieser wunderbar sanftgrüne Erzengel hat auf der Tarotkarte von Aura Soma den reichgeschmückten Gralskelch in der Höhe des Herzens in seiner Hand. Herz- und Scheitel-Chakra erstrahlen in feinem Licht. Schmetterlinge, die Zeichen der Metamorphose, unterstreichen die Möglichkeiten der Transformation.

Grosse Entfaltungsmöglichkeiten in Verbindung mit unserer Gefühlswelt kommen in Bewegung. Alles, was uns an Unzulänglichkeiten hemmt, kann mit Hilfe dieses Erzengels verwandelt werden. Das Herz erhält eine neue Schwingung der Offenheit zu den geistigen Welten. Der heilige Gral, der Jahrhunderte im Aussen gesucht wurde, zeigt sich als ein Quell der Gnade in uns.

Der Schritt am Anfang und Ende des Jahres 2000 von Metratron zu Jophiel verbindet die hohe Kraft des Einen mit der sanften Welt des Anderen. Sie ermöglicht die innere Dynamik von männlichen und weiblichen Aspekten, die sich über den Herzbereich ausdrücken können. Der göttliche Wille hat mit der Verwirklichung unserer Möglichkeiten zu tun. Da ist kein Platz für Sünde, Neid, Missgunst, Hass und Bosheit, wenn wir um die Hilfe aus der geistigen Welt bitten. Die Gnade der Erlösung von diesen Übeln bringt die ersehnte Glückseligkeit.

Verbindung zu unserer Sternenheimat, Herzkraft, Sanftheit, Freude, Neubeginn, Verankerung, Sicherheit, Vertrauen.

Wir sind, was wir fühlen und denken.

Erzengel Samael: Aura Soma Equilibrium 102, Geburt 2001.
Farbe: Tiefolivgrün – Tiefmagenta.

Die Tarotkarte zeigt einen Jüngling mit Flügeln an den Füssen, der einen Stab umfasst, der vom Himmel bis auf die Erde reicht. Sein Blick ist konzentriert auf die Erde gerichtet. Das Auge des Horus nährt ihn mit seinem Licht vor allem im Scheitel-Chakra. Die grünen Flügel reichen bis in die Tiefe einer tiefmagenta-farbenen Welt hinein. Es heisst, er hätte wie Metatron zwölf Flügel. Der Erzengel Samael wird auch der Todesengel genannt. Die Geburt der Equilibrium-Flasche begann am 11. September 2001!

Samael hilft uns, Vertrauen ins Licht zu üben. Nur wir selbst haben die Möglichkeit, uns zum Licht auszurichten und unseren Lebensplan aus dieser Kraft heraus zu erfüllen.

»Dein Stecken und Stab trösten mich«, steht in der Bibel. Wir haben alle das nötige Wissen mitgebracht, das über die olivgrüne Herzensqualität wachsen kann. Da wirkt Heilung aus verschiedenen Bereichen, nicht zuletzt über die intuitive weibliche Kraft. Ängste sind bei den meisten Menschen mit dem Blick auf den Tod verbunden. Doch das tiefmagentafarbene Öl wirkt in unser Unbewusstes hinein. Es gibt den Tod nur im Sichtbaren. Möchten wir denn ewig auf diesem Planeten leben unter den jetzigen Voraussetzungen?

Es ist gut, alle unsere Möglichkeiten einzusetzen, um hier und heute alle Anforderungen zu erfüllen. Hoffnung für den Frieden in uns verhilft eines Tages auch der Welt zum Frieden. Es braucht uns alle dafür.

Hoffnung, Frieden, Zuversicht, Liebe, Glaube, Mitgefühl, Vergebung, Trost, Reinigung, Erwachen zum Licht.

Dem sind keine Grenzen gesetzt, der sie nicht hinnimmt.

Erzengel Haniel: Aura Soma Equilibrium 103, Geburt 2003. Farbe: Opalschimmerndes Hellblau – Dunkelmagenta.

Die Tarotkarte schimmert in diesem faszinierenden Opalblau mit weissen, wie federbesetzten Flügeln. Blütenblätter und Blumen zeugen von der Fülle und der Liebe in dieser Engelsgestalt. Sie schreitet weiter in selbstverständlicher Vergessenheit und schüttet ihren Segen aus, wo immer er hinfällt. Der Erzengel Haniel wird auch die Herrlichkeit der Gnade Gottes genannt. Er gehört zu den ursprünglich mächtigsten Lichtwesen seit Anbeginn der Welt. Mir scheint der Aspekt der Gnade nach all den Jahrtausenden, wo ohne diese Hoffnung gelebt werden musste, äusserst wichtig. Fast sämtliche Religionen haben die Gnade unterdrückt und sie durch Opfergaben von Leib und Seele ersetzt, um damit ihre Macht auszudrücken. Die Schönheit dieser Flasche symbolisiert die Transformation von Trauer, Schuldbewusstsein, Ängstlichkeit und kleinlicher Sorge zu Freude und Vertrauen. Unter anderem ist der Smaragd mit Haniel im Einklang. Das Hellblau, das wir mit der Meisteressenz von El Morya, einem aufgestiegenen Meister, verbinden können, leitet uns durch unser höheres Wissen und die Bereitschaft zum Dienen, zum Smaragd des Herzens. Das heilende Grün lässt uns symbolisch in dieser Karte über einer Fülle von Rosen glücklich werden, ohne das uns Fehlende von anderen Menschen erwarten zu müssen. Unendliche, überströmende Liebe in grosser Selbstverständlichkeit strahlt uns entgegen.

Verstehen, Verzeihen, Liebe, Zärtlichkeit, Verwandlung, Heilung, Glückseligkeit, Transformation.

Der Tag, an dem du einen tiefgreifenden Entschluss fasst, ist ein Glückstag.

Erzengel Chamael: Aura Soma Equilibrium 104, Geburt 2004. Farbe: Irisierendes Rosa – Magenta.

Der Name Chamael bedeutet: »Der, der Gott bezeugt«. Er ist dem siebten Strahl zugehörig, also dem Kronen-Chakra. Es besteht ein Bezug zum Garten Gethsemane. Die Tarotkarte zeigt einen strahlenden Stern auf der Stirn dieser wunderbaren Engelsgestalt, der sich im ganzen Bild wiederholt. Das Herz-Chakra ist erfüllt mit einer kreisenden Lotusblume. In einem magentafarbenen Sternenmeer stehen unzählige Engelscharen in Ehrerbietung zum Einsatz bereit, um den wir selbst bitten dürfen, sollen …

Es heisst, seine Präsenz komme aus den Anden und lasse mit

ihren femininen Aspekten die Regenbogenschlange zirkulieren. Jedenfalls ist Chamael wie alle Erzengel weltumspannend, jederzeit in unzähligen Facetten bereit, uns weiterzuhelfen. Das Rosa möchte die nötige Selbstliebe wecken, die mit leisem Lächeln den Stolperstein, über den wir wieder einmal gefallen sind, akzeptiert. Das gilt besonders bei Familienfehden, die eine tiefgreifende Heilung benötigen. Das Perlmutt, das die Leichtigkeit der Engelwelt betont, möchte unnötiges Leiden verhindern, das durch Mangel und unerfüllte Wünsche, besonders nach Liebe, entstehen kann. Jede Negativität, hartes Selbsturteil ebenso wie die des Wertens von anderen möchte über dieses wundervolle Rosa erlöst werden. Das Magenta stellt dazu die nährende Substanz her. Es schenkt offenbar die Kräfte, um als Torwächter des Himmels ganze Nationen, aber auch Kultstätten, heilige Orte, Flughäfen und Städte zu beschützen. Der Fokuspunkt für diesen Erzengel ist Tara in County Meath in Irland, offenbar ein Tor zur Anderswelt, also dem Nichtsichtbaren. Das erläutert, wie nahe uns diese starken Engel sind, wenn wir es nur zulassen.

Selbstwert, Stabilität, Partnerschaft, Sicherheit, Vertrauen, Ausdauer, Liebe, Bewunderung, Dankbarkeit.

Wenn du loslässt, hast du zwei Hände frei.

Erzengel Azrael: Aura Soma Equilibrium 105, Geburt 2006. Farbe: Irisierendes Koralle – Koralle.

Die Tarotkarte quillt von Farben aus dem leuchtenden Orange heraus fast über. Der Engel öffnet sich zu verschiedenen Regenbögen, die ihn umhüllen. Einer davon fliesst in die erhobenen Hände mit den Wundmalen oder eher wohl den heilenden Hand-Chakren. Über seinem Haupt strahlt schimmerndes Weiss und verbindet die Sternenkräfte bis ins Becken und die Erde. Der Kelch im Herzbereich verbindet das männliche und weibliche Prinzip über einem strahlenden Stern. In den zwei untersten Chakren kreist eine Spirale, die eine weibliche Figur heilen hilft. Der Leib des Engels endet in einer Spitze zur Erde hin, ohne sich ganz zu verbinden. Aber die Strahlkraft, welche den ganzen unteren Raum füllt, genügt in hohem Masse. Das hat mit dem Sichtbarwerden der Göttin innen und aussen zu tun. Es sind grundlegende Verletzungen der Schöpferkraft von Generationen von Frauen geschehen, mit unendlichem Leiden verknüpft, die endlich über ganze Ahnenreihen zurückgelöst werden können.

Azrael verhilft zur Heilung von Schocks und Diskriminierungen, die in Genetik und Rasse verankert liegen. Denken wir nur an alle Kriege, wo besonders Frauen zutiefst erniedrigt wurden. Zudem können die verdrängten Schatten in uns geheilt werden und uns zur Einheit in uns selbst zurückführen.

Die grosse, leuchtende Kraft und Zuversicht, die von diesem Erzengel ausgeht, ist sehr wohltuend. Sie weckt in uns das Wissen, dass Stille halten und in sich hineinhören effizienter sein kann als das Tun!

Licht, Kraft, Gnade über die Verbindung von Himmel und Erde, Verbundenheit, Schatten befreien, Klarheit, Stille, Dasein.

Selbst ein Weg von tausend Meilen beginnt mit dem ersten Schritt.

Erzengel Ratziel: Aura Soma Equilibrium 106, Geburt 2007.
Farbe: Opakes Hellolivgrün – Opakes Flieder.

Noch gibt es keine Tarotkarte zu dieser Engelenergie. Aber die Energie beeinflusste die Prozesse der Menschen in meinem Umkreis sofort deutlich! Die Tatsache, dass in Dev Aura, wo diese Essenzen hergestellt werden, drei Tage vor der Geburt dieser Balanceflasche ein drei Meter hoher Monolith aufgestellt wurde, um das planetarische Licht-Gitternetz zu aktivieren, zeigt die Qualitäten dieses Erzengels. Er ist ein Meister der Alchimie und wirkt in starker Kraft auf verhärtete Verhaltensmuster. Alchimisten versuchten im Mittelalter aus Blei Gold zu machen. Man könnte gut sagen, dass negative Gefühle wie Blei wirken, nämlich lähmend. Gold steht für Weisheit, Licht und Reichtum. Bitterkeit und Hass sind unglaubliche Hemmschuhe auf dem Weg ins Licht. Die verletzte Aura lässt über diese Energien kaum Hilfe aus der Engelwelt zu, was natürlich unbewusst noch mehr Bitterkeit bei den betroffenen Menschen hervorruft. Das Grundthema ist überall das Gleiche: Die anderen sind schuld, dass es jemandem nicht gut geht. Die Opferrolle wird oft jahrelang gespielt. Ohne Hilfe ist das kaum zu verändern. Ich fühlte am Tag der »Geburt« dieses Erzengels, von dem ich ja gar nichts wissen konnte, dass links neben mir eine starke Kraft auf ein trauriges Menschenkind einwirkte und wie ein Sturm all die Wut und Bitterkeit herauskatapultierte. Das war recht heftig für mich und brauchte auch meine ganze innere Sicherheit, aber das Resultat war ganz wunderbar. Es ist keine Zeit mehr dafür, alten Groll zu hüten, wir haben alle weiterzugehen. Ratziel hilft uns, die richtigen Dinge zu tun, Lösungen zu finden, klarer zu werden in Bezug auf uns selbst, aber auch in unserer Umgebung. Für mich ist er ein Gegenpol zu Papst Benedikt (Ratzinger). Später, bei einer anderen Geschichte, kam eine verblüffende Aussage dieses Engels, nämlich: »Ich bekomme auch manchmal Groll bei all dem, was abläuft. Es ist mir wichtig, dass wir Engel nicht auf ein Podest gehoben werden, wir sind mit euch und wir wachsen mit euch!«

Neubeginn, Geburt, Freiheit, Raum, Reinigung, Transzendenz, Licht, Wunder, Transformation.

Noch bevor der Regen aufhört, hören wir die Stimme des Vogels. Unter der dicksten Schneedecke keimt Leben.

Es bleibt einfach nur zu danken für all die Liebe, die für uns bereit ist, denn es sind noch viel mehr Engel im Universum am Werk. Jeder Name und damit Klang gebiert offenbar neue Engelkräfte mit ihren Spezialitäten. Die Engel von Atlantis, verbunden mit den Engeln der Essener zeugen davon. Die Essener waren die Heiler zu Jesus' Zeiten, zu denen wohl auch seine Familie gehörte. Wunderbarerweise gibt es noch viele andere. Alle Engel entwickeln sich weiter wie wir, es ist ein Zusammenspiel, das in einem grossen Schöpfungsplan eingebunden ist. Offenbar geht das weit über unser Sonnensystem hinaus in für uns unvorstellbare Weiten des Universums.

Lichtwesen in immer feineren Abstufungen wirken überall, so, wie es zum Heil der ganzen Schöpfung nötig ist. Ein grosser Teil ihrer Arbeit besteht im Umpolen unserer negativen Gedanken, die wohl ein Teil unserer Umweltverschmutzung sind, ganz einfach, weil wir noch zu wenig bewusst mithelfen. Es sind unzählige Hilfen bereit, anscheinend sind immer wieder andere Wesen zu verschiedenen Zeitepochen sowohl für den einzelnen Menschen als auch für ganze Völker zuständig.

Während der praktischen Arbeit an den Füssen der Menschen, »ihren Wurzeln«, braucht es nicht nur den Hinweis auf die Lichtwesen an meine Patienten, sondern auch an mich selbst. Mein Bewusstsein verhilft mir dazu, auch auf meiner Seite die Ausrichtung in diese Dimensionen zu öffnen, wie über eine Antenne in meine höheren Chakren über dem siebten Scheitel-Chakra hinauf. Das führt ebenso in meine feinstofflichen Bereiche, wie es den Zugang für die Engel öffnet und es bedingt eine demütige Kopfhaltung im Sinne von Verlängerung der Wirbelsäule über den Nacken zum Scheitel.

Demütig heisst für mich, den Mut zuzulassen, sich in den Fluss des Lebens zu stellen ohne Abgrenzungen von Diesseits oder Jenseits, also von Erdendasein oder feinstofflichem Dasein. So arbeite ich an den Blockaden meines Mitmenschen, um die Durchlässigkeit in Körper und Seele gleichzeitig zu fördern. Dabei ist ebenso wichtig, dass ich diese Person bitte, auch ihre »Antennen« auszurichten, damit sie selbst die klaren Gefühle und Antworten bekommt. Nur über die eigenen Bilder dringt Wesentliches ein und wird im Alltag erfüllbar.

Dabei geschieht immer wieder das Wunder, dass die Engel näherkommen können, weil unsere Aura transparenter wird. Wir können umringt werden von diesen wohltuenden Wesen! Der Hilfesuchende fühlt diese Geborgenheit und kann langsam glauben, dass er nie alleine ist. Es geht letztlich darum, anzunehmen, dass diese äusseren Engel oder Erzengel eigentlich mit dem Licht in uns zu tun haben, mit dem göttlichen Kern in uns auf dem Weg zur All-Einheit. Irgendwann wird es keine Trennung zwischen dieser und jener Welt, zwischen Geist und Materie mehr geben.

Die erste Geschichte:
Maria, eine Familienmutter und beruflich die rechte Hand ihres Mannes, kam sehr erschöpft zu mir. Sie wirkte vom Leben zerzaust, am Ende ihrer Kräfte, die Tränen flossen rasch. Eigentlich brachte sie die erkrankten Kinder, denen bald geholfen werden konnte. Nach einigen Behandlungen für die an Leib und Seele bedürftige Mutter zeigte sich eine wunderschöne Geschichte:

Maria war früher gerne gereist und eine ihrer bevorzugten Reisegegenden war Cornwall. »Ach, könnte ich wieder einmal dorthin«, sagte sie in ihrer Schwäche. »Also versuchen wir einmal, mit Hilfe Ihrer Engel innerlich dorthin zu reisen!«, meinte ich und schon flog sie in diese Ecke der Welt.

Völlig erstaunt nahm sie wahr, dass sie bei einem kleinen englischen Cottage landete, direkt vor einem wunderschönen grossen Wandgemälde, das einen Engel darstellte. Erfüllt von einer wunderbaren Ruhe und Kraft liess sie sich einfach einmal füllen wie ein Schwamm.

Dann liess ich sie fragen, was es denn wirklich mit dem Bild auf sich habe. »Das hast du in deinem letzten Leben selbst gemalt«, kam als Antwort aus ihr selbst.

Maria war einfach sprachlos, aber sie wusste, dass es stimmte. Sie kannte jeden Strich!

Wir konnten noch die genaue Adresse abfragen, der Ort war ihr von einer Reise her sogar vertraut. So nahm Maria mit der jetzigen Bewohnerin, einer Heilerin, Kontakt auf.

Können Sie sich vorstellen, dass Maria nach diesem Erlebnis das Leben schon etwas einfacher, mindestens sinnvoller fand als zu Beginn dieser Sitzung?

Das Ganze fand natürlich mit Hilfe einer Fussbehandlung statt. Darum wurde die Geschichte auch deutlicher im Körper eingeprägt. Das ist ein wunderbarer Schritt auf dem Weg, um ein Erdenengel zu werden. Da bleibt nur zu danken, nicht zuletzt dem Erzengel Gabriel.

Die zweite Geschichte:
Cornelia kam mit dem gleichen Thema wieder einmal zu mir: »Ich bekomme kaum Klienten!« Ich fragte ohne zu überlegen sehr kühn, als ich sie so vor mir liegen sah: »Wie viele Engelanteile hast du denn in dir?«

Sofort kam zurück: »Ich habe mindestens vier Flügel!«

»Wie gross bist du denn?«, war meine nächste Frage.

»Mindestens zehn Mal so gross!«

Ich bat Cornelia, diese Gestalt innerlich im Himalaya darzustellen und abzuwarten, was geschehe. Es gab ihr ein wunderbares Gefühl, die Welt zu umarmen und natürlich auch die Tibeter!

»Was meint der Dalai Lama dazu?«, fragte ich sie. Die Sitzung fand gerade nach dem erneuten Massaker dort statt und ich spürte, dass er Unterstützung brauchte. Dabei betrachtete ich Cornelia und sah das Gesicht eines Mönches in ihr, was mich zu der Aussage brachte: »Du kennst ihn sehr gut!«

»Du aber auch!«, war ihre Antwort, »er hält seine Hand auf meiner Schulter!«

Im gleichen Moment hatten wir beide das innere Bild, uns an den Händen haltend wie Fallschirmspringer vor dem Aufgehen des Schirmes über China zu schweben, das riesige Land umspannend. Es war traumhaft schön. Keiner von uns beiden hätte sich so etwas tag-träumen lassen!

Für mich spricht es klar von der inneren Kraft des Dalai Lama, kundzutun, was er lehrt. Der Täter braucht ebenso wie das Opfer Hilfe. Mitgefühl und Weisheit waren die spürbaren Themen.

Cornelias Arbeit scheint in dieser umspannenden weltweiten »Fürsorge« und Segnung zu liegen, das ist für sie wohl jenes, was Nonnen, Mönche, Einsiedler und Eremiten für die Welt leisten und das offenbar auch heute noch sehr wichtig ist.

In einer weiteren Sitzung baten wir um den Hintergrund dieser starken Verbindung zum Dalai Lama. Da zeigte sich der Einbruch in Tibet Ende der fünfziger Jahre. Cornelia erlebte sich am Boden liegend, tot. Auf unsere Frage hin wurde klar, dass sie den damals jungen Dalai Lama schützen wollte und dabei umkam. Ihr wurde bewusst, dass ein Teil von ihr immer noch dort stand, erschüttert unter dem Schock, dass so etwas passieren konnte. Das Bild war deutlich.

Das war genau der Teil in ihr, der ihr nicht erlaubte, wirklich an ihre Emotionen zu kommen, ganz gleich, was im jetzigen Leben geschah. Es blieb alles wie auf einer Bühne und das war auch der Grund, dass sie trotz ihrer liebenswerten Art immer ausserhalb einer Gruppe blieb und eben als Therapeutin auch nicht um Hilfe angegangen wurde. Wir konnten den abgespaltenen Seelenteil von den Engeln ins Licht begleiten lassen. Ihr wurde weit im Herzraum, als sie diesen Teil wieder in sich spüren konnte. Tränen des Dankes rollten uns über die Wangen und liebevolle Gedanken wanderten zum Urheber all dieser Erfahrungen. Wer weiss, was sich in ihrem Leben nun ändern wird!

Dwal-Khul, der Tibetische Meister, half dabei.

Kapitel 2

Lichtfunken für uns Sternen- und Sonnenkinder

Die Sternenkinder sind mit allen möglichen Aspekten in den letzten
Jahren nun selbstverständlicher geworden. Wir erkennen sie deutlicher in den strahlend selbstsicheren und oft in irgendeiner Form
aussergewöhnlichen Kindern seit etwa 1980, oft auch schon vorher.
Es gab sie schon immer über alle Jahrhunderte hinweg, aber nicht in
dieser grossen Zahl. Nun sind es nicht mehr nur die Indigokinder,
wie sie mir noch mit Nancy Ann und anderen Autoren[3] vertrauter
waren. Heute sind es bereits die Kristallkinder (Ava Minatti[4]), die
helfen werden, unseren Planeten zu retten und damit vielleicht auch
uns.

Ich weiss ganz sicher, dass wir alle Sternen- oder Sonnenkinder
sind, wir alle mit dem Universum in Verbindung stehen. Allerdings
ist das noch nicht genügend in unserem Bewusstsein, sonst sähe die
Welt wohl etwas anders aus. Es ist an der Zeit, die Weite des Universums in allen Aspekten zuzulassen und uns damit ebenso gross wie
klein zu erleben ohne zu werten.

Die Physiker und Astrophysiker forschen immer weiter, und langsam wird es zum Allgemeingut, dass riesige Kometenschweife durch
die mitgebrachten Stoffe Leben auf den Planeten, unsere Mutter Erde,
brachten. Vielleicht könnte man sagen, es war wie ein »Befruchten«
aus dem Universum.

Alle Materie besteht aus Mineralien, auch wir Menschen. Am
Grab wird uns das gesagt mit den Worten: »Erde zu Erde«, sei das
nun der Leib oder die Asche.

Da wir alle etwas denkfaul sind, nehmen wir das gar nicht so
ernst, denn unser Leib sieht nicht nach Erde aus. Wir nehmen diese

3   Nancy Ann a.o.: Understanding your life thru color. Metaphysical concepts in
    color and aura, 1986.
4   Ava Minatti, Die Kinder der neuen Zeit, Strahlende Funken des Lichts. Sma-
    ragd Verlag 2001.

Worte hin, weil es immer so war, schon mit Adam aus der Schöpfungsgeschichte, wo es heisst: »Er formte ihn aus einem Erdenkloss und hauchte ihm eine Seele ein«. Zuvor aber steht dort: »Der Geist Gottes schwebte über den Wassern … Da war das Wort und das Wort war Klang«. Die Wissenschaft spricht vom Urknall. Jedenfalls begann über den Laut das Erschaffen der Welten, nicht nur unseres kleinen Planeten.

Die moderne Wissenschaft beweisst uns heute in vielen Facetten, dass alles in Bewegung ist, bis in die kleinsten Atome hinein, und alles damit etwas Gemeinsames hat. Aber wir können uns im Alltag überhaupt nicht vorstellen, dass nicht nur wir und alles Lebendige, sondern auch unser Tisch, der Stuhl und das Bett durch die Atome in Schwingung sein sollen.

Nehmen wir einmal die Vorstellung ernst, dass alles, was wir sehen können, aus Mineralien entstanden ist, wir Menschen selbst in allen Teilen. Vorgängig waren das die Pflanzen, Tiere, das Land, die Berge. Zudem fand nach den Forschungen der Wissenschaft ein Millionen und Abermillionen Jahre langer Entwicklungsprozess statt, ein Evolutionsprozess, von dem wir alle etwas in uns tragen, den wir uns aber kaum vorstellen können. So ist es mir möglich, zu ahnen, dass All–Einheit völlig selbstverständlich ist.

Vor kurzem las ich in einem Channeling[5] von Silvia Wallimann den Satz: »Werde dir bewusst, dass deine göttliche Liebe am Aufbau des Universums mitgewirkt hat!« Ich war zutiefst berührt und begriff, dass es keinen Grund gibt, den Sinn eines jeglichen Lebens, ob erwünscht oder nicht, in Frage zu stellen. Wir waren und sind einfach dabei, wann und als was auch immer – ob feinstofflich oder in der Materie. Der Geist weht, wie er will und in welcher Form auch immer. Unsere Gedanken formen uns und alles im Universum mit, eben durch diesen gemeinsamen Urgrund.

Zudem leben wir in einer Zeit, da uns Techniker, Wissenschafter und Philosophen in der Verbindung von Wissen und Glauben fast alle Wahrscheinlichkeiten übersetzen können und wollen. Es ist be-

---

[5]   Silvia Wallimann: Erwache in Gott. Bauer Verlag Freiburg, 7. Auflage 1999, S. 95.

kannt, dass gar nichts einfach völlig verschwinden kann. Alles kann sich nur wandeln. Also kann auch nichts absolut neu entstehen.

Gitta Malasz gab eines der ersten Engelbücher heraus, mit Herzblut geschrieben aus den Schrecken des Zweiten Weltkrieges.[6] In Form eines Tagebuchs zeichnete sie, selbst Christin, mit drei befreundeten Juden zusammen jeden Freitag um drei Uhr ihre Fragen und die darauf folgenden Antworten der Engel auf.

Diese vier Menschen nahmen ihre eigenen Lichtwesen jeder anders wahr. Einmal liebevoll, manchmal streng, immer hilfreich belehrend. Jeder hatte eine andere Aufgabe, entsprechend dem Menschen, für den er zuständig war. Das Ganze ist in Versform geschrieben und für uns heute etwas verschlüsselt durchgegeben. Aber es sind gewaltige Wahrheiten und Hilfen aus einer aussergewöhnlich schweren Zeit. Die drei Juden, zwei Frauen und ein Mann, starben im Konzentrationslager, obwohl sie sich als getaufte Christen hätten retten können. Sie wollten aber ihre Leidensgenossen nicht alleine lassen und konnten infolge der Schulung, welche sie durch die Engel erfahren hatten, die Menschen in ihrer Umgebung in Liebe bis in den Tod begleiten. Es gab sogar eine Situation, bevor sie verhaftet wurden, in der ihnen SS-Soldaten halfen, so gut es ihnen möglich war, obwohl diese sich dadurch selbst in Gefahr brachten. Es tut gut, zu wissen, dass es auch das gab.

Gitta Malasz wurde befreit und bekam Jahre später den Auftrag aus der geistigen Welt, diese Geschehnisse herauszugeben und entsprechende Vorträge zu halten. Ich konnte sie selbst einmal erleben und war sehr berührt von ihrer Einfachheit und von der stillen Kraft, mit der sie geduldig alle Fragen der Zuhörer beantwortete.

---

[6] Gitta Malazs: Die Antwort der Engel. Daimon Verlag, 1984, S. 239.

Kapitel 3

Mineralien – Sternenstaub – Schöpfungsgrundlage

Gitta Malasz[7] bekam eine Darstellung der Engel über die Wichtigkeit der Mineralien als Grundstruktur allen Lebens auf diesem Planeten. In diesen Hinweisen wird der Mensch ein wichtiger Vermittler mit der Aufgabe, das Tierische und Pflanzliche in uns durch die
Mineralien, also den »Sternenstaub«, wieder mit Hilfe der Engel und
Seraphim in das göttliche Gesetz einzubinden. Die Mineralien sind
der Vermittler zwischen Geist und Materie. Wir sind über das Was-
sermann-Zeitalter an einem Punkt angelangt, wo die Engel wieder
eher Allgemeingut werden, zumindest in unserem Kulturkreis.

Das Bild, welches diesen Menschen gegeben wurde, sieht so aus:

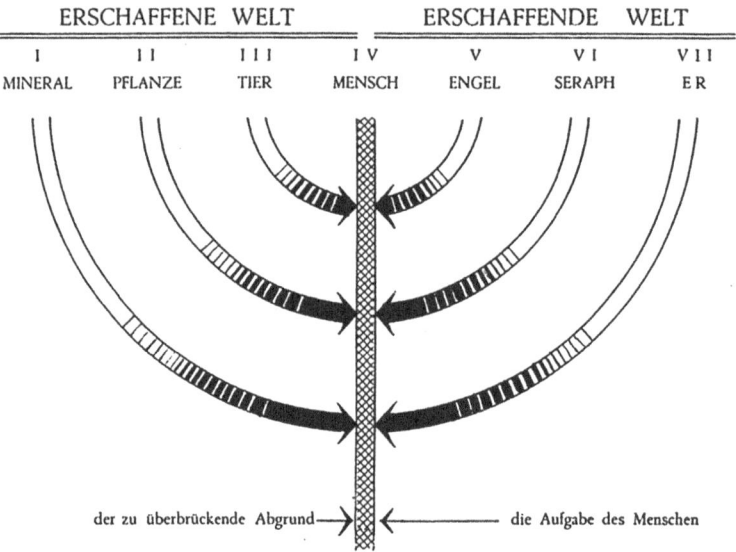

Abb. 1: Der Zusammenhang von erschaffener und erschaffender Welt

---

7   Nach: Malasz, Gitta: Die Antwort der Engel. Daimon Verlag, 12. Auflage 2005.

38

Oder anders dargestellt:

Mineral	Pflanze	Tier	Mensch
Wahrheit	Wachstum	Rhythmus	Erkennen
Zahl	Strömende Liebe	Bewegung	Wort
Gesetz	Reine Freude	Harmonie	Sehnsucht
		Friede	nach Stille
			All-Einheit
Schöpfer	**Seraphim**	**Engel**	

Wir sehen in der Abbildung auch diese Verbindung über den Menschen:

Tier   – MENSCH – Engel
Pflanze – MENSCH – Seraphim
Mineral – MENSCH – Schöpfer

Überall in diesen verschiedenen Schreibweisen des gleichen Bildes hat der Mensch die Brücke zu schaffen. Das geht nur dann, wenn wir uns auch bewusst werden, dass wir alle Aspekte in uns tragen. Vielleicht waren wir schon Mineral, Pflanze, Tiere, Engel oder Seraphim. Sollte der Schöpfer vorgesehen haben, dass wir all diese Formen leben lernen, weil sie in uns angelegt wurden?

Die Mineralien werden der göttlichen Schöpferkraft als Grundsubstanz zugeordnet! Engel, Mensch und Tier stehen auf einer Linie. Die vier Apostel werden sehr oft mit Tieren dargestellt: dem Adler, dem Löwen, dem Stier und dem Lamm. Interessant dabei ist, dass die Pflanzen den Seraphim, also höher gestellten Engeln, zugeordnet werden.

Die Mineralien, die wir als so selbstverständliche Grundsubstanz betrachten, werden als Ausdruck des Göttlichen dargestellt. Das heisst, wir haben ebenso selbstverständlich Göttliches in uns.

Überall in diesem Bild hat der Mensch die Brücke zu schaffen. Das geht nur, wenn wir uns dieser Aufgabe mehr und mehr bewusst werden. Könnte es sein, dass die Angst vor der Zukunft, die der Zustand unserer Welt hervorgerufen hat, uns die Engelwelten näher bringen musste und wir darum bereits in jedem Warenhaus einen Hinweis darauf finden? Weltweit besteht ein immer grösseres Bedürfnis nach Spiritualität in irgendeiner Form. Gehört das auch in die möglichen Gesetze des Lebens? Was für eine Aufgabe wir als Mensch doch annehmen können, wenn uns das bewusst wird!

Von den Mineralien sprechen wir im Alltag in vielfältiger Form. Vielleicht sehen wir zuerst die Halbedelsteine oder Edelsteine in ihrer Schönheit vor uns. Wir sprechen von Bodenschätzen und hören, dass beispielsweise die Mineralölressourcen irgendwann erschöpft sein werden. Gegen das Altern wird uns das Spektrum der Minerale und Vitamine in Apotheken vorgestellt. Es gibt alternative Rufer in der Welt, die erforscht haben, dass unsere Nahrungsmittel kaum mehr Lebens-, sondern nur noch Überlebensmittel sind. Sie sprechen davon, dass lediglich ein Drittel an mineralischen Substanzen gegenüber vor zehn oder 20 Jahren vorhanden sei.

Ich glaube, dass es wichtig ist, uns zuerst einmal zu fragen, wie alles Leben aufgebaut ist. Da gibt es die verschiedenen Gesteine, die sich nach Jahrtausenden in Erde verwandelt haben. Daraus wuchsen Pflanzen in unzähligen Formen und Farben. Jede Pflanze holt entsprechend ihrer Bestimmung die für sie wichtigen Mineralien aus dem Boden. Dazu braucht sie Wasser, Licht und Wärme. Es ist ein Mysterium, wie sich diese Vielfalt entwickeln konnte! Theoretisch würde Gras, wie wir es heute hauptsächlich auf unseren Wiesen finden, zum Überleben unserer Haustiere genügen. Warum nur brauchen die Bauern immer mehr Mineralstoffe für die Felder und Kraftfutter für die Tiere?

Der Schöpfergeist war aber sehr kreativ und hat nicht nur für ausserordentliche Schönheit und Vielfältigkeit gesorgt, sondern auch noch für spezielle Kraftmöglichkeiten in der Natur, darum diese wohltuende Vielfalt.

Interessant ist zudem, dass Pflanzen und Blumen, die auf Bergen wachsen, besonders leuchtende Farben haben und auch als Heilkräuter ausserordentlich stark wirken. Sehr oft haben sie nur eine kurze Wachstumszeit. Umso erstaunlicher, dass sie so stark werden. Sind sie es, weil sie dem Himmel näher sind?

Von all diesen Pflanzen wiederum ernähren sich viele Tiere ihrer Art entsprechend. Spannend dabei ist, dass sich viele der grössten und stärksten Tiere wie Wale und Elefanten ausschliesslich vegetarisch ernähren. Das ergibt vielleicht eine Antwort auf die Frage von einigen Menschen, ob denn Vegetarier genügend Kraft zum Leben und Arbeiten haben können. Wir können es nur im Alltag erleben. Eigentlich bestimmt diese Entscheidung die Art eines Menschen und niemand sollte sich zu etwas zwingen, was nicht einem inneren Bedürfnis entspricht. Das gilt für alle Seiten und hat nichts mit einem Wert zu tun, sondern es ist eine Frage der Toleranz und der Charakterstruktur einer jeden Persönlichkeit.

Jedenfalls gibt es unzählige Tiergattungen, die sich nur von anderen Tieren ernähren können und gleichzeitig über ihre Bedürfnisse für eine ausgewogene Artenvielfalt sorgen. Vielleicht geschieht viel mehr, als wir wahrnehmen, wenn ein Löwe eine Gazelle verdaut, da vereinen sich wohl Gegensätze. Oft jagen Löwen nur kranke oder schwache Tiere und verhelfen den verschiedenen Spezies zu bester Gesunderhaltung. Diese Tiere erhalten ihre Mineralien und alle Grundsubstanzen bereits verarbeitet über das Fleisch der Art, die sie bevorzugen.

Wir Menschen leben oft mit beidem und bauen uns aus Substanzen auf, die über andere Lebewesen, seien es nun Tiere oder Pflanzen, schon vorbereitet wurden.

Die Mineralien und Vitamine in unserer Nahrung sind unumgänglich im Alltag, um unser Leben mit genügend Kraft zu leben. Sie schenken uns die nötige Substanz, um unsere innersten Wünsche umzusetzen. Besonders alle zarten, feinfühlenden Menschen können ihr Potenzial nicht leben, wenn sie nicht genügend Nachschub davon bekommen. Genau diese sensiblen Menschen brauchen wir, aber mit mehr Durchsetzungskraft sowohl im Körperlichen wie auch im Seelischen.

Wer sich mit der Natur verbunden fühlt, kann deutlich sehen, dass ein biologisches angebautes Weizenfeld fast allen Stürmen trotzen kann, ohne umgeworfen zu werden. Das chemisch getriebene Getreide liegt beim ersten grösseren Sturm oder Regen sehr schnell am Boden.

Viele Menschen fühlen sich ähnlich. Die Kliniken sind voll von Menschen, welche in den Stürmen des Lebens umgeworfen wurden. Die Selbstmordrate zeugt mit hohen Zahlen vom Ausmass des unbewältigten Leidens.

Unsere Nahrung hat die für uns wichtige Zusammensetzung schon allzu oft verloren. Ausserdem braucht es nach meiner Erfahrung für alle geistigen Prozesse ein Vielfaches von diesem Sternenstaub, aber so natürlich wie möglich. Biochemie z. B. nach Dr. Schüssler kommt der ursprünglichen Substanz und damit der Lebenskraft am nächsten, wenn sogar die biologischen Nahrungsmittel nicht mehr genügen. In ihrer heutigen Zusammensetzung durch die einseitigen, chemischen Mineralien und Pestizide, durch Hormonzusätze und Antibiotika in der Landwirtschaft sind Lebensmittel oft nur noch fragwürdige Nahrung und damit nur zum scheinbaren Wachstum geeignet. Zusätzlich müssen viele Menschen heute oft auswärts essen, ohne zu wissen, was sie auf dem Teller haben. Selbst jungen Müttern wird von Ärzten und Beratungsstellen eingeredet, schon Babynahrung wäre als Fertigprodukt besser zusammengesetzt. Leider kommt ihnen das oft sehr entgegen, weil es so praktisch scheint.

Alle Fertigprodukte sind so oft gekocht, gekühlt und wieder gekocht, dass ein Wunder passieren müsste, sollte noch Lebenswichtiges erhalten geblieben sein. Vor allem aber fehlt die Liebe darin! Wie gut schmeckt das einfachste Mahl, wenn es für die Liebsten gekocht wurde. Die Folgen dieser Unüberlegtheit, ja Dummheit, sind unübersehbar. Sie äussern sich über den Kreislauf des Lebens durch unsere Nahrung in übergrossen und zu oft kranken Kindern und Erwachsenen.

Impfungen auf breiter Basis und Antibiotika bei jeder Gelegenheit sind weitere Angriffe auf die körperlichen Grundsubstanzen, welche die eigenen Kräfte mobilisieren könnten.

In den letzten Jahren wird immer häufiger Eisenmangel, besonders bei Frauen, festgestellt, mit entsprechenden Infusionen als Therapiemassnahme. Alles wird auf die Menstruation abgeschoben, was sicher manchmal zutrifft. Mir ist das allerdings viel zu einseitig. Es könnte doch sein, dass die Nahrungsmittel, welche nach Forschungen nur noch ein Drittel der Grundsubstanzen von vor fünf oder zehn Jahren beinhalten, wirklich zu dieser Schwächung beitragen. Dazu kommen auch die Schwermetallbelastungen (z.B. durch Amalgam), so dass das Eisen nicht mehr in den Zellen gelagert wird. Um hier helfend einzugreifen, braucht es eine generelle Reinigung zum Beispiel über Algen, Bärlauch, Löwenzahn, Brennnesseln, Birkenblätter etc., möglichst natürlich.

Einfach gesagt entsteht so wieder Platz für sämtliche Mineralien in allen Zellen, damit können alle Organe optimal arbeiten und auch das Blut wieder neu aufbereiten, wie und wo immer das nötig ist.

Wie weit die Pille mit entsprechend mangelnden Blutungen und damit fehlender Reinigung weiter zu diesem Zustand beiträgt, wäre die nächste Frage! Ausserdem werden Blutungen bei einer gewissen allgemeinen Schwäche entweder stärker oder sie fallen ganz aus.

Eisen bedeutet Kraft und Erdung, Marskraft! Wie vielen Frauen fehlt von ihrer Art her der Mut, sich durchzusetzen, nicht, weil sie das nicht könnten, sondern weil sie um des lieben Friedens willen gut sein möchten. Ausserdem glaube ich, dass alle Menschen, die nicht gut geerdet sind, zu wenig Eisen aus der Erde aufnehmen können, weil sie ihr Dasein hier nicht wirklich bejahen. Steine wie Hämatit, Tigererz- oder -auge in der Tasche oder auf dem Leib getragen, können da auch etwas weiterhelfen. Vor allem aber geht es um den Wunsch, seinen Lebensplan zu suchen und zu erfüllen.

Die Erzengel haben das Eisen im Wort ausgedrückt. Sie sind viel deutlicher wahrnehmbar als vor einigen Jahren und verbinden Himmel und Erde. Zufall?

Bis jetzt haben wir vor allem von den körperlichen Grundlagen gesprochen, die eine Voraussetzung zum Leben in jeder Form sind. Könnte es sein, dass der Sternenstaub, von dem immerhin manche Physiker sprechen, in hohem Masse den geistigen Hintergrund ausmacht, das Leben selbst, das, was ein toter Körper eben nicht mehr in sich hat, obwohl in den ersten Tagen noch alle Materie sichtbar ist?

Kapitel 4

Sternenkinder – Sonnenkinder

Die hellsichtige und gegen Ende ihres Lebens blinde Vicky Wall (Aura Soma), welche aus der geistigen Welt die Aufgabe erhielt, Farben neu und konzentriert auf unsere Welt zu bringen, nahm noch etwas zusätzlich Wichtiges wahr: Sie sah vor ihrem inneren Auge, dass es bei jedem Menschen in der Nabelgegend eine besondere Ausstrahlung gibt und nannte das die wahre Aura, Stern im Zentrum des Wesens. Dieser Stern im Zentrum unseres Wesens entsteht bei der Zeugung und gibt durch die Verschmelzung des Spermiums mit der Eizelle eine Explosion, die durch Mikrophotographie aufgezeichnet werden kann.

Damit wird eine Blaupause aus allen wichtigen Vorleben und den Möglichkeiten des kommenden Lebens eingeprägt. Es ist äusserst hilfreich und wichtig, sich dieses Sterns immer bewusster zu werden, um als Mensch Himmel und Erde, Göttliches und Irdisches in uns verbinden zu lernen.

Das ist sehr wohl erfühlbar in immer tieferer Entspannung und dem ehrlichen Wunsch, in diese Dimensionen einzutauchen.

Dort zeigten sich bei Neugeborenen drei Sterne, Geburtssterne, die sich nach einer gewissen Zeit verteilen: Einer in die Erde unter den Fuss-Chakren als Verankerung; einer über dem Scheitel-Chakra als Verbindung zu unserem Heimatstern und einer bleibt im Nabel-Milz-Chakra unserer Mitte wie ein leuchtender Diamant.[8]

Ähnliches berichtet auch Diana Cooper.[9] Diese Hinweise geben mir ein gutes Gefühl der Verstärkung zur Wahrheit hin.

---

[8]   Vicky Wall: Das Wunder der Farbheilung und die Geschichte eines Lebens. Nietsch Verlag 2006. Irene Dalichow/Mike Booth: Aura-Soma, Heilung durch Farbe, Pflanzen und Edelsteine, Knaur Verlag 1998, S. 54.

[9]   Diana Cooper: Entdecke Atlantis. Ansata Verlag, 2006, S. 135.

Die Geschichte:

Anina, eine zarte Frau in mittleren Jahren, kam zu mir, die Schultern gebeugt, die Züge hoffnungslos in einem schönen Gesicht. Die Augen sehr traurig, resigniert. Die Depression hing um sie wie ein alter Mantel. Zudem litt sie an Untergewicht, es drohte Suizidgefahr. Mein erster Gedanke war: »Wie soll ich da helfen können?«

Das brachte mich zu der Aussage: »Sie können nur etwas verändern, wenn Sie mehr Kraft bekommen und eine gehörige Dosis Mineralien zu sich nehmen. Sonst sind die Anstrengungen von uns beiden zum Scheitern verurteilt!«

Wir kennen alle die guten Vorsätze, die trotz besseren Wissens im Sand verlaufen, weil wir uns letztlich zur Veränderung nicht aufraffen können. Es fehlt der Wille, sagen wir. Aber Wille ist »Power«, also Kraft! Ohne Lebenssubstanz hat die Seele keine Möglichkeit, die hoffnungsvollsten Gedanken auszuführen.

Anina konnte ich überzeugen, grössere Dosen von verschiedenen Schüsslersalzen, die ich ausgependelt hatte, einzunehmen. Dadurch konnten wir an die eigentliche Arbeit gehen.

Es lag in der Luft, dass sie eigentlich nicht mehr leben wollte, und nur noch ihrer Familie zuliebe zu mir kam.

Meine tiefgreifende Arbeit über die Füsse hat bei vielen Menschen zur Folge, dass sich die inneren Bilder aktivieren lassen, manchmal gehen diese auch über Träume bis zurück in die Kindheit oder in frühere Inkarnationen.

Bei Anina zeigte sich, dass sie immer wieder von einem Bild verfolgt wurde, wo sie in ein Moor rannte, von einem Dorf weg, das ihr, der Aussenseiterin, keine Heimat bot. Sie hatte damals den Selbstmord gewählt und nicht verkraftet, weil dies, wie oft auch heute noch, als untilgbare Schuld betrachtet wurde, auch von ihr selbst, so war sie belehrt worden. Sie blieb dazu noch im Moor unauffindbar, also in ungeweihter Erde. Das ist für viele gläubige Christen über Jahrhunderte ein Albtraum geblieben. Kennen wir nicht das Bild auch aus Sagen und Märchen von den Irrlichtern im Moor, den unerlösten Seelen, die sogar andere zu sich ziehen?

Offenbar war es Aninas Seele damals nicht möglich gewesen, wirklich ins Licht einzugehen, so dass sie in der Grauzone hängenblieb und daraus und nicht aus der Dimension des Lichts neu auf unserer Erde inkarnierte. Ihr Gefühl dabei war ungut, sie wollte eigentlich nicht wieder auf diese Welt kommen. Nach ihren inneren Bildern wurde sie aber gedrängt, es wurde nicht klar von wem, vielleicht von sich selbst?

Es war für mich das erste Mal, dass der Entschluss eines Menschen, auf die Erde zu kommen, nicht freiwillig erfolgt war. Ich konnte es mir nur so erklären, dass die geistige Welt alles daran setzt, dass diese Zone, dieser unklare Gürtel, der einem komaähnlichen Zustand gleicht, nicht da, nicht dort leben lässt, irgendwann aufgelöst werden muss.

Über die Engel konnte ich dies Anina klar machen, vor allem aber auch, dass sie das Gleiche nicht noch einmal wiederholen sollte.

Mit ihrem Engel, geleitet von Erzengel Uriel, deren Kräfte sie annehmen konnte, wurde dieser verlorene Seelenteil von damals erfühlt und ins Licht begleitet. Anina verspürte die Hoffnung in sich, dass sich dieser Lichtstrahl aus einer höheren Dimension wieder neu und heilend ins verletzte Herz und das Sonnengeflecht einsetzen liess. Erstaunt konnte sie dann die Freude der Engel wahrnehmen, die wie ein goldener Segen in ihr Herz floss. Es gelang ihr ein wenig, den Stern unter ihren Füssen ebenso wie die anderen im Nabel-Milz-Chakra und über dem Scheitel zu erfühlen und damit das Erdendasein neu zu bejahen.

Bei dieser Geschichte kam der Glücksfall hinzu, dass ein anthroposophischer Arzt ihr ganz ähnliche Hinweise gegeben hatte, so dass sie sich selbst und dadurch auch mir glauben konnte. Das sind die unsichtbaren Fäden, die unsere Schicksale verbinden und mich dankbar werden lassen.

Anina wird nie sehr stark sein im Äusseren. Es ist schon eine gewaltige Leistung, dass sie so positiv werden konnte, eine ihr entsprechende Ausbildung zu beginnen, dass ihr klar wurde, dass es sich lohnt, sich dem Leben zu stellen und nicht aufzugeben.

Ausserdem, und das ist vielleicht das Wichtigste, hat sie gelernt, sich mit den Lichtwesen zu verbinden, denen sie sowieso immer nahe war, es aber nicht bewusst genug fühlen konnte. Die alte Einsamkeit aus dem vergangenen Leben, basierend auf dem Gefühl, eben anders zu sein, holt sie immer wieder ein. Es halfen viele Engel bei dieser Arbeit, besonders aber Erzengel Sandolphon.

So wie Anina leben sehr viele Menschen. Das äussert sich vor allem darin, dass sie bei Schwierigkeiten im Alltag den Boden unter den Füssen verlieren, den Stern unter sich nicht fühlen können, sondern nur noch nach oben streben, zum Himmel hin. Manche möchten nicht mehr leben oder hoffen, nicht mehr auf diese Welt kommen zu müssen, wenn sie an Reinkarnation glauben. Bei Kindern sind es die Träumer. Es ist wichtig, sie ernst zu nehmen, wenn sie scheinbar phantastische Geschichten erzählen. Das können sehr deutliche Hinweise auf für alle wichtige Erfahrungen sein.

Ich bin mir sicher, dass wir unsere eigenen Kinder, aber auch Adoptivkinder und alle, mit denen wir zu tun haben, nicht zufällig bekommen. Sie helfen massgeblich mit bei unserer eigenen Entwicklung. Wir haben wohl immer eine innere Abmachung miteinander, die wir erfüllen möchten. Dabei haben sicher unsere Engel und weitere Helfer mitberaten.

Auch nach einem Schock kommt es vor, dass sich ein Mensch »neben den Schuhen fühlt«, das heisst im Klartext, dass sogar das Gehen unsicher wird, oder dass sich jemand ständig die Füsse verknackst oder sogar verstaucht. Über meine Arbeit an den Füssen, auch an meinen eigenen, ist mir deutlich geworden, wie wichtig es ist, die Aufmerksamkeit ganz praktisch auf diese Themen zu richten.

Unser Körper verhilft uns zur Klarheit, wenn wir nur lernen, auf ihn zu hören und uns nicht ärgern, weil er nicht immer so funktioniert, wie wir das gerne hätten. Er möchte uns lehren, was unsere wirkliche Aufgabe auf dieser Erde ist.

Kapitel 5

Die Sehnsucht in uns nach dem Geheimnis des Lebens

Alle heiligen Bücher dieser Welt versuchen in Mythen, an das Geheimnis des ersten Schöpfungstages und damit an unseren Lebenssinn heranzukommen, an diese allem zugrunde liegende Frage. Es könnte sein, dass unsere Einsamkeiten uns nur an die Quelle, wir sagen Gott, heranführen möchten, an die unendliche Kreativität, die alles in Bewegung brachte.

Je besser wir wieder lernen, in die Natur, auch in unsere Natur, hineinzuhorchen, mit wachen Sinnen, ohne Vorurteile durch unser Wissen, ganz einfach, weil wir sie nicht nur zum Überleben brauchen, sondern um glücklicher zu werden, können wir unser meist unbewusstes Ziel erreichen: die Erleuchtung, die Einheit im Geist.

Hier wartet in grosser Geduld ein Schöpfergott, der in allen Kulturen schon immer wahrgenommen wurde. Meines Wissens suchten alle alten Völker mehr oder weniger deutlich, eine Verbindung mit den Sternen zu bekommen. Viele mächtige, uns unerklärliche Bauten in aller Welt zeugen davon.

Aber es gibt auch heute unscheinbare Völker wie z.B. die Dogon in Afrika, welche schon 10.000 Jahre vor Christus auf den Messias warteten und auf Steinen verewigten, dass sie sehr wohl wussten, dass z.B. der Sirius einen schwarzen Stern mit sich führt. Woher wussten sie das wohl? Sicher hatten sie keine Instrumente oder Sternwarten. Wir gescheiten Weissen entdeckten dies erst im letzten Jahrhundert!

In unzähligen Leben versuchten wir (mit dieser Sehnsucht in jeder Zelle, offenbar gefüllt mit Informationen aus dem Universum, die mit dem Unnennbaren und einem Ur-Teil von uns in Verbindung stehen), zu begreifen, um was es bei all den beschwerlichen Erfahrungen, die wir rund um den Erdball machten, geht. Immer hatten wir das Wissen aus dem Universum in, wie auch um uns. Aber wir engten uns über fast alle Religionen mit magischen Ritualen und Glaubenssätzen ein.

48

Dies geschah wohl immer in der Hoffnung, den grossen Geist zu erfassen. Wir bauten Tempel, Kathedralen und Dome, um finden und erklären zu können, was in der Natur um uns wie auch in uns geduldig wartete.

Leider hatte das meist mit dem Anspruch auf das alleinige Wissen zu tun, und wir setzten dadurch viel Leid in Bewegung. Wir brachten in fast allen Kulturen Tier- und Menschenopfer dar, um diesen grossen Geist gnädig zu stimmen, als wären wir nicht aus ihm entstanden!

Wir begannen unseren Körper zu martern. Scheinbar war er es, meist über die Sexualität, der uns in Schwierigkeiten brachte. Meere von Tränen sind deshalb geflossen, und immer mehr wurde die Verbundenheit mit dem Göttlichen gerade deshalb unterbrochen. Asketisches Leben sah einfacher aus, denn im Allgemeinen führt uns die Liebe nach dem ersten Höhenflug in Aufgaben, die wir uns bewusst nicht ausgesucht hätten! Könnte es sein, dass es gerade darum die sicher gottgewollte Liebe braucht, die unvernünftig, wir sagen »blind« macht?

Wir brachten es fertig, sogar Jesus, den wir Christen für den alleinigen Sohn Gottes halten, obwohl er selbst uns alle seine Brüder und Schwestern nannte, zu foltern und zu kreuzigen und zu diesem gepeinigten Leib an christlichen Kreuzen zu beten. Dies geschieht immer noch, trotz der Auferstehung, die wir ja auch feiern in christlichen Landen. Mit verbissenem Eifer, Folter, Feuer und Schwert brachten wir andere Völker dazu, an diesem Leid festzuhalten und ihnen so das Heil, die Liebe von Jesus dem Christus nahe zu bringen.

Märtyrer wurden heilig gesprochen und dadurch jeder gewöhnliche Mensch animiert, dem nachzuleben, seinen Körper auch zu missachten, um das Himmelreich zu erlangen. Jesus hatte gesagt: »Das Himmelreich ist in euch«, aber wer konnte das glauben, wenn es uns doch so schlecht ging? Ist es möglich, dass Jesus ganz einfach den göttlichen Funken in uns ansprach, den wir lange nicht für möglich halten? Das wäre eben dieser Stern, Diamant oder Wesenskern, den wir alle haben, meist ohne ihn zu sehen oder zu fühlen.

Die Mystiker versuchten über viele Jahrhunderte, dieses innere Wissen in uns anzusprechen. Leider waren es immer nur wenige, die das anklingen lassen konnten. Die Katharer glaubten, der Himmel ist Gott und der Teufel ist die Erde. Sie wollten besonders rein und heilig sein, und liessen sich dafür umbringen in der Hoffnung, so das Paradies zu erlangen. Sind wir so weit davon entfernt, wie wir glauben?

Wir schreiben diese Vorstellungen gerne anderen Religionen zu, allen, die »heilige Kriege« leben. Auch bei uns wurden auf beiden Seiten der Kampflinien Kanonen gesegnet.

Das alles geschieht immer noch, auch wenn wir ganz andere Vorstellungen von unserer Evolution haben. Es ist höchste Zeit, dass wir die gemeinsamen Quellen suchen, welche in allen Religionen zu finden sind, eben durch den göttlichen Funken in uns, der letztlich ganz einfach Leben heisst.

Ich selbst lebte in einer katholischen Gegend als einziges evangelisches Mädchen. Meine Mitschüler prophezeiten mir Fegefeuer und Hölle als sichere Zukunft und liessen mich oft nicht mitspielen. Eigenartigerweise berührte mich das kaum. Heute weiss ich, wie wichtig es für mich war, dieses Denken zu erleben. Vor allem aber erkannte ich später, wie viele verborgene, unbewusste Schätze in dieser Religion vorhanden sind.

Hatte ich in jungen Jahren die Heiligen als Anmassung empfunden, so begriff ich nun, dass sie eine Hilfe sein könnten, das Beste in uns zu entwickeln und damit an das Göttliche in uns zu glauben. Wenn ich an die oft wundervollen Menschen denke, die ich in meiner Praxis und auch sonst erlebe, spüre ich, wie sehr unsere Zellen das Märtyrertum leider noch in sich tragen. Damit lebt die absurde Hoffnung in uns, nur ins Paradies zu kommen, wenn wir in irgendeiner Form viel gelitten haben. Das ist gar nicht leicht zu ändern. Es passiert im Alltag immer, wenn wir uns zu etwas zwingen, das uns gar nicht entspricht.

Es heisst in der Bibel, der Schöpfer, der grosse Geist, unser Gott, hauchte Leben in den erdhaften Körper, den er geformt hatte. Wir leben nach dem ersten Atemzug und wir hauchen die Luft wieder aus, wenn wir sterben. Ist das die Seele, der Geist oder beides, unser Erbe, unsere Aufgabe?

Kapitel 6

Menschen aus der Zeit um Jesus

In meinem Umkreis erlebe ich erstaunlich viele Menschen, die Jesus offenbar kannten und aus dieser Zeit eine Sehnsucht nach Vollkommenheit, aber auch ein Trauma mit sich herumtragen. Es gab einen Riss in ihrem Leben und in ihren Herzen, sei es, weil sie sich nicht klar zu ihm bekannt haben oder weil sie enttäuscht darüber waren, dass er seine Macht nicht zu seiner Befreiung gebrauchte oder sogar, weil er nicht der Revolutionär war, der die Römer aus dem Land geworfen hatte.

Oft schwingt grosses Mitleid mit, das sich in eben diesem Leidensbedürfnis äussert. Das kann bis zu den Wundmalen an Händen und Füssen führen, die schmerzlich die grosse Verbundenheit verkünden. Es sind feine Menschen, die das so erfühlen, das aber auch in ihr Leben als Sühne hineintragen. Manche sind auch stolz darauf. Ich bin mir sicher, dass Jesus dies nicht von uns fordert, es gibt ganz andere Möglichkeiten, Liebe und Verbundenheit auszudrücken.

So versuche ich mit Hilfe der geistigen Welt, diese verlorenen Seelenteile wieder heilend zu integrieren, wenn der betroffene Mensch das zulassen kann. Viele empfinden diese Schmerzen als Ehre und fühlen sich dadurch auserwählt.

Natürlich lasse ich sie selbst die Frage stellen, ob eine neue Sicht und ein neues Lebensgefühl für sie richtig sein kann, wenn sie sich erlauben, so etwas zuzulassen. Das geht nur über die eigenen inneren Bilder mit Hilfe der Licht-Welten.

Verschiedentlich habe ich erlebt, dass Menschen, welche Jesus sehr nahe standen (entsprechende innere Bilder, die wie ein Film ablaufen, zeigen uns das), wie erstarrt leben, auch wenn sie das im Alltag nicht erkennen. Wenn ich mit ihnen an den Füssen arbeite, tauchen sie manchmal in diese Erlebnisse ein. Es könnte sein, dass diese Erinnerungen damit zusammenhängen, dass Jesus den Jüngern die Füsse gewaschen hat und selbst von Maria an den Füssen Heilöle eingerieben bekam.

Meine Fuss-Reflexzonentherapie ist ein ruhiges tiefgreifendes Fliessenlassen der Lebensenergien über die Lichtbahnen der Meridiane. Es ist ein Mysterium, dass sich damit alte Muster, die in unserem Körper verborgen sind, befreien können. Das mag schwer zu glauben sein, aber mein Alltag zeigt mir, dass dies einfach so ist und dass wir Traumata letztlich nur über Körperarbeit wirklich auflösen können.

Deutlich wird das, wenn Menschen längere Zeit mit Psychotherapeuten gearbeitet haben und sich dann bei der ersten Behandlung über die Füsse die alten Muster vor allem in Tränen und Trauer wieder zeigen. Das heisst nicht, dass diese vorige Arbeit umsonst war. Es braucht nur noch das Herauslösen aus den Zellen als Abschluss. Das geschieht immer wieder über ein grosses Zittern im ganzen Körper, das offenbar aus allen Körperteilen wie auch den feinstofflichen die Erstarrung loslässt. Es ist sehr wichtig, das zuzulassen. Wir kennen dieses Phänomen sicher alle aus unserem Leben, z. B. nach einem mächtigen Schrecken oder wenn wir uns sehr zusammengenommen haben, um einer Situation gewachsen zu sein, dadurch versucht sich der Körper zu entlasten. Ich erlebte es auch nach den Geburten meiner Kinder.

Wie sich vergangene Erfahrungen, gleich welcher Art, in einem neuen Körper äussern können und sich überhaupt in den Zellen einnisten, weiss ich nicht. Ich kann nur ahnen, dass es mit der Lichtkugel im Nabelbereich unserer Seele in Zusammenhang steht. Hellsichtige Menschen sehen immer wieder, dass sich diese dort beim Sterben befreien kann. Manchmal verlässt sie den Körper über den Scheitel oder mit dem letzten Ausatmen. Das geschieht bei einem friedlichen Tod, wenn sich der Mensch mit seinem Sterben auseinandersetzen konnte.

Bei überraschenden Todesfällen ohne innere Vorbereitung tritt die Seele oft über einen Ätherspalt im Milzbereich aus. Daraus resultiert ein Schockzustand mit Folgen, der Mensch braucht irgendwann Hilfe für die Seele und das kann erstaunlicherweise auch in einem neuen Leben wieder aufgelöst werden. Dieser Akupunkturpunkt, den die alten Chinesen schon kannten, lässt sich im Blasenmeridian lokalisieren und hat bei der Geburt mit dem Annehmen zu tun, auf unserer Erde wirklich leben zu wollen. Er heisst »Tor der Geistseele«. Tod und Geburt sind wie Ausatmen und wieder Einatmen. Es muss das Gesetz des Kosmos sein, welches das Ziel anstrebt, alle nur möglichen Erfahrungen zu leben, aber letztlich auch in Licht aufzulösen. Natürlich zeigen sich diese Erfahrungen nicht nur um die Zeit von Jesus, sondern durch alle Inkarnationen und ebenso über aktuelle Schocks im jetzigen Leben. Offenbar haben die frischen Schockerlebnisse die Aufgabe, den Weg zu den alten unbearbeiteten Traumata aufzuzeigen.

Wenn sich eine solche Erstarrung löst, kann sich das sehr unangenehm anfühlen. Zuerst wird sie nämlich oft noch schlimmer und schmerzt meist besonders in Armen und Händen. Es ist so, als würde sich die ganze Not des damaligen nicht handeln Könnens nun neu zusammenballen. Meist steht dies mit der heutigen Lebenssituation in enger Beziehung. Nachgerade glaube ich, dass wir diese neuen Leiden sogar unbewusst herbeiführen, auch wenn uns das unmöglich erscheint!

Die Finger und Hände schlafen manchmal ein und fühlen sich schliesslich an, als würden sie unter Strom stehen. Ich verstehe das als einen Heilstrom, der neues Leben in die Zellen bringt, die schon damals unter Schock standen. Menschen, welche diese Erfahrung machen, fühlen sich nach dem Auflösen dieses Prozesses wie neugeboren oder auferstanden, wie ich schon zu hören bekam. Nun kann Heilung beginnen, denn es sind gewaltige Energien, welche so ins Fliessen kommen.

Es sind offenbar viele Menschen, die mit dieser vermeintlichen Schuld leben. Das zeigen auch die Bräuche der Karwoche in vielen Ländern. Damit werden diese schwierigen Gefühle immer neu belebt, ohne dass den Menschen dabei klar wird, dass die Welt verändert werden möchte!

Es ist ein Lebensgesetz, dass freudige Energie fürs Leben frei wird, wenn Erlösendes geschehen kann. So wäre wohl Ostern gemeint als ein Freiwerden von Schuld und Tod, von der Erbsünde. Ohne die Erfahrung der inneren Freiheit wird neue Kraft ins Leiden gesteckt.

Besonders Frauen, aber natürlich auch Männer, können dazu neigen, sich opferbereit zu erniedrigen, sich im übertragenen Sinn steinigen zu lassen bei einem tyrannischen Menschen. Das können unsere jetzigen Eltern sein, Lehrer, Chefs, sogar Freunde. Kranke oder Suchtkranke finden gerne solche Opfer. Wir sprechen in diesem Fall vom Helfersyndrom. Immer stehen Schuldgefühle dahinter, verbunden mit dem Eindruck, nicht genügend zu lieben, sei es in diesem oder einem anderen Leben. Bei uns Christen ist die Anforderung, uns wie unsere Nächsten zu lieben, eher zu einem Druck geworden, den wir nicht zu erfüllen vermögen. »Du musst dich selbst lieben« – heute so oft benutzt, doch das scheint mir ein schwieriger Satz, auch wenn er stimmt. Kann man irgendjemanden lieben müssen? Da scheint ein Widerspruch zu sein. Vielleicht geht es leichter mit sich liebevoller betrachten, ein leises Lächeln suchen, denn wir sind nun einmal unvollkommene Menschen. Alle!

Der Gedanke lässt mich nicht los, wirklich ernst zu nehmen, dass zur Zeit Jesu sehr viele Menschen gekreuzigt wurden. Die Meisten blieben für die Vögel zum Frass hängen, ihre Körper durften oft gar nicht abgenommen werden. Wie viel Leid das für alle Betroffenen bedeutete, können wir ein wenig ermessen. Darauf folgten alle Märtyrer, die in der Nachfolge Jesu ihr Leben leidvoll als Opfer darboten. Bis in die heutige Zeit sind es Millionen und Abermillionen, die aus Gründen der religiösen Überzeugungen oder aus Gerechtigkeitssinn, aus welchem Grund und für welche Religion auch immer, geopfert wurden. Von den Kriegen, die aus solchen Gründen geführt wurden und werden, wollen wir gar nicht reden.

Es scheint nicht einmal ins Bewusstsein der christlich erzogenen Menschen gedrungen zu sein, dass es heisst, Jesus der Christus habe alle Schuld auf sich genommen, um uns zu erlösen! Irgendetwas läuft falsch, denn gerade »gute« Menschen, die sich sehr bemühen, richtig zu leben, sind von diesen Gefühlen besonders betroffen. Etwas in uns kann Schuld nicht loslassen, sei sie klein oder gross. Ich versuche, das Wort durch Unvermögen zu ersetzen, es ist ein Nichtwissen um die Zusammenhänge, ein noch nicht fähig, noch auf dem Weg sein.

Darum spreche ich dieses Urgefühl an, das oft mit den Bildern vom Kreuzestod Jesu verknüpft ist.

Menschen, die solche und ähnliche Erfahrungen von unschuldigen Menschen immer noch schmerzlich in sich tragen, können über die inneren Bilder von sich selbst erfahren, dass sich die Seele aus dem Körper befreien kann, ohne in dem Mass zu leiden, wie es scheint. Das geschieht oft über schwierige Reinkarnationserlebnisse, die offenbar niemandem erspart blieben. Bei allen gewaltsamen Todesfällen, die sich in inneren Bildern zeigen, stelle ich noch bewusster als im Normalfall die Frage: »Wie konnte sich die Seele aus dem Körper befreien und wo gelangte sie hin? Konnte sie ins Licht eingehen?«

Wenn solche Bilder vor dem inneren Auge deutlich werden, zeigt sich, dass die Seele damals in der Todesstunde bereits befreit war und dadurch der Körper keine Schmerzen mehr empfand, wohl aber von oben herab das Geschehen verfolgte.

Oft entsteht das Bedürfnis, den Tätern zu verzeihen, was für mich heisst, dass dies zutiefst schon geschehen ist. Unsere Seele war mit dieser Erfahrung einverstanden und darum sind wir nicht so sehr Opfer, wie es aussieht. Trotzdem muss auch der Verstand mit Hilfe eines Mitmenschen das Empfinden integrieren können.

Mir scheint es ganz wichtig, den Seelenzustand zu erfahren, dass wir, losgelöst vom Körper nicht leiden müssen. Wir haben dieses Wissen sehr nötig bei all den Folterungen und schlimmen Geschehnissen, die weltweit stattfinden. Statt zuviel mitzuleiden, können wir versuchen, diesen Menschen Licht- und Farbenergie zu schicken, damit sie solche Erfahrungen besser überstehen können und sich vielleicht weniger verlassen fühlen.

Es ist sicher klar, dass Jesus bei seinem Tod mit höheren Dimensionen Verbindungen hatte als wir Durchschnittsmenschen das im Allgemeinen haben. Also braucht es kein schmerzvolles Mitleiden heute, was nicht ausschliesst, dass wir in Dankbarkeit daran denken, wenn das zu unserem Weltbild gehört.

Es wäre eine Frage wert, warum immer wieder Friedenskämpfer wie Jesus, Gandhi, Martin Luther King und unzählige andere, weniger bekannte, umgebracht wurden, dafür aber als anstrebenswerte

Vorbilder in die Geschichte eingehen. Würden sie und damit ihr Anliegen bei einem normalen Tod bald vergessen werden?

Zur praktischen Arbeit: Es braucht grosse Achtsamkeit, wenn jemand sagt: »Ich fühle mich nicht in mir …« oder »Ich fühle mich neben meinen Schuhen« oder »Ich bin einfach nicht ganz da …«, oder wenn die Augen mehr nach innen als nach aussen sehen. Dann steht die Frage nach einem verlorenen Seelenaspekt an.

Wichtig ist dabei immer, zu erfragen, ob und wo im Körper ein Riss oder ein Loch fühlbar ist nach irgendeinem Schock. Meist ist der fehlende Teil nicht weit entfernt und lässt sich an die entsprechende Stelle bitten.

Besonders aber, wenn es in andere Leben zurückführt, brauchen wir die Engel als Hilfe. Sie werden oft deutlich als Boten wahrgenommen, welche den »verlorenen Seelenanteil« wieder sanft auf liebevolle Weise einsetzen und heilend mit dem Körper verbinden.

Das wirkt sehr berührend für diese Person, aber auch für mich als Begleiter. Eine grosse Dankbarkeit bleibt im Alltag zurück, denn das Leben wird deutlich leichter, weil wieder neue Kraft zur Verfügung steht.

Die Geschichte:
Hier ein Beispiel, das es mir erlaubt, solche umwerfenden Möglichkeiten zu Papier zu bringen.

Sybille, die betroffene Frau, erlebte bei meinen Reflexzonenbehandlungen immer wieder eine absolute Starrheit in den Händen mit entsprechenden Schmerzen. Lange zeigten sich keine deutlichen Bilder, bis ich nach dem Riss im Körper fragte. Da wurde ihr gezeigt, dass sie seit dem Kreuzestod Jesu einen Dorn mit einem Blutstropfen im Herzen trug.

Sie stand und steht ihm sehr nahe und litt seither am Unvermögen, nicht nur ihm, sondern allen Leidenden in solchen Situationen helfen zu können. Ihre Augen sind sanft geduldig, sie erinnern mich an Rehaugen. Es ist viel Liebe darin, auch Trauer und Geduld, aber keine Hoffnungslosigkeit. Für mich ist das ein Kennzeichen fast aller, die von der Energie Jesu erfüllt waren und sie über die Jahrhunderte in oft vielen Leben mitgetragen haben.

Ich liess sie fragen, wie eine Heilung möglich wäre, und sie fühlte, wie der Dorn von einem Engel vorsichtig herausgezogen wurde. Das entstandene Loch wurde mit Licht und rosaroter Farbe ausgefüllt und dabei wurden Sybilles Hände warm. Sie waren geprägt gewesen von dem Gefühl der Ohnmacht, nicht handeln zu können. Dazu kam wohl zusätzlich die Vorstellung der Kreuzesmale durch die Nägel. Ausserdem sind das die Hand-Chakren, wo die Heilkraft am deutlichsten austreten kann. Oft sind dies Menschen, welche heilen können, aber nicht voll dazu stehen.

Diese und spätere Verletzungen sind der Grund, die wirkliche Heilkraft nicht zuzulassen, Das kann über Märtyrertum entstehen oder über Hexenverbrennungen, natürlich auch über misslungene ärztliche Eingriffe über Zeit und Raum. Viele Leben in Klöstern und Versuche, den Menschen zu helfen und zu heilen, hingen bei Sybille damit zusammen.

Viel Trauer war schon aufgelöst, aber zutiefst hing diese Erinnerung wie ein ewiger Hemmschuh an ihr. Jeder unverständliche Gewaltakt in unserer Welt führte sie unbewusst darauf zurück und liess keine wirklich sprühende Lebensfreude aufkommen.

Auch ihre Ahnenreihe war geprägt von solchen Gefühlen, wach gehalten über den christlichen Glauben und sich dadurch geduldig dem Schicksal beugend. Zusätzlich bestand ein Druck auf Seiten der Ahnen ebenso wie eine Hoffnung, dass die heute Vorderste in der Reihe Erlösung bringen könnte.

Ich versuchte über Sybille, diese Ahnen zu bitten, nicht mehr zur Erde und damit zu ihr hinzusehen, sondern dass sich jeder seinem Engel und damit dem Licht zuzuwenden wage. Es ist erstaunlich, mit welcher Kraft die angerufenen Engel die ganze Reihe der Verstorbenen auf einer Lichtstrasse zum Himmelstor geleiten konnten. Ich würde mir nicht erlauben, so etwas zu erzählen, wenn dies nicht schon so viele Menschen in meinem Beisein erlebt hätten.

Zusätzlich kommt meist ein Strahl von Licht zurück auf den Menschen, der das Ganze ausgelöst hat. Es fühlt sich an wie ein grosser Dank aus dem Jenseits!

Wichtig ist, diesen Seelen sehr deutlich zu sagen, dass sie noch eine erdgebundene und damit zu wenig übergeordnete Sicht der

Zustände haben. Sonst wollen sie manchmal gar nicht gehen, weil sie ihre Lieben nicht in den irdischen Schwierigkeiten allein lassen wollen. Solche beharrlichen Gestalten zeigen sich immer wieder zwischen dem Strom der lichtvollen Wesen. Mir gibt es die Gewissheit, dass die Bilder stimmen.

Der Erzengel Michael war hier ein spezieller Begleiter und half mit seinem Schwert zu entscheiden.

Sybille lebt heute deutlicher in sich ruhend bei ihren täglichen Aufgaben mit vielen Kindern.

Meine Kartei ist voll von solchen Erfahrungen mit erstaunlich vielen Menschen. Oft wird Jesus mit grosser innerer Sicherheit gesehen. Und immer neu kommt in vielen Variationen zum Ausdruck, dass es wichtig ist, zur eigenen Grösse zu stehen und damit der Christus-Energie Raum zu lassen. Es ist eine falsche Bescheidenheit, die immer neu auftaucht: » ...aber ich bin das doch nicht wert«. Es geht hier gar nicht um das Ich, sondern es geht um den menschlichen Ausdruck des Göttlichen auf unserem Planeten.

Eine weitere Geschichte:
Es können auch andere Zeitalter das Gleiche bewirken. So fühlte Isis auf dem Weg zur Heilerin, dass noch eine grosse lähmende Angst ihre Ausbildung hemmte. Ein inneres Bild zeigte ihr bei einer Behandlung an den Füssen, wie sie im alten Ägypten den Lebens- und Heilstab wider besseres Wissen für jemanden benutzte, für den diese Heilungsmöglichkeit nicht stimmte. Sie liebte diesen Menschen und wollte ihn nicht an den Tod verlieren. Es stand also nicht einfach Machtmissbrauch, sondern Liebe dahinter. Aber das Lebensgesetz war übergangen worden und sie verlor ihre Heilkraft. Das Äskulapzeichen mit der Schlange, der Kundalinikraft, wurde quasi »entweiht« (Apotheker und Ärzte führen seit alten Zeiten dieses Zeichen in ihrer Zunft).

Isis war entsetzt über diese Erkenntnis und weinte bitterlich. Als ich sie fragen liess, wie diese Tat geheilt werden könnte, hellte sich das Bild auf und auch sie sah Jesus vor sich. »Es ist nicht so schlimm«, war sein Kommentar, »es ist nur eine Erfahrung und nun ist es Zeit, diesen Schock zu heilen.«

Auch bei ihr bekam das Herz den Anteil aus dem Schock zurück, der damals über den Verlust des geliebten Menschen und die zusätzlichen Schuldgefühle entstanden waren. Damit wurden bei dieser zart besaiteten Frau, die doch immer etwas kühl gewirkt hatte, noch ganz andere Energien frei. Bei ihr war schliesslich der innere Vorsatz zurückgeblieben, sich nie mehr so an einen Menschen zu binden, dass sich eine solche Geschichte wiederholen könnte! Weiter können wir daran erkennen, dass die Christuskraft über Jesus immer vorhanden war, eben einfach unter anderen Vorzeichen. Der Erzengel Raphael heilte hier mit seiner Liebe.

Kapitel 7

Hindernisse auf dem Weg zum Glauben an unser inneres Wissen

Die Macht der Herrscher und Kirchen

Ein äusseres Machtmittel und eine entsprechende Ritualhilfe waren und sind Gold und Edelsteine. Gold wird als eine Möglichkeit gesehen, zu Weisheit zu gelangen. Alle Edelsteine haben entsprechend ihren Farben und der mineralischen Zusammensetzung eine Auswirkung auf ihre Umgebung, also auch auf die Menschen. Herrscher auf der ganzen Welt, auch die katholische oder orthodoxe Kirche, haben Gold und Edelsteine als Kraftverstärker benutzt, deshalb gibt es die reich verzierten Kreuze, Monstranzen und Kelche auf Schreinen und Altären. Hinter dieser Zier stand die Vorstellung, dass nur Priester diese Kraft benutzen dürfen, wie auch nur ihnen der Zugang zum Altar, der Krypta und dem Allerheiligsten offen stand.

Fast alle Kapellen, Kirchen, Dome, Kathedralen und Tempel auf der ganzen Welt sind auf starken Kraftorten erbaut, was natürlich die Macht der Priesterschaft verstärkte. Wahrscheinlich hatte das auch seine Berechtigung, solange das Volk unwissend gehalten wurde.

Das alles ändert sich nun langsam. Die Zeit wird reif für Erkenntnisse von vielen Menschen, sonst kann sich die Welt nicht wirklich erneuern. Die Heilkraft der Edelsteine wurde in den vergangenen Jahrzehnten für jeden Menschen, der sich davon angezogen fühlte, erschwinglich und zu einem hilfreichen Thema.

Es gibt noch immer Glaubensrichtungen, die alle Edelsteine, die homöopathischen und manchmal auch schulmedizinischen Heilmittel, jede östliche Meditation, Yoga, auch Fussreflexzonenarbeit, nicht nur als heidnisch, sondern sogar als vom Teufel gesandt betrachten, eben weil sie mit dem Irdischen oder einer anderen Religion verbunden sind.

Die Dualität, die uns Menschen zu solchen Wertungen brachte, steckt in uns allen, bis wir keine Angst mehr haben, andere Denkweisen anzuerkennen. Wahrscheinlich haben solche Menschen harte Strafen in Bezug auf eines dieser Themen aus vergangenen Leben in ihrem Unterbewusstsein, so dass sie von entsprechenden Ängsten geleitet werden.

Die nächste schwierige Frage steht für mich im Raum, warum in beinahe allen Religionen ein Gott gnädig gestimmt werden muss? Hat und hatte das vielleicht nur mit dem Machtanspruch der Priesterschaft zu tun?

Ursprünglich wurden in vielen alten Kulturen Tiere oder Menschen, vorzugsweise Jungfrauen, geopfert, um den schwer begreiflichen Gott gnädig zu stimmen. Wahrscheinlich steht immer, auch bei anderen religiösen Überlieferungen, die Vertreibung aus dem Paradies dahinter, der strafende Gott-Vater, der uns auf die Mutter Erde verbannte, weil Eva vom Baum der Erkenntnis ass und diese Frucht an Adam weiterreichte.

Sicher betrifft diese Geschichte nicht nur die Geschlechtlichkeit, wie in der Vertreibung aus dem Paradies dargestellt wird. Mit der Schlange ist möglicherweise die Kundalinikraft gemeint, die eigentlich zur Erleuchtung führen kann. Erkenntnis versuchen die meisten Evas noch immer zu erreichen und weiterzugeben. Ich glaube, dass dies besonders die Aufgabe der Frau ist! Diese »Früchte« sind stark mit weiblichen Gefühlen verbunden und darum nicht immer leicht geniessbar, aber oft erschreckend wahr. Das ist wohl ein Grund dafür, dass viele Frauen im Alltag im Stillen tragend sind, aber dadurch so viel Angst auslösen, dass sie fast überall in der Welt möglichst klein gehalten werden. Über die Gefühle sind wir oft der Wahrheit so nahe, dass es Männer erschrecken kann, besonders, wenn damit das Handeln verbunden wird. Das zeigt sich vor allem in zwischenmenschlichen Beziehungen, sei dies privat oder auch beruflich. Der Instinkt und die Intuition vieler Frauen spürt zum Wesentlichen hin.

Natürlich ist diese Kraft auch bei Männern da, je nach Beruf sogar als Inspiration, wo sie mehr oder weniger zum Zug kommen kann. Aber wir Frauen können uns dies wohl immer noch eher erlauben und unsere Gefühle leben.

Es ist so wichtig, zu diesem inneren Wissen zu stehen, nur so kann sich die Welt ändern. Inneres Wissen aber hat mit dem göttlichen Kern in jedem Lebewesen zu tun. Dafür sollten wir uns frei und offen zu denken getrauen lernen. Die Vorstellung, dass wir über Ursache und Wirkung in unserem Leben lernen können, wie die Gesetze des Kosmos walten, ist von vielen Menschen noch nie gehört worden.

Gott als Geist in allem, nicht als »parteiische Person« wäre ein sinnvoller Versuch, neu mit unserem Schicksal umgehen zu lernen. Könnte es sogar sein, dass wir uns freiwillig in das Abenteuer Leben auf der Erde gestürzt haben, weil uns der grosse Geist so in unseren Genen angelegt hat?

Wollten wir ausziehen, um »das Fürchten zu lernen«, wie uns manch ein Märchen sagt? Könnte es sein, dass der »strafende Engel« mit seinem Schwert (Michael?) eigentlich mit uns ausgezogen ist, damit wir das Licht und damit die Entscheidungskraft für Gut und Böse nicht verlieren?

Die verhängnisvollen Stellen vom auserwählten Volk im Alten Testament haben die Juden, aber auch uns Christen, unter anderem in eine schwierige Situation gebracht. Das würde heissen, dass alle anderen Menschen keine Chance haben. Das kann nicht sein! Gerade die Juden leiden aber am meisten darunter, weil sich instinktiv alle anderen Völker gegen diese Vorstellung wehren. Die »alleinseligmachende Kirche« hat das weitergeführt. Wie menschlich klein wäre ein solcher Gott.

Das Gleiche spielt sich in Familien ab, wo ein Kind bevorzugt, eben auserwählt wird. Das gibt ein verheerendes Ungleichgewicht und am meisten leidet letztlich dieses Kind. Aber Hand aufs Herz: Welches Land hält sich nicht mindestens für besonders, wenn nicht gar auserwählt, mit und ohne Religion? Könnte es sein, dass auch ein grosser Prophet wie Moses, der sein Volk aus der Sklaverei von Ägypten führen sollte, ganz einfach sehr vaterländisch wurde und darum sein Volk als das einzig Auserwählte betrachtete? Vielleicht verstanden es auch nur die Nachfahren so. Trotzdem ist es tragisch, dass es immer noch Christen gibt, welche die Juden als Christus-Mörder betiteln.

In unserer Zeit sind wir sehr mit dem Islam konfrontiert, der natürlich auch glaubt, einzig richtig zu sein und alle Ungläubigen am liebsten ausrotten würde, was oft als vom Propheten Mohammed gestellte Aufgabe betrachtet wird. Nachdem ich das Buch von Ayaan Hirsi Ali[10] gelesen habe, ist mir klarer geworden, was für starke Kräfte da wirken. Ich wusste nicht, wie sehr sich die Hölle und der strafende Gott sogar über die Engel auch in dieser Religion ausdrücken. Der Eindruck, den die leicht bekleideten Frauen auf diese junge, noch verschleierte Frau machten, als sie in Deutschland ankam, zeigt die tiefen Prägungen einer Kultur in für uns nicht vorstellbarer Weise auf. Die Macht der Frauen wurde so auf die primitivste Weise erstickt. »Wenn Männer Frauen sehen mit nackigen Armen und überhaupt kaum bekleidet, dann sind sie verwirrt, sie werden sexuell in Versuchung geführt, sie werden blind vor Begierde. Sie können nicht arbeiten, die Busse stossen zusammen und alles endet im totalen Chaos!« So ausgedrückt in dieser Biographie.

Dass solche Vorstellungen, seit Jahrhunderten weitergegeben, den Alltag prägen, ist klar. Sich der Tradition, der Religion zu widersetzen, heisst nicht nur, sich von den Männern der Familie brutal bestrafen zu lassen, sondern von Allah selbst. Damit entfällt die Hoffnung, für alle erlittenen Leiden wenigstens ins Paradies zu gelangen. Das unterscheidet sich überhaupt nicht vom fundamentalen Christentum, nur heisst es da Gott. Unter diesen Umständen zu denken und zu forschen beginnen, gelingt nur wenigen. Es fehlen die Vergleichsmöglichkeiten in ihren Ländern.

In unserer Kultur riegeln sich die Menschen entsprechend ab, denn es erzeugt zu viel Angst, sich solchen inneren Umwandlungen zu stellen. Nur sehr starke Frauen können das, sonst kann man leicht daran zerbrechen. Nach meiner Erfahrung geht das nur über die Erfahrung vergangener Leben in anderen Religionen und damit der entsprechenden inneren Reife. Ayaan Hirsi Ali hat sie offenbar und erfüllt damit eine wichtige Aufgabe als Brückenbauerin zwischen den Religionen.

Die Völkervermischungen, welche sich über alle Kriege und Katastrophen hinweg in unseren reichen Ländern immer mehr ergeben,

---

[10] Ayaan Hirsi Ali: Mein Leben, meine Freiheit. Die Autobiographie. Piper Verlag München, 2006.

müssten eigentlich die falschen Vorstellungen aufheben, die wir aus Unkenntnis voneinander haben. Das würde einen tiefen Sinn ergeben. Dafür braucht es mutige Vorkämpfer auf allen Ebenen. Im Mittelalter war das bei uns nicht anders. Ablass und Inquisition erzählen dasselbe und auch heute sind wir nicht soweit davon entfernt, wie wir glauben.

Solange wir die Kinder in Angst erziehen, verknüpft mit unseren Moral- und Religionsvorstellungen, ist meist lange keine innere Freiheit möglich. Das braucht innerlich starke Menschen. Trotzdem begegnen mir immer wieder Frauen, die erzählen: »Ich wusste schon als kleines Kind, dass vieles nicht stimmen konnte, was man mir über unsere Religion erzählte.«

Weiter gibt es im Alten Testament Stellen, welche von feurigen Wagen berichten, die vom Himmel herabkamen und mehr Wissen auf die Erde brachten. Entsprechende Mythen sind auf der ganzen Welt zu finden. Doch gerade wer die Bibel sonst wörtlich nimmt, klammert diese Meldungen aus. Unsere Kleingläubigkeit oder Überheblichkeit, meist miteinander verbunden, bringt uns dazu, unsere Erde als einmalig und vor allem unübertroffen zu betrachten. Gerade deshalb klammern wir uns aus dem Universum aus.

In allen alten Kulturen wurden und werden vereinzelt auch heute noch regierende Königshäuser mit »Göttern« in Verbindung gebracht und damit ausserordentlich verehrt, weil sie nach den Legenden grosses Wissen auf unseren Planeten brachten. Es hiess, sie nahmen sich Frauen aus dem Erdenvolk. So verbanden sie verschiedene Kräfte aus dem Universum.

Altes Wissen, zum Beispiel ausgedrückt in monumentalen Bauten, kam oft ganz unvermutet zu einfachen Völkern. Die Ägypter, Mayas, die Azteken, die Griechen und Römer, die Chinesen, Menschen im Vorderen Orient und in Asien bauten meisterhafte Werke, die schlecht mit dem einfachen Volk von damals in Verbindung gebracht werden können.

Vielleicht hat unser Griff nach den Sternen über die Weltraumfahrten als unbewussten Hintergrund die Aufgabe, die Verbundenheit mit dem Weltall wieder zu beleben. Jedenfalls leben wir in einer sehr aufregenden Zeit, wo uns Informationen zur Verfügung stehen, von denen unsere Vorfahren nicht einmal träumen konnten. Philosophen und Mystiker wie Meister Ekkehard, Hildegard von Bingen, Bernhard von Clairveaux, Lao Tse und viele Heilige im Osten und im Westen hinterliessen Weisheiten, die zeitlos sind. Johann Wolfgang von Goethe, Rudolph Steiner, Teilhard de Chardin, Thitch Naht Than, der Dalai Lama und viele andere haben über alle Zeiten bis heute ein inneres Wissen vermittelt. Leonardo da Vinci war seiner Zeit in vielen Bereichen weit voraus. Was bewirken Johann Sebastian Bach, Mozart, Beethoven und unzählige andere Musiker jeder Art immer noch über ihre Klangwelten in unseren Herzen!

Jeder Künstler lebt in seiner Form sich selbst und damit sein Wissen über viele Leben aus, vielleicht auch schon in die Zukunft hinein. Wo haben alle Wunderkinder ihre Erkenntnisse hergeholt, die manchmal die Welt sehr bewegten? Mir liegt daran, dass wir begreifen, dass wir alle mehr wissen, als wir uns zutrauen.

Kapitel 8

Intuition – Inspiration – Telepathie: Unsere Verbindungen zu verschiedenen Dimensionen in und um uns

Die Intuition ist die grösste Hilfe in meinem Alltag. Immer mehr übe ich, sie in allem zu erspüren, was mir begegnet. Dabei stelle ich fest, dass zu viele Menschen einen »heiligen Respekt« vor diesen Begriffen haben. Sie verehren Menschen, welche leichter damit umgehen, die dann leicht zu Gurus erhoben werden, und blockieren sich dadurch selbst. Wir leben alle mit Intuitionen, die wir zu wenig realisieren!

Ohne unser Dazutun entsteht ein Bild unseres Gegenübers in Sekundenschnelle, ob bekannt oder unbekannt. Über den Augenkontakt, den Händedruck, die Kleidung bildet sich ein erster Eindruck, der uns bereits prägt, bevor wir irgend etwas äussern. Oft korrigieren wir diesen mit Hilfe des Verstandes, kommen aber später meist darauf zurück.

Es gilt, diese Gabe bewusster wahrzunehmen und immer neu dankbar zu sein für unsere instinktiven Fähigkeiten. Wir alle spüren, wenn uns jemand von hinten ansieht und drehen uns um. Wer hat nicht schon erlebt, dass ein Telefonanruf von einem nahestehenden Menschen in dem Moment kam, wo wir abheben wollten oder es sogar schon getan hatten, so dass es gar nicht mehr zum Läuten kam? Wie oft kam ein Zeichen von einer Person, nach langer Pause, die tagelang immer wieder in unseren Gedanken aufgetaucht war? Wer hat nicht schon in der Not von Herzen gebetet, dass sich der betroffene Mensch melden möge, und er erschien vielleicht sogar, weil er spürte, dass es wichtig war? Gibt es sogar schamvolle Erinnerungen, wo wir trotz besseren Wissens nicht reagiert haben, und dann war es zu spät?

Die schnelleren Schwingungen unserer Zeit erfordern das Zusammenklingen der beiden Hirnhälften in Verbindung mit dem bewussten Öffnen des Herzens. Damit können wir Verstand und Gefühl getrost in Verbindung kommen lassen. Wir Frauen haben es da wohl etwas leichter im Alltag, aber wir lassen uns leicht irritieren mit dem Kommentar: »Du mit deinen Gefühlen!« »Ja, so bin ich!«, gilt es sagen zu lernen.

Ich bin mir sicher, dass es weder in der Kunst noch Wissenschaft oder Forschung, letztlich bei keiner kreativen Beschäftigung ohne dieses »innere Hören« wirklichen Erfolg geben kann. Wie oft bekommen wir eine Antwort im Schlaf über Träume, wissen die Lösung einer Frage plötzlich, wenn wir aufwachen! Im Volksmund heisst es: »Schlafe eine Nacht bis zur Entscheidung!«

Ähnliche Forschungsergebnisse weltweit, sogar in miteinander verfeindeten Ländern, die fast zum gleichen Zeitpunkt publik werden, basieren vielleicht öfter als wir glauben auf telepathischen Verbindungen. Das heisst, eine Geistesverwandtschaft läuft nun einmal auf gleicher »Wellenlänge«, und das kann durch intensive spezielle Beschäftigung mit dem Thema aufgefangen werden – auch ohne Spionage.

Ken Keyes[11] schildert, wie ein junges Affenweibchen, das Süsskartoffeln sehr liebte, diese zu waschen begann. Es dauerte nicht lange, bis die Familie und ein weiterer Kreis junger Tiere dies nachahmte. Ab dem »hundertsten Affen« begann dasselbe auf anderen Inseln, ohne dass sich die Tiere je begegnet waren. Telepathie, oder einfacher: die gleiche Wellenlängen erreichte Gleichgesinnte. Das läuft bei Mensch wie Tier ganz ähnlich.

Was geht vor, wenn uns die Schwingungen eines anderen Menschen erreichen?

Unsere Antennen, unsere Fühler sind offen über eine gewisse Seelenverwandtschaft, über die Liebe, über die Freude, über die Not, über unsere Gedanken, aber auch über das Helfenwollen. Wohl dem, der erkennen kann, dass da weder räumlich noch zeitlich Grenzen gesetzt sind. Unsere Zeit ist reif geworden, aus der Not heraus Heilungen mancher Art, auch aus der Ferne, für möglich zu halten. Wer hat nicht schon erfahren dürfen, dass ein Hilfsbedürftiger schon am

---

[11] Ken Keyes: Der hundertste Affe. Plädoyer gegen den Atomwahn. Hübner Verlag, Lehrte, 1995.

Telefon nach einem Gespräch erleichtert sagte: »Jetzt geht es mir schon besser!« Da hilft der Glaube auf beiden Seiten, Berge zu versetzen. Das mit den Engeln ist gar nicht so anders. Es sind ebenso Schwingen, Schwingungen, Farben, Klänge; neue Dimensionen, neue Erkenntnisse, neues Handeln.

Intuition in vielen kleinen und grossen Dingen zulassen heisst immer, dem ersten Gedanken zu folgen, dem Gefühl nachzugeben. Das kann eine Erleichterung sein! Wir werden es schneller lernen, wenn wir uns gestatten, achtsam alle guten Erfahrungen wahrzunehmen. Vielleicht wäre es sogar nützlich, wenn unser mangelndes Selbstwertgefühl dies braucht, eine Liste zu erstellen, auf der die Erfolge der Tage kurz notiert sind. Vielleicht auch das, was wir verpasst haben, weil wir auf das alte Spiel, wir seien nicht fähig, hereingefallen sind.

Haben wir das nicht alle nötig? Im Grunde bekommen wir sehr lange zu wenig innere Sicherheit, um weniger dem Verstand als dem Gefühl zu folgen. Aber wie könnten wir mit kleinen Kindern umgehen ohne Intuition? Wir wissen genau, wann etwas nicht stimmt und lernen auch zu wissen, was. Mit welcher Treffsicherheit können Heranwachsende, vor allem Pubertierende, intuitiv den schwächsten Punkt der Eltern oder Lehrer treffen? Da liegt von weise bis vernichtend alles drin. Die Anerkennung solcher Qualitäten könnte manches Missverständnis lösen und ein Miteinander entstehen lassen.

In diesen Wandlungszeiten sind wir offener. Das betrifft auch die Zeit der Schwangerschaften, der Wechseljahre, des Alters, immer vorausgesetzt, dass wir dies zulassen und fühlen lernen. Ich erlebe immer wieder Menschen, die in tiefer Entspannung erleben, dass sich nicht nur in ihrer unmittelbaren Nähe die Engel und Lichtwesen, sondern auch im Erdinneren leuchtende Helfer zeigen, welche Liebe und Wärme vermitteln. Beglückende, belebende, stärkende Christusenergie wurde immer wieder fühlbar und brachte die vorher unglücklichen und kraftlosen Menschen zum Staunen. Ebenso oft zeigten sich Naturwesen, die manchmal mit viel Humor ihre Hilfe anboten. Es scheint, dass dieser Schöpfergeist, den wir Gott nennen, sehr viele Vermittler »angestellt hat,« wenn wir diese Möglichkeiten zulassen.

Meine Beobachtungen lassen mich manchmal lächeln, wenn ich Menschen sehe, die man »verkleinert als Zwerge in den Garten« stellen könnte! In meiner Umgebung leben einige davon. Meist arbeiten sie als Gärtner, Biologen und Lehrer für Umweltfragen. Es muss ein uraltes Wissen in ihnen stecken, das sie heute für unsere Umweltfragen auf den Plan gerufen hat. So manche elfenhafte Frau sorgt sich wohl mehr um das liebevolle Hegen und Pflegen von Menschen, Tieren und Pflanzen. Zudem wecken diese Frauen die Wahrnehmungen anderer für diese Zwischenwelten.

Es gibt keltische Geschichten aus der heutigen Zeit, die Eigenartiges erzählen[12]. So werden die Feenhügel in Island auch von Strassenbau-Ingenieuren mit gebührender Ehrfurcht umfahren, selbst wenn das gar nicht in ihr Konzept passt. Sogar der Staat lässt das zu. Der Grund liegt in der Erfahrung, dass sich ein Hindernis um das andere aufbaut, wenn sie das nicht berücksichtigten. Dabei gab es Unfälle, Maschinen gingen zu Bruch usw.

Die für mich eindrücklichste Geschichte: Ein Landwirt besass eine grosse Hühnerfarm mit dem Ertrag von durchschnittlich 400 Eiern pro Tag. Gerne hätte er erweitert, aber es lag ein Elfenhügel auf seinem Gelände. Trotzdem begann er zu planen und dann zu bauen. Doch zu seinem Schrecken legten seine Hühner insgesamt über Wochen nur noch etwa zehn Eier täglich. Enttäuscht verkaufte er sein Unternehmen, doch dem neuen Besitzer, der die gleiche Idee verfolgte, missriet ebenso alles, was nur möglich war mit seinen Maschinen, bis er aufgab. Nachdem er klein beigegeben hatte und nichts auf diesem Hügel baute, ergab sich der Eiersegen wieder wie zuvor.

Zudem gibt es Geschichten von Personen, die plötzlich in den Hügeln verschollen waren, aber nach 30 oder mehr Jahren wieder auftauchten in der Vorstellung, sie seien nur ein paar Stunden abwesend gewesen. Sie erzählten von einem Volk, das eigenartig altertümliche Kleidung trug, aber ganz normal lebte, so dass diese Vermissten glaubten, sie wären für ein paar Stunden auf Besuch gewesen.

---

[12] Grazyna Fosar/Franz Bludorf: Zaubergesang. Geheimnisvolle Erdsequenzen – Der Schlüssel zur Wetter- und Gedankenkontrolle, Verlag Herbig, München 1998, S. 77.

Es könnte sein, dass diese »Jenseitigen«, wie sie genannt werden, eine Erklärung dafür liefern, dass ganze Völker wie die Azteken ohne erklärbare Funde einfach von unserem Erdboden verschwunden sind.

Wenn ich an den Füssen meiner Klienten arbeite, verbinde ich mich bewusst mit allen Lichtwesen, die mir beistehen können. Sie stehen gleichsam hinter mir und bewahren mich davor, eigenmächtig Ratschläge zu geben. Meine Aufgabe verstehe ich so, dass ich über das Entspannen den Hilfesuchenden zu seinem inneren Wissen geleiten kann. Das bedingt, dass diese Person auch ihre Helfer spüren lernt.

Mit unseren symbolischen Antennen, den höheren Chakren über dem Scheitel, der Silberschnur, können wir Fragen und Antworten auffangen, die gleichsam im Raum stehen. Rupert Sheldrake[13] spricht dabei von den morphogenetischen Feldern, die er bei Tieren untersucht hat. Seminare für die Kommunikation mit Haustieren, Hunden, Katzen, Pferden und so weiter sind aktuell geworden. Wie wertvoll! Im Familienstellen wirken diese Felder ebenso. Auf normalerweise nicht vorstellbare Art zeigen sich Gefühle, Gesten und Handlungsweisen, sogar Aussprüche von unbekannten, lebenden und verstorbenen Personen, die sich in der Person äussern, welche sich dafür zur Verfügung stellt.

Es gilt, mit unseren Mitmenschen im Alltag das Gleiche zu üben. Im Grunde geht es immer um Liebe. Wenn wir lieben, können wir den anderen spüren bis hin zum Gedankenlesen. Ein Blick genügt und wir wissen eigentlich alles, was ansteht. Aber irgendwie glauben wir oft zu wenig daran oder es passt uns gerade gar nicht. Wie wohltuend, wenn das im Guten bei alten Ehepaaren sichtbar wird!

Wir meinen, dass wir Intuition irgendwann in Seminaren für besondere Menschen lernen können. Sicher ist das eine Hilfe, aber wir sind alle besondere Menschen, wenn wir es nur glauben können.

Das ist für mich in jeder Begleitung zentral, ehrlich alles zu finden, was diesen Menschen dazu bringt, seine Fähigkeiten wahrzunehmen. Das ist ein Grund, warum ich auch Bachblüten, Steine,

---

13   Rupert Sheldrake: Der siebte Sinn der Tiere, Fischer Verlag 2007.

Sterne, Elixiere, Farben oder was auch immer vom Patienten intuitiv selbst auslesen lasse. Sein oder ihr Erstaunen, wie genau das mit dem Prozess übereinstimmt, der gerade abgelaufen ist, wirkt bereits heilend.

Kleine Kinder nehmen übrigens genau das Richtige aus dem Regal und zeigen uns unter Umständen damit, was wir vorher nicht sicher wahrnehmen konnten.

Ebenso wichtig für mich selbst wie auch für meine Arbeit als Lehrerin oder in der Einzelarbeit sind die Engelkarten. Es ist nie einfach, sich selbst auf die Spur zu kommen. Diese Karten treffen immer wieder das Wesentliche im Moment, das uns hinsehen lehrt, wenn wir nur wollen. Besonders hilfreich sind sie in den Seminaren. Da wirkt es oft gerade zu bestürzend, wie genau es »den anderen« trifft! Das aber erleichtert die Wahrnehmung für uns selbst, vielleicht könnte doch mein eigener Hinweis wirklich ernst zu nehmen sein! Eigenartigerweise können wir oft unsere guten Seiten genauso wenig annehmen wie die schlechten. Wie recht hatte Nelson Mandela, als er sagte: »Wir haben Angst vor unserer Grösse!«

Ich habe das Glück, mit Menschen arbeiten zu können. Das bringt über die Arbeit an den Wurzeln, den Füssen, direkten Kontakt mit dem Körper des Hilfesuchenden. Über dieses »Kleinformat« öffnen sich tiefgreifende Wege zu dessen wirklichen Möglichkeiten. Dankbar habe ich gelernt, unendlichen Schmerz, Trauer, Wut und Groll, die im Körper steckten, in Freude, Mut und Kraft verwandeln zu helfen, wenn sich entsprechende Bilder oder Gefühle zeigen. Der Lebensfluss, der dabei in Bewegung kommt, weckt wie durch ein Wunder sehr oft die Wahrnehmung über die physischen Zusammenhänge. Wann immer es möglich ist, lasse ich vertrauensvoll um Hilfe der Engel und Lichtwesen bitten, in der Weise, wie es für diesen Menschen stimmt. Das löst ihn aus dem Gefühl der Einsamkeit heraus, dem in dieser Welt verloren Sein.

So kann es möglich werden, dass übersensible Menschen, und das sind viele, ihr Dasein auf dieser Erde zum ersten Mal wirklich akzeptieren. Ich lasse sie mit Hilfe des Geburts- oder Schutzengels in ihrer Vorstellung den liebsten Platz dafür suchen. Schon das kann zu einer Schwierigkeit werden und zeigt auf, wie wenig »verwurzelt« so ein Mensch sein kann.

Oft gelingt es nur langsam, mit ermutigendem Zureden, die Füsse auf diesem Platz zu erfühlen. Das kann symbolisch im Wald, auf einer Wiese, am Strand, im Garten oder Haus sein. Möglicherweise kann es sich anfühlen, als bliebe ein Abstand bis zu einem Meter vom Erdboden entfernt. Letzthin waren es sogar hundert Meter bei zwei Personen. Man kann sich fragen, wie solche Menschen überhaupt ihr Leben leben können! Dann muss die Begleitung des Engels wiederholt angesprochen werden. Im Unbewussten besteht offenbar das Gefühl, dass wir von den Lichtwesen verlassen werden, wenn wir die Erde annehmen!

Wie hilfreich ist das Wissen um den Erdstern unter uns mit der Verbindung vom Geburtsstern im Nabelbereich und dem Stern über uns bis ins Universum und weiter zu unserem Heimatstern. Das geschieht übrigens nicht nur bei so genannten abgehobenen Menschen. Versteckt haben wir das vielleicht alle in uns, auch wenn wir das Leben scheinbar glanzvoll meistern.

Meine Arbeit möchte zum Durchlichten des Körpers beitragen und endlich die Dualität durchbrechen, mit der wir leben und die uns so schwerfällig macht. Da hilft aber alles Wissen nichts, solange wir nicht erleben können, wie sich das anfühlt.

Was uns oft hindert, sind Schuldgefühle, manchmal schon seit den ersten Erinnerungen als Kind. So kommt es immer wieder vor, dass besonders Frauen sagen: »Wenn die Anderen wüssten, wie schlecht ich in Wirklichkeit bin!« Meist sind das liebevolle Menschen. Aber da könnte man tagelang das Gegenteil behaupten, das dringt nicht zum Kern vor. Es geht nur über das innere Erfahren. Meistens sind es natürlich auch lange zurückliegende Erlebnisse, die solche Gefühle wach halten, unter Umständen auch in vergangenen Leben.

Die Geschichte:

Als sich Annelies in dieser Form selbst beschuldigte, liess ich sie an ihr höheres Wissen die Frage stellen, was denn da helfen könnte. Sie war absolut mutlos und hatte schon einen Suizidversuch hinter sich.

Da zeigte sich eine ganze Schar kleiner Engel, die auf ihrer Brust zu hämmern und zu putzen begannen. Schliesslich musste sie lachen, es fühlte sich zu komisch an und war fern von jeder hehren Vorstellung, was Engel so sind und tun. Es hiess deutlich: »Wenn du so in dunklen Gedanken und Selbstvorwürfen steckst, können wir dir nicht näher kommen. Du fühlst uns nicht, weil du gar nicht in unsere Richtung siehst! Wir müssen deinen Herzbereich putzen mit allen möglichen Mitteln.«

Ich erlebe immer wieder, dass uns die Engel gerade in so schwierigen Situationen in dieser humorvollen Weise helfen. Wer würde sich schon so etwas ausmalen? Höchstens ein Kind! Steht nicht in der Bibel, wie sollten werden wie die Kinder?

Es hilft, später mit Hilfe dieser Bilder das Gefühl wach zu halten, sie nicht einfach als Phantasterei abzuhaken. Nur zu oft mache ich die Erfahrung, dass sogar so spezielle Bilder bei mir selbst mehr hängen bleiben als bei den Betroffenen. Das hat damit zu tun, dass diese Menschen sich nicht getrauen, sich genügend wichtig zu nehmen.

Der Erzengel Metratron verhalf mit der Quintessenz Serapis Bay, dem aufgestiegenen Meister aus Aura-Soma.

Kapitel 9

Die Natur als Hilfe im Alltag

Sollten es nicht so spezielle Erlebnisse sein können, so stehen doch allen Menschen die Wunder der Natur offen und ich hoffe doch, dass sich schon alle meine Leser von dieser Kraft trösten und glücklich machen liessen. Gerne möchte ich für diesen Bereich mehr Achtsamkeit wecken, weil ich selbst all die Symbole für Mut und Kraft als grosse Hilfe im täglichen Leben empfinde. Ich bin überzeugt, dass uns die Schöpferkraft mit all der Schönheit und Vielfältigkeit wirklich eine Hilfe im Alltag geben will. Zudem bin ich sicher, dass auch die Natur unsere Dankbarkeit braucht, um überleben zu können.

Wie viel kann ein Sonnenstrahl bewirken, ein Tautropfen, in dem sich das Licht spiegelt, eine Frühlingsblume, die sich durch den Schnee gekämpft hat, beharrlich durch alle neuen Schneeflocken hindurch zum Licht strebt und mit vielen anderen ganz einfach ihre Bestimmung erfüllt. Eine Vogelstimme, welche unser Herz anrührt, wieder an die Sehnsucht in unseren Zellen appelliert, eben diese Sternenkraft, die Verwandtschaft der Ursubstanz in uns anruft. Diese unwahrscheinlich vielfältigen Tierformen, welche für mich auf einen humorvollen und liebevollen Schöpfergeist hinweisen, sind so wohltuend. Wir haben heute über die einzigartigen Naturfilme unzählige Möglichkeiten, zu begreifen, wie gewaltig diese Kreativität überhaupt ist. Nichts verwehrt uns, auch den Marienkäfer, den Schmetterling, den Igel wirklich wahrzunehmen. Welche Freude löst eine Schnecke mit ihrem Haus bei einem Kind aus! Mit Kindern lernen wir wieder sehen und staunen. Ja, es sind meist Frauen, die all diese Wahrnehmungen besonders brauchen. Wir sehnen uns offenbar mehr danach. Da wir Leben aus unserem Körper weitergeben, spüren wir die Verantwortung deutlicher, nach dem Sinn des Lebens und dem des Leidens zu fragen.

Sicher gibt es bei jedem Menschen Erlebnisse, wo uns der Sternenhimmel über uns in seiner Weite zutiefst berührt, vielleicht frisch verliebt, in der erweiterten Dimension der Liebe schwebend, erahnen wir etwas Unendliches, weit vom Verstand entfernt, eben einmalig, ebenso nach einer Geburt oder einer Sterbeerfahrung.

Genau das führt uns wieder zu neuem Suchen, mit allem Auf und Ab. Alle Zellen in uns mit der Sehnsucht nach göttlicher Liebe sind in Aufruhr und erwarten die Erlösung von allen Schwierigkeiten des Erdenlebens. Wir möchten doch alle immerfort glücklich sein. Unser Leben und unsere Welt zeigen sich aber sehr anders und vieles ist schwer zu begreifen, besonders, wenn wir nur an ein einziges Leben auf dieser Erde glauben oder als Atheist auf die Vorstellung einer Belohnung im Himmelreich verzichten – dann kann es absolut trostlos werden.

Ich hörte von einem bekannten Schriftsteller, der 2005 seinen 70. Geburtstag feierte, dass er auf ein Weiterleben in irgendeiner Form nach dem Tod gerne verzichtet. Er hätte schon genügend Langeweile und Ärger in diesem Leben gehabt! Der arme Mann tut mir leid und es beschäftigt mich, dass er als leitender Kulturträger solche Überzeugungen weitergibt. In mir sind offenbar andere Erfahrungen aus vielen Leben angelegt. Es lässt sich trotzdem nicht verhindern, dass wir uns auch mit der »Grausamkeit« der Natur auseinandersetzen müssen.

Die Geschichte:
Christiane erhielt Besuch von einem Überlebenden der Tsunami-Katastrophe. Auch drei Jahre nach diesem Geschehen war er noch immer geschockt und erzählte sehr anschaulich von seinen drastischen Erlebnissen. Christiane fühlte sich noch Tage danach sehr belastet und unruhig, obwohl sie alle Hilfen angewandt hatte, die sie kannte: Meditativ wie auch über die Öle, Quintessenzen und sogar das Ausräuchern des Hauses konnte sie die »Schwere« nicht auflösen, die auf ihr lastete.

Während der Behandlung bei mir tauchten sehr bald die Bilder vor ihr auf. Sie sah Menschen, die ahnungslos wunderschöne Muscheln zu sammeln begannen, als das Meer zurückwich. Es waren unerwartete Geschenke für die oft verwöhnten Feriengäste wie auch die Einheimischen, die sie offenbar aus ihrem inneren Wissen heraus in ihre Todesstunde mitnahmen.

Sie erfuhr von den geistigen Helfern, dass diese Menschen im Unterbewusstsein einverstanden waren mit ihrem Schicksal. Es könnte sein, dass dies geschah, um die so stumpfe Welt aufzurütteln, sich zu opfern, damit mehr Verständnis für sinnvolles Leben auch in Bezug zur Natur geschehen könnte.

Dann wurde es sehr schwierig für Christiane, denn sie sah die verstümmelten Körper, alle so nackt, wie sie auf die Welt gekommen waren, sah das Chaos und sie begann mitzuleiden.

Mit Hilfe des Erzengels Metatron konnte sie dann wahrnehmen, dass sich alle Lichtkörper der Betroffenen wieder in ihre Ganzheit formten und mit Hilfe vieler Engel auf einer Lichtstrasse auf ein grosses Tor zubewegten. Zuvorderst waren die Kinder, vertrauensvoll. Damit zogen sie Aberhunderte nach sich, gewiss mehr als eine Stunde lang, aber sogar nach drei Tagen war dieser Sog immer noch wahrzunehmen. Es betraf vor allem Menschen, die unter dem Sand oder wo auch immer verschüttet lagen.

Das nächste Bild galt den Überlebenden. Deutlich kam die Aufforderung, daraus zu lernen, das Leben dankbar als Aufgabe zu betrachten mit dem Bezug zum Unendlichen, zum Religiösen oder Spirituellen, jeder in seiner Form. Der Erzengel Michael füllte mit ungeahnt starkem Duft und entsprechender Kraft den Raum und bot damit seine Hilfe an, wo immer sie angenommen würde.

Eine Verbindung zu Atlantis wurde ausserdem stark fühlbar, sowohl als Erinnerung als auch als Warnung. Christina hatte sich dort als Vermittlerin zwischen den Machtgierigen und den Stillen gesehen, welche ihre Kraft nicht genügend wahrnahmen, um das Lichtvolle wirken zu lassen. Unglücklich hatte sie damals aufgegeben und sich in ihrer Einsamkeit und Hilflosigkeit ins Meer gestürzt. Das hatte damals auf der Insel dazu geführt, dass den Menschen bewusst wurde, was sie durch ihren Tod verloren hatten und einige zu neuer Bewusstwerdung veranlasst. In diesem Leben wird sie als wunderbare Therapeutin zu grösserer Bewusstheit beitragen.

Es gibt wertvolle, intelligente Menschen, die sich gegen die Ungerechtigkeit der Natur auflehnen und sie diesem »Gott« zuschreiben, der alles Schwierige verhindern sollte. Eva, die sich sozial sehr engagiert, gehört dazu. Sie ist krank geworden, auto-immunkrank. Der Kampf in ihren Körperzellen zeigt ihre Auflehnung gegen den göttlichen Kern in sich, der ihre Spiritualität nicht zulässt, die sie eigentlich kennt und nicht zu leben wagt. Da sie ein sehr emotionaler Mensch ist, kann das nicht oberflächlich und harmlos ablaufen. Sie kämpft gegen einen Gott, der einen Tsunami zulässt, ohne an die Lebensgesetze von Ursache und Wirkung zu glauben. Sie nimmt sich noch nicht die Zeit wahrzunehmen, dass in ihrem Körper das Gleiche abläuft wie in unserer Welt, die zu wenig von All-Einheit wissen will.

Mutter Erde und wir Menschen sind uns sehr ähnlich. Wir haben alle verschiedene Seiten, die sich im Messen der Kräfte ausdrückt. Sport und Kriege, Chefgerangel, Kampf um eine Frau, einen Mann werden geführt. Der Kampf zwischen hell und dunkel ... Die Tiere leben dasselbe mit fressen und gefressen werden, aber auch im Kampf um die Weibchen. Es ist ein Lebensgesetz. Die Erde gibt das über Erdbeben, Vulkanausbrüche, Überschwemmungen und Feuer zu verstehen. Wir wissen es. Das Paradies haben wir vor Zeiten verspielt, vielleicht können wir es wieder erringen.

Kapitel 10

Der Körper als Ausdruck der Psyche

Die medizinische Wissenschaft sagt uns heute, dass jede Zelle sämtliche Informationen in sich trägt. Erforscht wird natürlich in erster Linie die materielle Substanz, doch lässt sich nicht verhindern, dass Formen auch geistige Aspekte ausdrücken. Wer sich dafür interessiert, findet sie beim Menschen z. B. in der Physiognomie. Aber leben wir alle mit diesem Wissen?

Wir spüren zum Beispiel, dass bei einem gewissen Körper- oder Gesichtsausdruck gar kein anderes Handeln möglich ist als das, was uns vielleicht gar nicht gefällt, oder was uns so gefällt, dass es uns unerreichbar scheint. Da kann sich Angst, Hass, Wut, Trauer oder auch Dummheit derart vermaterialisiert haben, dass wir spüren – da lässt sich im Moment nichts anderes erwarten.

Wenn wir aber an einem anderen Menschen etwas bewundern, das wir selbst scheinbar nicht besitzen, gibt es den Trost, dass wir es gar nicht wahrnehmen könnten, wäre es nicht wenigstens in uns angelegt.

Das Animalische in uns

Die Schamanen arbeiten mit Krafttieren als Hilfe in schwierigen Situationen, ebenso die Indianer mit ihrem Medizinrad. Jeder Mensch vertritt solche Aspekte in sich und es liegt an uns, ob wir sie als hilfreich empfinden wollen, oder uns »besser« als die Tiere fühlen. Die Schamanen benützen diese Möglichkeit als Sicherheit zum »inneren Reisen«, sei es in die Unterwelt, man könnte sagen ins Unbewusste, oder in die Überwelt, unser höheres Wissen. Auch da geht es unter Umständen um verlorene Seelenanteile.

Die Gestalt der Tiere zeigt uns ihre Aufgabe deutlich. Wir werden kaum von einer Kuh dasselbe erwarten wie von einem Pferd oder von einer Katze nicht das Gleiche wie von einem Vogel. Und schon beginnen wir zu werten, wer nun mehr wert sei!

Genau da passiert der Fehler. Es braucht eben alles, auch an Menschentypen. Sehen wir nicht manchmal bestürzende Merkmale? Wir sprechen von einem Pferdegesicht oder einem Hasenherz, von einem Hundeblick oder einer Elefantenhaut. Sogar stiernackig oder katzenhaft kommt uns jemand vor und viele weitere Beispiele mehr. Das ist das Mysterium dieses unerforschlichen Schöpfergeistes!

Vielleicht wird uns deutlicher bewusst, warum wir einen Hundeblick lieben oder eben nicht, was mir die Streicheleinheiten einer Katze bedeuten oder ob ich sie ablehne, wie sehnsüchtig wir in gewissen Momenten dem verliebten, leichten Flug eines Schmetterlingspaares nachblicken, vielleicht jemanden wie ein Huhn empfinden oder fröhlich wie eine Lerche. Ein Mensch kann vorwitzig wie ein Geisslein sein oder eben lammfromm. Schon der Blick sagt alles aus. Das Animalische in uns lässt sich ansprechen, und es ist gut, wenn wir das mit einem Lächeln zulassen können.

Schwierig ist, dass wir das Animalische in uns vor allem negativ empfinden, schon weil wir leicht mit Ausdrücken »was für ein Schwein«, »ich war so ein Esel«, »die ist diebisch wie eine Elster«, »dumm wie eine Kuh«, »stolz wie ein Hahn« und so weiter um uns werfen.

Besonders in Kriegen bezeichnen wir die Gräueltaten als bestialisch und das betrifft Soldaten, die in welcher Form auch immer über andere Menschen herfallen. Sowohl Mensch wie Tier werden dadurch entwertet. Solche Extremsituationen bringen unweigerlich den Kern des Menschen im Guten wie auch im Bösen ans Licht. Könnte es sein, dass Kriege darum stattfinden, dass wir uns entscheiden lernen müssen, wes Geistes Kind wir sind? Dass wir über die Liebe zu einem Menschen oder überhaupt den Menschen zu ungeahnten Höchstleistungen an Opferbereitschaft fähig werden? Dass wir im normalen Leben nicht genug herausgefordert sind und uns »lauwarm« verstecken können in einem so genannten Gutsein?

Jedenfalls fühle ich, dass wir gerade zu solchen Grenzbereichen hin beten oder mit verstehenden lichtvollen Gedanken begleiten können, wenn wir über irgendwelche Meldungen daran erinnert werden.

Es muss entsetzlich sein, als Soldat einfach morden zu müssen, und die meisten Männer gehen wohl relativ ahnungslos in einen Krieg, einzig mit der Vorstellung, für ihr Vaterland wie für sich selbst Ehre und Ruhm nach Hause zu bringen.

Die tiefe Verzweiflung, die in aussichtslosen Lebenslagen alle Beteiligten erfüllt, lässt jede Hemmung fallen oder zwingt zum aussergewöhnlichen Helden- oder Märtyrertum. Die Welt ist voll mit Menschen, welche die Folgen in unvorstellbarem Masse zu tragen haben. Unsichtbar tragen wir alle mit.

Die Geschichte:

Aurelia hatte schon als kleines Mädchen jedem, der sie nach ihrem Namen fragte, stolz gesagt: »Ich bin ein Musketier!« Nun, als erwachsene Frau, besuchte sie das Musical »Die Musketiere«. Kaum begann die Musik, wurde sie auf ein Schlachtfeld versetzt und »flog« darüber, sah zu ihrem Entsetzen all die Verwundeten und Sterbenden. Zudem nahm sie nach gewisser Zeit wahr, dass auch sie nicht nur tiefe Wunden aufwies, sondern dass ihr Körper leblos dalag und sie als »Seele« das alles wahrnahm.

Es wurde für sie beinahe unerträglich, sie hatte sich aber in ihrem bisherigen heutigen Leben so geschult, dass sie in diesem Saal ausharren konnte.

Der nächste Monat wurde entsetzlich für Aurelia. Sie versuchte über Weinen und Beten, über eine Wallfahrt in ihrer Umgebung Absolution zu erlangen, aber auch die schrecklichen Bilder loszuwerden, denn sie ist sehr gläubig.

Schliesslich reiste sie zu mir für ihre weitere Ausbildung. Sie wollte eigentlich im Kurs niemanden belasten, aber endlich wurde die Geschichte in Bewegung gebracht, als ich mit den Stimmgabeln zum Vorzeigen an ihren Füssen arbeitete. Ihre ganze Reue brach den Damm, den sie sich aufgebaut hatte. Doch es dauerte lange, bis sie die Hilfe von Maria und den Engeln, schliesslich auch von Jesus annehmen konnte und damit die ganze Spannung wich. Sie glaubte, nicht würdig zu sein für die Gnade der Erlösung.

Nachher wurde es möglich, mit Hilfe der geistigen Welt alle diese Seelenwesen, die sich in Qual und Schuld auf dem Schlachtfeld zusammengefunden hatten, ins Licht gehen zu sehen. Diese Erfahrung war einfach wunderbar! Es wurde absolut deutlich, wie stolz dieses kleine Mädchen auf seine Aufgabe von damals noch war mit dem ganzen Heroismus und der entsprechenden Überzeugung, für etwas Gutes zu kämpfen. Ihr eigener Tod war ihr nicht genügend klar geworden, so dass sie noch in den gleichen Denkmustern wiedergeboren wurde, wie viele andere offenbar auch.

Für mich ist diese Geschichte eine grosse Hilfe, zu allen meinen Erkenntnissen zu stehen. Diese Frau hatte ihren »Film« ohne mich gesehen. Aber sie brauchte jemanden, der mit Hilfe der Lichtwelten zur Auflösung beitragen konnte. Die Freude der Engel war sehr berührend für alle im Kreis.

Christus und Maria waren die Erlöser in dieser Geschichte.

Eine solche Erfahrung zeigt auf, was überall in dieser Welt noch zu tun ist. Zudem ist es eine Erklärung für die so genannten Rechtsradikalen, die eben nicht erlöst wurden, sondern mit diesen Feindbildern heute wieder leben und ihr Denken ohne Hilfe aus der geistigen Welt nicht umpolen können. Dazu braucht es zusätzlich einen Menschen, der als Brücke zu fungieren versteht.

Wir können Beispiele aus allen Kriegen dazu finden, wenn uns das interessiert. Mir scheint, es zeigt sich manchmal ein gewisser Trotz gegenüber einem »Gott, der solches zulässt«, nur getraut man sich das normalerweise so nicht zu sagen. Das äussert sich mit einem versteckten, meist unbewussten, manchmal auch bewussten Atheismus. Dieser Gott wird einfach nicht ins Denken aufgenommen, er wird gleichsam stillschweigend bestraft. Alles andere könnte ja gefährlich sein …

Ich habe die Menschen über all die Jahre immer wieder gefragt, wenn das Thema auf das Sterben kam: »Wie stellen Sie sich denn vor, was passiert, wenn es so weit ist?« Nie hätte ich geglaubt, dass so viele Menschen sagen würden: »Dann ist einfach alles fertig!«

Das gilt nicht nur für Kriege, sondern immer, wenn die Frage auftaucht: Warum geschieht das Schreckliche, sei es ein Unfall, Krankheit oder früher Tod, mir, und nicht meinem »bösen Nachbarn«? Da geistert das Bild von dem parteiischen Gott herum, eben wie es vor allem im Alten Testament dargestellt wird. Das wiederum hat zur Folge, dass sich viele Menschen gar nicht mehr mit den Fragen nach einem Sinn des Daseins auseinandersetzen, entsprechend auch zu wenig mit dem Tod und dem Leben danach. Auch da kann ich in der Therapie im konkreten Falle über die Engel um Hilfe bitten. Das heisst ganz einfach: »Wollen wir einmal fragen, ob sich der Verstorbene zeigt, um noch Abschliessendes zu klären?«

Meist sehen die Zurückgebliebenen das Gesicht oder die Gestalt und die ganze Liebe dieser Seele strömt auf sie nieder. Das hat nichts mit Geisterbeschwörung zu tun. Es ist eine Erlösung für beide Seiten und bringt Ruhe und Klarheit.

All diese Schuldfragen, die so leicht zurückbleiben, können gestellt werden und sie verblassen, weil sie im Allgemeinen nicht mehr wichtig sind. Nie kam etwas Negatives. Ganz selten kam nichts, weil die Angst vor Verurteilung noch zu gross war. Dazu braucht es nicht immer ein Medium. Offenbar ist die Zeit reif für viele Menschen, dass sie selbst mit Hilfe einer begleitenden Person den Zugang zur jenseitigen Welt finden. Der Unterschied besteht darin, dass sie selbst die Verbindung erfahren können über die Bilder, die wie ein Film vorüberziehen und damit den Glauben an die Lichtwelt stärken.

Unser Unbewusstes
Psychologen stellten fest, dass wir alle viele Male pro Tag lügen und dass wir fast ohne Ausnahme morden oder vergewaltigen würden. Ich kann es nicht glauben und die meisten Menschen auch nicht. Trotzdem wird leicht gesagt: »Ich könnte ihn oder sie umbringen«. Krimis haben Vorrang in Film und Fernsehen.

Was ist da in uns? Mit welcher unangenehmen Selbstverständlichkeit wird fast überall, auch in sogenannten besseren Kreisen zu vorgerückter Stunde unter Alkohol sehr leicht schlüpfrig dahergeredet? Es gehört in vielen Kreisen einfach dazu, sonst gibt es anscheinend nichts zu lachen. Ob all die Enttäuschungen darin stecken, die Erfahrungen, in denen Liebe mit Sex verwechselt wurde, ist das dann quasi zum Trost? Könnte es sein, dass die Macht der Liebe (oder was immer wir darunter verstehen) uns so sehr beschäftigt, ohne das wir uns das richtig bewusst machen? Reden deshalb so viele Männer so unbedarft daher?

Die Kraft der Liebe wird in fast allen Religionen als höchstes Ziel angesprochen. Aber wir glauben wohl halbbewusst, es sei die Liebe zu Gott oder Jesus, der wir nachfolgen sollen. Der genaue Weg scheint uns nicht so klar. Die sexuelle Vereinigung wurde über viele Jahrhunderte als Hemmschuh auf dem religiösen Weg betrachtet. Darum ja das Zölibat!

Wir sprechen vom siebten Himmel, wenn wir lieben. Übersetzen wir das auf unsere feinstofflichen Körper, dann wird das Scheitel-Chakra mit der Sieben angesprochen. In diesem Raum schwingen unsere Hypophyse wie auch die Epiphyse in der Ekstase mit.

Dadurch sind alle feinstofflichen Körper mit einbezogen und wenn wir wirklich in Liebe zusammen sind, fühlen wir uns vom Göttlichen berührt. Die Schöpferkraft, die vielleicht eine Seele anrufen kann, wird durch die Zeugung fühlbar.

Wir schwingen im Unendlichen, auch wenn das nicht lange dauert. Liebe als göttliche Kraft wird zur unstillbaren Sehnsucht und bringt uns oft in lebenslange Verwicklungen, immer in der Hoffnung auf die wirkliche Liebe.

Solange wir noch davon sprechen, miteinander zu schlafen, sind wir noch nicht erwacht! Wir haben nicht begriffen, welche Kraft dahinter steht, auch ohne Zeugung.

Vereinigen wir uns aber ohne Liebe, werden wir von Energien der Macht, des Egoismus, der Gleichgültigkeit, ja des Ekels aufgefüllt. Auch in der Aura! Das ist verheerend für unseren Emotionalkörper, und dementsprechend fühlen wir uns auch schlecht, ja sogar beschmutzt. Oft führt das heute unbewusst zur Suche nach neuen Partnern, um endlich das Erfüllende zu finden.

Es wird kaum jemanden geben, der in diesem Bereich nicht verletzt wurde oder verletzt hat in diesem und anderen Leben. Es gehört zu unseren Erfahrungen und es ist möglich, wieder Ordnung zu schaffen, also auch zu reinigen, was nicht stimmte.

Das beginnt auch in einer guten Beziehung sehr subtil. Angenommen, ein Partner fühlt sich – aus welchem Grund auch immer – nicht bereit zu einer Vereinigung, lässt sich aber darauf ein, um den anderen nicht zu verletzen oder um »gut Wetter« zu machen,« dann fehlt Entscheidendes. Statt der Einheit entsteht ein Zweiklang, der vielleicht noch harmonisch tönt oder eben schon gar nicht mehr, je nach der wirklichen Verbundenheit.

Es ist wichtig, solche Dissonanzen im Körper zu heilen, vielleicht ein ganzes Leben zurück. Erst dann kann eine neue Beziehung mit dem Bewusstsein der Reinheit leben, nach dem wir uns alle sehnen, auch wenn es uns nicht so klar ist.

Normalerweise äussert sich dieses Bedürfnis zum Beispiel als Eifersucht, sei es auf vergangene Partner oder auch auf die spirituelle Ebene, in die sich heute viele Frauen flüchten. Manchmal äussert sich dieses unklare Abwehrgefühl ganz einfach in einer Migräne oder sonstigem Unwohlsein.

Aus meinen Erfahrungen zeigt sich bei solchen Heilungen über den Körper und durch das Bewusstwerden der Verletzungen, dass es ganze Generationen mit diesen Problemen gibt, die vielleicht sogar der Ursprung aller Leiden auf dieser Erde sind. Meine Hände begleiten den Prozess der Reinigung im Bereich der Genitalien am Fuss mit ruhigem Druck, so dass alles Unreine, Schmerzvolle, auch schwierige Geburtserinnerungen etc. mit Hilfe der Engel aus dem Körper auslaufen kann. Betroffene sehen dabei ganze Ahnenreihen erlöst von denselben Lasten auf dem Weg ins Licht! Kraft und Freude bekommen daraufhin ihren Platz und damit fühlen sich auch andere Problemkreise leichter an.

Das Gefühl, wegen verschiedener intimer Erfahrungen unrein zu sein und dadurch auch unfähig zu einer neuen glücklichen Beziehung, versteckt sich in vielen Menschen. Das passt so gar nicht zu dem grosszügigen Sexualverhalten, das uns vorgegaukelt wird. Zusätzlich ist dieser Teil unseres Menschseins mit enormen religiösen Verurteilungen belastet.

Silvia Wallimann bekam durch ein Channeling[14] die Durchsage, dass unsere Erde durch lieblose Zeugungen eine sehr grosse Zahl von planetarischen Fremdlingen bekommen hat. Das sind Menschen, die eigentlich nicht fähig sind, die Anforderungen, die auf unserer Erde gelöst werden müssten, zu erfüllen. Das wäre eine Erklärung, warum so viel absolut Unverständliches und in unseren Augen sinnloses Leid tagtäglich in hohem Masse geschieht!

Natürlich haben auch diese Menschen ein Recht, hier zu leben, sonst wäre ihnen sicher der Weg versperrt. Es dauert einfach länger, bis sie verstehen können, wie wichtig Liebe und Mitgefühl sind. Trotzdem sehnen auch sie sich danach und stellen uns vor hohe Anforderungen, zum Beispiel das verzeihen zu können, was uns oft unverzeihlich erscheint.

Aber wir haben nicht zu entscheiden, wie viel Liebe wo stattgefunden hat! Vielleicht entsteht sogar aus einer Vergewaltigung eine grosse Seele, wenn mit Hilfe der geistigen Welt trotzdem die bedingungslose Liebe einer Mutter zu ihrem Kind erwächst.

Menschwerdung ist immer ein Mysterium.

Die Geschichte:
Anna, eine engagierte, heute allein erziehende Mutter von zwei pubertierenden Kindern, konnte sich selbst immer noch nicht verstehen.

Sie hatte sich zur Zeit der zweiten Schwangerschaft verliebt. Das führte später unter anderem zu ihrer Scheidung. Ihr Mann konnte ihr den Seitensprung nie vergeben und rächte sich auch bei jeder sich bietenden Gelegenheit immer noch an ihr. Das nahm sie nach wie vor mehr oder weniger demütig hin, verfolgt von ihren Schuldgefühlen. Sie lebte seit über 15 Jahren allein.

Was soll man da sagen? Ich kann nur auf die Engel hinweisen und die Frage stellen lassen, warum diese neue Liebe damals in ihr Leben getreten war.

»Damit dieses Kind genügend Liebe und Freude mitbekommt!«, war die Antwort.

---

14   Silvia Wallimann: Mit Engeln beten. Bauer Verlag, Freiburg, 2002.

Anna brach in Tränen aus und meinte: »Ja, es ist unglaublich, wie sensibel und fröhlich dieses Kind ist!« Und sie erzählte: »Ich fühlte mich damals so einsam und kalt in meiner Ehe, so freudlos und irgendwie erschien mir alles sinnlos.«

Anna fühlte den Riss in ihrem Herzen und im Unterleib, wo die Seelenteile nicht zuletzt durch ihre Selbstvorwürfe verlorengegangen waren. Ich bat sie, alles Unreine, nicht Klare und mit Verletzungen Belastete aus der Vagina hinausströmen lassen, immer begleitet vom rosa Licht der Engel. Unglaublich erschien ihr das Ganze, denn sie ging sonst sehr hart mit sich um. Trotzdem erweiterte sich der ganze Körper, besonders aber der Unterleib, so dass sie ein wunderbares Gefühl des Loslassens erfüllte.

Bei der Frage nach den Frauen vor ihr in der Ahnenreihe formte sich eine lange Lichtstrasse mit vielen Betroffenen. Vorne konnte sie noch die Gesichter der Grossmütter wahrnehmen. Alle sahen zu ihr hin und sie fühlte die Gemeinsamkeit in der Betroffenheit von all dem Leid der Gewalt, der Bitternis, dem Groll und dem sich nicht verstehen Können zwischen Mann und Frau über alle Zeiten.

Bei der Bitte, sich zum Licht hin umzudrehen, gab es einen Sog, der zum Lichttor führte und auch von beiden Seiten her zusätzliche Menschen mitnahm. Es war fast zuviel an Bewegung und Licht für Anna.

Maria und Gabriel verhalfen zu diesem Lichterlebnis.

Die Liebe ist die grösste Aufgabe auf dieser Welt und wir sind ihr relativ hilflos ausgeliefert. Wenn wir sie annehmen, haben wir, in welcher Form auch immer, die Konsequenzen zu tragen. Das kann ganz wunderschön sein und den Spruch absolut widerlegen, dass wir nur über Leid wachsen können, aber ebenso, wenn wir sie nicht annehmen.

Nur »lauwarm« nicht zum Lieben zu stehen ist gefährlich. In jedem Falle wachsen wir nirgends so bedingungslos auf allen Ebenen wie in der Liebe.

Kapitel 11

Bewusstseinsentwicklung über Reinkarnationserlebnisse

Mir scheint das Leben leichter und vor allem lebenswerter, wenn ich die Entwicklung von jedem Wesen beobachte, meine eigene inbegriffen, soweit ich das nachvollziehen kann. So war mir schon als kleines Mädchen mehr oder weniger bewusst, dass ich an allen Schwierigkeiten in meinem Leben etwas zu lernen habe. Das hat mich durch manches Leid getragen, und ich erfuhr die Gnade, nie wirklich am Sinn meines Schicksals zu zweifeln, das doch auch recht abenteuerlich und nicht leicht war. Es wird immer mehr zur Kunst, so bald wie möglich zuzulassen, was eine neue Herausforderung in mir bewirken will, zugleich wird es auch immer spannender, was daraus entsteht. Das führt zu offenen Augen, dies auch bei anderen Menschen aufzuspüren und sie entsprechend auf dieser Suche zu begleiten.

Es gibt einen Spruch von Jeremias Gotthelf, der heisst: »Wer liebt, sieht das, was Gott in diesem Menschen an Möglichkeiten angelegt hat«. Darum möchten wir wohl auch so gerne immer liebend bleiben. Diese Form der Liebe ist sicher in der Bibel und in allen Religionen angesprochen. Das heisst, jeder Mensch, vor allem jedes Elternpaar, jeder Therapeut kann eigentlich nur um die Ehre bitten, wahrzunehmen, was der Keim oder die Knospe eines jeden Menschenkindes an Entfaltungsmöglichkeiten bereit hält – aber eben ohne Wertung.

Viele Menschen empfinden das Leben, insbesondere ihr eigenes Schicksal, als sehr ungerecht, besonders natürlich dann, wenn es jemandem schlecht geht. Es geht ganzen Völkern, ja sogar Kontinenten sehr schlecht. Manches ist nur sehr schwer – wenn überhaupt – zu verstehen. Darum kann ich gar nicht anders, als mit dem Wissen der Erfahrungsmöglichkeiten aus vielen Leben zu existieren. Meine Mutter gab mir das ohne grosse Worte in mein Leben mit. Zum Glück habe ich diese anderen Wirklichkeiten immer wieder erfahren und vor allem das Sinngemässe und meist absolut Logische zu meiner jetzigen Existenz wahrnehmen können.

Einiges davon lässt sich in meinem zweiten Buch »Lebenswege erkennen und beleuchten lassen«[15] finden. Ich habe es in der Hoffnung geschrieben, dass dieses und jenes auch bei anderen Menschen anklingen möge, obwohl die Variationen unendlich sind. Kurz möchte ich einen Weg zu dieser für mich einfach logischen Gedankenwelt aufzeigen.

In dieser so ungerechten Welt möchten wir alle an einen gerechten Gott glauben. Dann gilt es einfach weiter zu denken: Wir Menschen haben so unterschiedliche Startmöglichkeiten in unser Leben, dass da die Gerechtigkeit schon gar keine Chance mehr hat. Ob im Slum oder in ein Königshaus geboren, ob liebevoll erwartet oder aus einer Vergewaltigung entstanden, ob intelligent oder behindert in verschiedensten Formen: wie könnte ein Gott da mit gleichen Massen messen und entsprechend verurteilen?

Wir holen Gott auf unser menschliches Niveau und urteilen mit Hilfe der Religionen und der weltlichen Mächte, ob Himmel oder Hölle erreicht werden.

Es gilt zu lernen, mit all den verschiedensten Erfahrungen klar zu kommen, Mitgefühl zu entwickeln sowohl für die Armen wie die Reichen, die Schwarzen wie die Weissen, Roten, Gelben, Behinderten, Alten, Debilen, für den unglücklichen Königssohn, für die Hure aus Not, den Wissenden ohne Weisheit, den Krieger, den Märtyrer, die Hexe oder Kräuterfrau, die Nonne und den Mönch, den Heiligen und den Scheinheiligen, den Herrscher, den Mörder, den Unversöhnlichen, den Naiven, den Entmutigten, den Prahler, den Lauwarmen, den Geistlichen, den Richter, den Angeklagten, den Politiker, den Lehrer, den Therapeuten, den Wissenschaftler, den Mediziner, den Kranken und Sterbenden, die Eltern und ihre Kinder ... alle, die noch nicht genug erfahren haben, um klar zu sehen, die noch in Halb-

---

[15] s. S.17.

wahrheiten stecken bleiben. Das geht leichter, wenn wir alle diese Aspekte in uns kennen.

Wie entlastend ist es, zu wissen, dass ich weitere Möglichkeiten zu lernen habe. Wenn mein Herz gross genug ist, um nicht mehr zu werten und Urteile zu fällen, bin ich bereit, die All-Einheit zu erfühlen, zunächst einmal für kurze Momente, irgendwann in Unendlichkeit.

Reinkarnationserfahrungen sind für mich nur sinnvoll, wenn sie aus einem Fragezeichen im jetzigen Leben entstehen. Dem viel gehörten Einwand: »Ich werde mit meinem Schicksal schon so nicht fertig« entbehrt jeglicher Sinn, wenn man sich in das Thema hineinwagt.

Mitmenschen, die einem in irgendeiner Weise Probleme bereiten, zeigen sich plötzlich aus neuer Sicht, wenn wir sie aus einer ähnlichen Situation in einem vorherigen Leben beleuchten lassen, immer allerdings mit der Hilfe der geistigen Welt.

Das braucht nach meiner Erfahrung keine tagelangen Sitzungen mit allen Details eines Schicksals. Es ist ganz ähnlich, wenn wir zurückblicken in die Jahre, die bereits hinter uns liegen im jetzigen Leben. Da gibt es verschiedene prägnante Momente, die Entscheidendes in Bewegung setzten. Manchmal »baden« wir darin, weil sie uns Freude und Kraft in wunderbarer Erinnerung geben. Aber oft halten sie uns in Anklagen oder Schuldgefühlen fest. Das kann zermürbend und sehr kraftraubend sein, Krankheit und Depressionen entstehen oft daraus.

Unser Körper hat die Aufgabe, die wir leider oft verkennen, uns zu lehren, aus diesem engen Gedankenkreis auszubrechen. Er ist persönlichster, weisester Lehrer, wenn wir auf ihn zu hören lernen.

Das geschieht heute vermehrt über all die Körpertherapien, welche buchstäblich aus dem Boden wachsen. Ich bin überzeugt, dass dies sehr wichtig ist, denn die neue Zeit des Wassermanns mit der schnelleren Schwingung fordert alle unsere Möglichkeiten, um bewusster zu werden und vor allem unendliche Verletzungen in diesem und vergangenen Leben aufzulösen.

Es würde eventuell sogar bei Schizophrenie Sinn machen, wenn sich Fachleute mit dem Thema von verschiedenen Leben auseinandersetzen würden. Menschen, die glauben, eine bestimmte Person zu sein und sich entsprechend verhalten, brauchen eine ehrliche Bestätigung davon mit entsprechenden Fragen. Es könnte sein, dass ein guter Therapeut dadurch den Kern der Gespaltenheit finden könnte, der ebenso wie im jetzigen Leben einen gravierenden Auslöser hat.

Das ist mit Sicherheit immer ein schwieriges Erlebnis, von dem wir in unserer Not glauben, das könne gar nicht sein, wir würden erwachen, und alles sei wieder wie vorher. Erwachen heisst dann vielleicht, neu geboren worden zu sein, wenn diese Person damals gestorben ist.

Natürlich gibt es auch in diesen Bereichen jede Menge Gefahren. Es gibt immer öfter Menschen, welche sich spontan an ihre Leben erinnern, mindestens bruchstückhaft. Meist getrauen sie sich nicht davon zu sprechen, wenn sie nicht in einer entsprechenden Umgebung leben.

Das kann belastend sein, besonders, wenn sie an ihrem Verstand zu zweifeln beginnen. Eine andere Version besteht darin, dass sie glauben, sie könnten mit den ihnen von damals bekannten Menschen die Geschichten einfach weiterführen, zum Beispiel über die Liebe. Wenn das einseitig verläuft, kann das für beide Seiten sehr frustrierend sein und nur noch zur Belästigung werden.

Weiter sind rituelle Verbindungen mit der Betonung auf »ewig« eine schwer zu lösende Aufgabe. Da sind religiöse Versprechungen ebenso wie magische Rituale oder einfach ein Fluch aus vielen Epochen und Ländern noch absolut wirkungsvoll.

Manche, auch junge Leute, gebrauchen diese Möglichkeiten wieder vermehrt in Verbindung mit schwarzer Magie, was immer darauf hindeutet, dass sie noch nicht begriffen haben, was sie tun, weil sie in diesem Glauben gestorben sind, wann auch immer.

Die Gelübde können gut gemeint sein, wie aus der Überzeugung von grosser, einmaliger Liebe, von der wir alle gerne hoffen, dass sie ewig dauert. Meistens steht aber Macht dahinter oder auch einfach die Überzeugung, Recht zu haben oder Unrecht erlitten.

Unweigerlich kommen solche Menschen, die sich derartig verbunden haben, wieder zusammen, weil das Gesetz des Lebens Auflösung sucht. Es ist eine grosse Gnade, wenn wenigstens einer Seite genügend bewusst wird, um was es geht. Das kann eine Beziehung gewaltig verändern. Auch der Teil, der die Geschichten nicht bewusst erlebt hat, weiss im Unbewussten genau davon und lässt sich entsprechend berühren und verändern.

Allerdings ist das nur möglich, wenn diese innere Versöhnung auf der Herzensebene verläuft. Die meisten gravierenden Dramen wirken über Liebe, Religion und Politik, sehr oft gemischt. Die Weltgeschichte ist davon geprägt bis in unsere Tage hinein.

In den alten Kulturen wirkte die Magie noch stärker und ursprünglicher. Aber sogar heute noch geschehen Ritualmorde, die für uns unverständlich scheinen. Ich bin selbst mit solchen Geschichten konfrontiert worden. Sie gehören zu meinen, ja sogar unseren Erfahrungen und haben mich vieles gelehrt. Trotzdem möchte ich nichts davon aufleben lassen, ausser der Tatsache, dass eine Transformation möglich ist und von der geistigen Welt unterstützt wird, ganz einfach, weil es ein Teil des Weltgeschehens ist und auf dem Weg ins »Paradies« dazugehört.

Kapitel 12

Unser Körperbewusstsein

Wenn jemand wirklich wissen möchte, was hinter seinen scheinbar nicht auflösbaren Beschwerden stecken könnte, sind sicher zuerst einmal Fragen aus der jetzigen Situation vordergründig zu betrachten. Welcher Körperteil, welches Organ rebelliert? Was sagt das aus?

Schon die Haltung der betroffenen Person gibt darüber Auskunft, wie tief das Problem liegt. Kommt jemand mit steifer Haltung, ist klar, dass er Angst hat, wirklich etwas zu verändern. Es besteht wohl bei uns allen immer wieder die Hoffnung, möglichst ungeschoren mit einer in einem Moment erlösenden Symptombehandlung davonzukommen, wenn es uns schlecht geht. Dazu verhilft uns die Schulmedizin im Allgemeinen wunderbar.

Wir fürchten uns vor unserem tiefsten Wissen, weil wir dann meist unser Verhalten ändern müssen. Gerade das erscheint uns als sehr schwierig.

Aber das Urwissen, die universale Sternenenergie in uns, lässt uns keine Ruhe. Manchmal können wir lange ausweichen, vielleicht sogar ein Leben lang, und auch das ist »erlaubt«. Wir haben eben über viele Leben Zeit zu lernen.

Meist ist es unser Körper, der die psychischen Signale aufnimmt und in eine Krankheit übersetzt. Ich bin angenehm überrascht, wie viele Menschen sich heute fragen, was wohl ursächlich hinter ihrem Leiden stecken könnte.

Nach all meinen Erfahrungen lohnt es sich, den Problemen auf den Grund zu gehen, denn wir nehmen offenbar die zu transformierenden Erkenntnisse in ein nächstes Leben mit. Das können wir wahrnehmen. Sehen wir uns allein einmal an, wie verschieden schon Babys reagieren. Es ist überwältigend, wie unterschiedlich diese kleinen Wesen ihren Lebensweg beginnen.

Ich arbeite nun über 30 Jahre über die Fussreflexzonenarbeit. Die Bereitschaft der Menschen, an sich selbst zu arbeiten, ist in den letzten Jahren enorm gestiegen.

Das Bedürfnis nach lichtvollen Erkenntnissen nimmt deutlich zu. Vermutlich bringt uns unter anderem das Ozonloch mit all seinen Gefahren doch auch eine neue Schwingung in unsere Körper und Zellen. Das beleuchtet unser tieferes Wissen aus geistigen Welten und verbindet uns besser mit dem Stern, von dem wir stammen. All die verschiedenen Rassen dieser Welt kommen wohl von den ihnen entsprechenden Planeten. Wir sagen ja auch spasshaft: »Der kommt einfach von einem anderen Stern!« Wie sonst könnten sie so unterschiedlich sein? Ob dies nun materiell von »Ausserirdischen« oder mehr energiemässig stattfindet, kann ich nicht sagen. Ist das auch so wichtig? Nicht, wenn wir das Universum als unsere Heimat erahnen. Göttliches schwingt überall mit und formt immer neue Möglichkeiten.

Es ist ein umwerfender Gedanke, dass wir mit unserem kleinen Mensch-Sein an allem mit-formen. Denken wir an die Situation unseres Planeten in Bezug auf den Klimawandel, ist das überhaupt nicht utopisch, sondern eine Aufgabe!

Ich bin mit vielen anderen Menschen überzeugt, dass schon die Gedanken vieles in Bewegung bringen. Aber wenn das nicht reicht, kommt das praktische Aufrütteln. Ich schreibe dies im milden Winter 2007 und staune, was aus diesem Grunde in Bewegung kommt. Ursache und Wirkung folgen sich immer schneller, sowohl in unseren kleinen privaten Leben wie auch weltweit. Das Denken verändert sich.

Wenn ich an den Füssen arbeite und den Menschen vor mir in seiner Entspannung mit seinen Problemen wahrnehme, tauchen manchmal »fremde Gesichtszüge« auf von anderen Rassen, auch wenn wissentlich keine Ahnenreihe dahinter steht. Das hilft mir, auf dem Weg entsprechende Fragen zu stellen, die in andere Leben zurückgreifen. Dort fand offenbar für den Menschen meist eine ähnliche Geschichte keine gute Lösung, deshalb taucht sie nun in neuer Form und anderer Umgebung auf. Die Personen kennen sich und das Problem, aber nur ahnungsvoll im Unbewussten. Eigentlich ist das absolut phantastisch!

Eine Frage bewegt mich immer wieder, nämlich die, warum meist problematische Geschichten aus anderen Leben auftauchen. Vermutlich, weil die schönen Erfahrungen keine Auflösung brauchen. Sie wirken bereits als Kräfte, die uns ins Licht geholfen haben. Manchmal zeigt sich trotzdem eine helle, erlösende Erinnerung, oft sogar dann, wenn es im jetzigen Leben gerade sehr schwierig aussieht.

Wir wissen heute dank der Forschungen von Philosophen und Psychologen wie Sigmund Freud und Carl Gustav Jung, dass unser Unterbewusstsein zwei Drittel unseres Wissens besetzt. Dazu gehört auch die Erkenntnis der Hirnforschung, dass wir höchstens ein Drittel der Kapazität ausnutzen. Ist das Zufall?

Ein weiteres Vorbild durch reiches Wissen und eine gute Hilfe, um an mein eigenes inneres Erkennen zu glauben, sind verschiedene Bücher.[16] Darin wird eine Verbindung von einfachen körperlichen, geistigen und seelischen Grundlagen geschildert, die wahrhaftig erfahren werden können und somit ganzheitlich heilen, vorausgesetzt natürlich, dass wir uns darauf einlassen. Es geht dabei um visuelle Farbheilungen, die uns helfen, mit den Verletzungen, welche wir alle erleben, besser umgehen zu können. Natürlich gibt es heute noch viele andere wissende Menschen, es geht immer darum, sich von entsprechenden Seelenpartnern auch über den Lesestoff anziehen zu lassen.

In tiefer Entspannung wird es möglich, gleichzeitig in verschiedene Dimensionen einzutauchen. Das heisst, wir erleben ebenso das Hier und Jetzt, also auch den Körper, wie die Vergangenheit in einem Film und die »Vermittler« sind oft Engelwesen auf verschiedenen Ebenen, aufgestiegene Meister, manchmal auch Naturwesen gleichermassen. Es zeigen sich alle Hilfen, welche die Bedürftigen brauchen, denn das Universum mit seinen göttlichen Gesetzen begleitet unsere Lernprozesse offenbar mit allen zur Verfügung ste-

---

[16] u.a. Chris Griscom: Psychogenetik: Erkennen und nutzen Sie Ihr spirituelles Erbe, Ullstein Verlag, 2004.

henden Mitteln. Wichtig ist dabei, zu wissen, dass wir niemals ausgeliefert sind, wenn wir dies nicht wollen. Wir haben alle unsere lichtvollen Beschützer. Niemand ist davon ausgenommen, selbst wenn der Glaube daran fehlt.

Ich spüre oft eine Angst, gerade bei suchenden Menschen, die sich besonders Mühe geben, sie seien es nicht wert. Das ist so schade, und ich versuche dann, ihnen begreiflich zu machen, wie es uns geht, wenn jemand unsere Liebe nicht annimmt, z.B. der Partner oder die erwachsenen Kinder. Das tut weh, und wir können es schlecht begreifen. Das Strömen der Liebe von Lichtwesen anzunehmen ist ganz wunderbar.

Meine körperliche Brücke sind nun einmal die Füsse. Dabei wurde mir in all den Jahren immer bewusster, was für Schätze die Wirbelsäule mit dem Gehirn zusammen bergen. Von den Füssen her wird erfahrbar, dass wir eine Akasha-Chronik in uns tragen. Dieser Begriff kommt aus dem Indischen und stammt aus altem Sanskritwissen. Es gibt Klöster in Indien, welche auf Palmblättern das Leben von Menschen seit Anbeginn der Zeiten eingeritzt verwahren. Ich kenne Menschen, welche sich darauf einliessen und ergriffen bis zum entsprechenden »Heute« die wichtigsten Zusammenhänge fanden. Eigentlich wäre ich vor Jahren auch gerne fündig geworden, aber das brauche ich inzwischen nicht mehr. Ich weiss, dass unser Leben einem sinnvollen Plan folgt und dass es darum geht, aus dem eigenen inneren Wissen heraus immer weiter vorzudringen in das Erkennen unserer Aufgabe in jedem neuen Tag. Wenn wir am Körper der Menschen arbeiten, bricht altes Wissen oft schneller und deutlicher hervor.

Die Gefahr für uns alle besteht im Steckenbleiben in unseren Problemen. Das verhindert unsere klare Sicht und lässt uns kleinmütig, kraft- und mutlos, vielleicht sogar in Aufruhr gegenüber dem Göttlichen müde und krank werden.

Kapitel 13

Die Wunder der Wirbelsäule – Am Fuss

Unsere Wirbelsäule ist die Verbindung vom Himmel zur Erde und umgekehrt. Sie hat mit unserem Selbst-Bewusstsein zu tun und damit meine ich den göttlichen Kern in uns. Der Hinterkopf mit dem Kleinhirn hat offenbar wie eine Schatztruhe alle Erfahrungen vieler Leben abrufbar gespeichert. Symbolisch ist der Kopf die Weltkugel, welche auf dem »Atlas« liegt, wenn wir an die griechischen Götter denken, und Atlas, unser oberster Halswirbel, balanciert unseren Kopf aus.

Die Arme sind ausgebreitet als Verbindung zu unseren Nächsten, ausgehend vom Herzen her. Die Hände erfüllen dann in den Details, was Kopf und Herz zusammen ausführen wollen. Das ägyptische Henkelkreuz ist ein Symbol dafür!

Wenn wir aussagen, wir hätten zu wenig Selbstbewusstsein, haben wir uns nicht ausgerichtet zu unserem höheren Wissen, haben die »Antennen«, die Lichtbahnen nicht ausgefahren. Wir sind am kleinen Ich stecken geblieben …

Natürlich wurde in den meisten Leben sehr an unserer inneren Sicherheit gerüttelt, nicht nur von Seiten unserer Eltern, Geschwister, Lehrer und Chefs, sondern auch von den meisten religiösen Ausrichtungen her.

Gerade das lassen sich viele der heutigen Kinder nicht mehr gefallen. Aber auch wir Erwachsenen sind aufgerufen, uns bewusst über spirituelle Erfahrungen wieder in die Verbindung zum Göttlichen und damit zu unseren Aufgaben hinführen zu lassen. Diese Verbindung gibt allen Aspekten der Erkenntnis Raum, wenn wir uns dafür öffnen.

Die Reflexzonen der Füsse ermöglichen den Überblick.
Das Rückenmark selbst ist gespeist aus allen unseren Erfahrungen.
Die Metamorphose ist eine Grundform des Lebens.

Gouverneur und Direktor der Akupunktur sind tragend.
Die Chakren stärken mit ihren Kräften des Himmels.
Das Kleinhirn und die morphogenetischen Felder sind die zusätzli-
chen Schatztruhen.

Pulsierendes Leben verteilt sich aus dem Zusammenspiel im Kno-
chenskelett, in Nerven, Muskeln und Organen. Das ist eine Wunder-
welt, schon alleine von der materiellen Welt aus gesehen, viel mehr
aber noch, wenn sich zeigt, wie Seele und Geist mitwirken. All das
kann im Körper selbst erfahrbar gemacht werden, es ist aber an den
Füssen im Kleinformat überdeutlich erkenn- und veränderbar.

Meine Erfahrungen zeigen, dass alle diese Faktoren zusammenwirken und aus dem göttlichen Gesetz heraus immer nur das Gleiche anstreben sollen, nämlich erlösend auf unser jetziges Leben einzuwirken und dadurch letztlich dereinst auf unseren Übergang ins
Jenseits, in eine andere Dimension.

Damit möchte ich die einzelnen Therapieformen erläutern und das
Zusammenspiel begreiflicher erscheinen lassen.

»So spricht die Seele durch die Füsse« heisst mein erstes Buch, und
ich freue mich sehr, dass es nach all den Jahren immer noch zur
Verfügung steht. Über Erfahrungen mit Aberhunderten von Menschen bin ich zutiefst dankbar, dem Leben selbst, das sich mir in
vielen Gesetzmässigkeiten gezeigt hat, aber auch meiner ersten
Lehrerin, Hanne Marquardt, und allen Menschen, die mich begleitet
haben.

Zu meinem Leben gehören Eutonie und Zen-Meditation dazu,
vermittelt von Anton und Marie Louise Stangl sowie unzählige andere Aspekte, sei es über Bücher, Kurse oder Anregungen z.B. über
die Medien. Eine Diskussion im Radio brachte mir zu Bewusstsein,
wie ratlos in unserer Zeit das Thema Seele angegangen wird. Eigentlich ist es höchste Zeit, diese Frage zu stellen!

Kapitel 14

Was ist die Seele?

Fast scheint es mir vermessen und dennoch wichtig, diese Frage so umfassend wie möglich anzugehen. Natürlich gibt es keine sichere Antwort, aber trotzdem eine Anregung, einmal mehr nicht einfach hinzunehmen, wie wir Begriffe gebrauchen, ohne sie zu hinterfragen. Das, was sich aus der Urquelle in immer neuen Spielarten in allem Seienden verkörpert, wäre eine Antwort – der göttliche Funke. Dieser findet sich nicht nur im Menschen, sondern im ganzen Universum wie in allen Elementen.

Die Elemente als Träger der Seele in uns, um uns.

Die Seele der Erde

Die Seele der Erde bietet die Grundlage für alle Fruchtbarkeit. Wie verschieden ist ihre Ausstrahlung weltweit von der Wüste bis zum Dschungel oder felsigen Gebirge! Sie wirkt als Erde, Stein, Edelstein, dazu in jedem Berg über seine spezielle Gestalt mit den verschiedenen Mineralien und entsprechenden Farben, sei es im Kleinen oder Grossen.

Jeder Berg ist machtvoll in seiner Art und hat seine Ausstrahlung, die sich manchmal über den Namen ausdrückt. Es sind prägende, starke Geister, die sich so manifestieren können und damit die Natur und auch die Menschen beeinflussen. Jedes Tal, jedes Dorf zeigt seine spezielle Art damit. Zudem verbinden diese Geister Himmel und Erde in einem Masse, das uns wahrscheinlich mehr hilft, als wir ahnen können. Jeder Baum, jede Blume wirkt ebenso, wie es auch uns aufgetragen ist, Himmel und Erde in uns zu verbinden.

Heute stehen auch immer mehr Menschen dazu, dass sie die entsprechenden Erdgeister sehen oder fühlen können, welche zur kraftvollen Lebendigkeit ihren Teil beitragen.[17]

---

[17] Evelyn Schweizer: Unsere guten Nachbarn. Von Gnomen und Elfen. Zytglogge Verlag, 3. Aufl. 2002.

In meinen Seminaren tauchen immer mehr Menschen auf, die solche Wesen, vor allem die Elfen und Zwerge, als Begleiter oft bei sich haben und in der Entspannung von ihnen umgeben werden. Manche sahen sie schon als Kinder und es war sehr schmerzvoll, sie zu verlieren, weil die Eltern oder andere Menschen sie als Phantasten oder sogar Lügner bezeichneten, wenn sie davon erzählten. Ich selbst kann diese Wesen nicht sehen, aber vor vielen Jahren ist mir eine eigenartige Geschichte passiert.

Die Geschichte:
Zur Freude über die Geburt zweier gesunder Enkelkinder innerhalb kurzer Zeit kaufte ich mir einen kleinen Smaragd zur Hilfe beim Heilen von mir und anderen Menschen. Voller Freude schmückte ich mich damit.

Dann verlor ich ihn in meinem wilden Garten. Grün, klein war er, an einer dünnen Goldkette … meine Suche blieb erfolglos!

Selbst schuld, man kauft auch nicht so ein teures Stück und lässt ausser Acht, dass der Verschluss in einem gutem Geschäft, aber eben Ausverkauf nicht optimal war … So redete ich unglücklich vor mich hin.

Am anderen Morgen, es war Sonntag, öffnete ich die Terrassentür und was liegt da mitten auf der Matte? Mein Smaragd! Eigenartigerweise war das dünne Kettchen so oft verknüpft, dass ich mit einer Nadel beinahe eine halbe Stunde brauchte, um alles zu lösen.

Können Sie sich vorstellen, dass ich seither noch dankbarer in meinen blühenden Garten blicke?

Wahrscheinlich sind solche Erfahrungen eine wichtige Erweiterung unseres Bewusstseins, damit die Einheit allen Seins selbstverständlicher wird. Kuthumi, ein aufgestiegener Meister, hatte da sicher seine Hände mit im Spiel.

Bitte schicken Sie nie Kobolde oder andere Naturwesen ins Licht. Sie haben ihre Aufgabe hier unter ihresgleichen und wollen auch so geliebt werden. Sie sind wichtig für die Natur.

Blanche Merz[18], eigentlich Ingenieurin, beschrieb spezielle Kraftorte überall auf der Welt. Sie fand sie in der Natur, dank ihrer Feinfühligkeit, aber auch an heiligen Orten weltweit in Tempeln, Klöstern, Kirchen, Domen, Kathedralen, Pyramiden etc.

Dabei konnte sie belegen, dass die Urvölker mit absoluter innerer Sicherheit die hilfreichen, aber auch die abbauenden Kraftstellen kannten und nutzten. Mit ihren »Bovis-Einheiten« fand sie ein Mass, um die Unterschiede zu belegen.

Es ist wichtig anzuerkennen, dass es auch schwächende Orte geben muss. Diese können bewirken, dass wir über eine gewisse momentane Kraftlosigkeit nachher deutlicher die aufbauende Energien wirken lassen. Unser Verstand steht uns dann weniger im Weg. So findet man bei den meisten Sakralbauten, aber auch bei alten Festungen, mindestens bei den Eingängen und manchmal sogar auch ringsum, natürliche, Kraft abziehende Stellen. Bei heiligen Stätten führt diese Schwächung vor dem Eintreten zur besseren Aufnahme der höheren Schwingungen, bei Burgen dient sie eher zur Schwächung des Feindes. Ich kenne Menschen und habe es selbst schon erlebt, dass solche Plätze zu einem Schwächeanfall führen können.

Über die Forschungen der Geomantie wird klar, wie sehr alle diese Kraftorte zusammenhängen, und Wissende zu allen Zeiten haben rund um die Welt diese Verbindungen gepflegt.

Sie führen in Europa ausgehend von Stonehenge in England über Köln bis zu den Pyramiden. Dazu kommen viele Verzweigungen zu weiteren Kultstätten, also heutigen Domen und Kathedralen, welche allesamt auf keltischen oder noch früheren Kraftorten stehen. Meist ist die Krypta oder der Altar der stärkste Platz und sollte dem Priester die Kraft und Klarheit vermitteln, in Weisheit zu handeln, verbunden mit den universellen Energien von Erde und Himmel. Der Pilgerweg nach Santiago di Compostela ist eine dieser Verbindungslinien davon.

Leider spielten Machtansprüche und Egoismus oft eine grössere Rolle und auch solche Energien werden durch Erdkräfte verstärkt.

---

[18]   Blanche Merz: Die Seele des Ortes, AT-Verlag, 2000. Marjorie Johnson: Naturgeister, Aquamarinverlag, 2000.

Zusätzlich lassen sich die universellen Gesetze auch daran erkennen, dass unsere Erdkugel in Meridiane aufgeteilt ist, so wie auch unser menschlicher Körper ebenso wie die Körper der Tiere.

Wir leben in einer ausgesprochen interessanten Welt, wo all diese Gesetze allgemein zugänglich werden, wenn wir uns dafür öffnen. So gibt es immer mehr Menschen wie z. B. Marco Pogacznik, der die Akupunkturpunkte der Erde mit Stein-Stelen entlastet und damit den Energiefluss wieder in Bewegung setzt. Das ist eine andere Form des Umweltschutzes und ganz wunderbar zu erfühlen.

Sein Anliegen ist es, besonders in ehemaligen Kriegsgebieten, wo Angst Trauer, Schuldbewusstsein und Schmerz einem förmlich den Atem rauben können, zu wirken. Das sind Traumata der Erde, die aufgelöst werden können und müssen, wenn sich nicht immer das Gleiche wiederholen soll.

Zusätzlich versucht er, mit Gruppen von Menschen über das Singen die unglücklichen Seelen ins Licht zu begleiten, denn Gleiches zieht Gleiches an, sowohl im Schönen wie im Schweren.[19]

Nach meiner Erfahrung gibt es in jedem Dorf oder jeder Stadt einladende Orte, wo man gerne bleiben möchte, aber auch die düsteren Stellen, wo es einem mehr oder weniger unheimlich oder mindestens unangenehm ist. Sicher ist es wichtig, auf sein Gefühl zu achten, und sich nicht dort niederzulassen. Die Seele des Ortes wahrnehmen lernen! Ist es nicht wunderbar, dass eine technisch geschulte Frau wie Merz diesen Auftrag in ihrem Leben erfüllen konnte und damit etwas Gefühlsmässiges durch Fakten in Bewegung brachte?

Die Seele des Wassers
Als Tautropfen, als Regenguss, vom Bach über den Strom bis zum Meer spiegelt das Wasser in seiner ganzen Lebendigkeit das »freudige Spiel« dieses Elementes mit seinen unendlichen Möglichkeiten. Der Tau- oder Regentropfen verwandelt sich über das Licht der Sonne, dem Feuerelement, in eine Farbkugel, manchmal in einen

---

[19] Marko Pogancik: Erdsysteme und Christuskraft. Knaur Verlag, 2000.

Regenbogen. Das Sprudeln und Spritzen eines Baches ist von unendlicher Lebendigkeit, man könnte sagen Fröhlichkeit, auch der Wassergeister!

Die Lieblichkeit eines Sees in seiner Ruhe oder Bewegtheit, seiner ganz eigenen Art durch den Standort, die umgebenden Pflanzen, Berge, Häuser, auch wieder mit ihren einmaligen Ausstrahlungen und Beleuchtungen, bewirken etwas in uns, in unserer Seele.

Ein Wasserfall, der ja meist noch einen Regenbogen erscheinen lässt, verändert durch seine Kraft die ganze Umgebung und damit auch uns, wenn wir ihn wirken lassen. Das kann heilend sein, vorausgesetzt, dass wir uns die Zeit für eine Heilung nehmen.

Wer schon einmal die Weite des Meeres in sich aufnehmen konnte, seinen Atem im immerwährenden Wellenschlag wahrnahm, konnte sicher ein wenig eintauchen in dieses ewige Sein.

Das Wasser wiederum wird aufgesogen von der Sonne und über den Wind in den Wolken weitergetrieben. In der unendlichen Vielfalt der Wolkenbilder zeigen sich die Lebensgesetze von Wärme und Kälte, gebrochen über dem Licht und die Schönheit im Überfluss. Gleichzeitig erfüllt sich das »Stirb und Werde«, wenn sich die Wolken wieder entladen und damit die Fähigkeit der Fruchtbarkeit der Erde erfüllen. Ein ewiges Spiel, das überhaupt erst Leben jeder Art auf diesem Planeten ermöglicht.

Wer hat nicht schon, wenigstens als Kind, den Mund geöffnet, und die Regentropfen einfliessen lassen? Was für ein belebendes Gefühl, besonders nach einer grossen Trockenheit oder im See nach einem Bad, wenn der ganze Körper mit feinen Tropfen berührt wird. Was für eine Wohltat ist es, im Sommer nach einem Gewitter mitzuerleben, wie die Natur, jeder Baum, jede Blume, jeder Grashalm, jedes Tier das köstliche Nass aufnimmt und alles farbenfroher wird.

Der Japaner Masaru Emoto[20] und viele andere haben über Wasserbilder verdeutlichen können, wie sehr sich dieses Element durch Emotionen verändert. Sein Buch zeigt die mit einem speziellen Verfahren hergestellten Kristallformen, wunderschön gebildet bei einem

---

[20] Masaru Emoto: Die Botschaft des Wassers. Koha-Verlag, 2008.

am Wasser gesprochenen Gebet oder verzogen in allen möglichen Formen, wenn negative Worte wie Hass, Wut und Aggressionen ausgesprochen wurden. Die Bilder entstanden über Experimente aus der veränderten Form bei Kälte, als Eiskristalle, die wie schon beim Schnee unendlich verschiedene Formen aufzeigen.

Damit wird deutlich, wie sehr wir Menschen Einfluss auf die ganze Natur ausüben, ohne es zu ahnen oder zu wollen: durch unsere Gedanken und durch unser Handeln. Es ist Zeit, dass wir uns bewusst werden, dass Segen oder Fluch wie auch alles »Lauwarme« dazwischen viel grössere Auswirkungen rings um den Erdball bewirken, als wir uns das in unseren kühnsten Träumen vorstellen können. Dabei glauben wir doch allzu gern, wir hätten keine Macht, um wirklich etwas zu verändern. In erster Linie aber betrifft dieser Einfluss uns selbst, unseren Körper, der zu mindestens 70 Prozent aus Wasser besteht und darum extrem schnell auf unsere Gefühle wirkt. Eigentlich ist es ein Wunder, dass wir noch einigermassen gesund sind.

Wir haben uns nun über diese klaren Aussagen der Experimente und Bilder sehr zentral verdeutlicht, warum wir uns innerhalb weniger Sekunden miserabel fühlen können, wenn wir negative Gedanken in uns bewegen. Eigentlich ist diese Erkenntnis über unsere eigenen Erfahren das Allerwichtigste. Alle Arbeit an Gewässern um den ganzen Erdball ist nur die Folge dieser Erkenntnisse. Ich habe oft in meinem Leben bei irgendeiner Überforderung gesagt: »Und jetzt ein guter Tee und ein heisses Bad, dann geht's wieder weiter!« Was für ein Geschenk ist das Wasser. Es ist sicher keine Frage, ob dieses Element beseelt ist.

Die Seele des Feuers
Die Sonne erst bringt alle Elemente zum Wachsen und Leuchten, zur Lebendigkeit. Viele Urvölker haben die Sonne als Gott verehrt, wohl wissend, dass es ohne sie kein Leben geben würde. Es ist immer ein bewegendes Wunder, sie am Horizont aufgehen zu sehen und die ersten Strahlen zu empfangen. Das ganze Farbenspiel öffnet uns das Herz, mit dem wir die Sonne in Verbindung bringen. Sie

kann wärmen, wohl tun, heilen, aber auch überhitzen, verbrennen, austrocknen, ja töten. Sie zieht das Wasser mit immerwährender Kraft im ewigen Kreislauf in grosse Höhen.

Bei einem Gewitter kommt das Feuer über die Entladungen der Blitze wieder zur Erde und hat uns damit die Möglichkeit dieser Wärmequelle vermittelt. Kein Wunder, dass es in der Mythologie hiess, dass uns die Götter das Feuer schenkten. Sehr verständlich ist diese Vorstellung, wenn wir dieses Schauspiel der Elemente wieder einmal in Ruhe an einem geschützten Ort auf uns wirken lassen. Es ist gewaltig und kann auch verheerend wirken.

Was für eine Wonne ist die Stille – und ich möchte gerne sagen Dankbarkeit – nach einem solchen Ereignis, wenn die Sonne mit vorsichtigem Strahlen wieder aus den Wolkenbänken hervorblitzt. Was für ein Schauspiel der Farben während des ganzen Geschehens! Oft passiert so ein Unwetter gegen Abend und damit bekommt der Untergang der Sonne einen erhöhten Glanz.

Die Hopi-Indianer erwarten die Sonne jeden Morgen, in Andacht ihr die Ehre erweisend, damit sie am nächsten Tag ebenfalls wieder aufgehen kann. Auch in unseren Breiten werden es immer mehr Menschen, die diese Andacht teilen und sich damit Kraft für den neuen Tag holen. So bekommt die Seele den Mut, den es braucht, um mit lichten Augen unsere Aufgaben anzupacken.

Dann gibt es noch die Vulkane rings um unseren Erdball, die von der glühenden Kraft der Erde erzählen. Ich stand einmal allein vor dem Krater des Stromboli. Die Abendsonne tauchte das Meer in goldenes Licht und vor mir grollte der Vulkan und liess seine Feuergarben springen. Ich fühlte mich andachtsvoll wie am ersten Tag der Schöpfung. Es war ein unvergessliches Erlebnis, das viel Dankbarkeit in mir zurückliess.

Feuerstellen haben über Jahrtausende Gemeinschaften geformt. Sie haben nicht nur gewärmt oder zur Nahrung beigetragen, sondern das Zusammengehörigkeitsgefühl gefördert, auch ausserhalb der Familie. In die Flammen zu blicken verändert uns. Es wärmt unser Herz, es macht uns bereit, uns durch Gespräche zu öffnen und auch andere

Menschen wahrzunehmen. Diese Seele zeigt sich sehr lebendig in der Nähe des Feuers.

Die Seele der Luft

Die Luft, die uns atmen, ja überhaupt leben lässt, die alles bewegt, die für den Geist steht, der »weht wohin er will«! Der Wind, der mit allen Elementen spielt, sanft oder stürmisch, der alles in Bewegung bringt, den Sand, das Wasser, die Pflanzen, die Bäume, die Wolken, die Blätter, besonders im Herbst.

Die Luft steht für Bewegung und Veränderung, für Erneuerung. Und sie steht vor allem für das Leben oder den Tod, auch für uns Menschen.

Was für ein Moment, wenn das Neugeborene den ersten Atemzug tut. Dies hat wirklich mit dem Schöpfergeist zu tun und berührt uns zutiefst. Ebenso erschüttert der letzte Atemzug, der wie ein Hauch Abschied nimmt, die Seele aushaucht. Meine Schwester erlebte bei unserer Mutter, wie sich in diesem Moment ein angelehntes Fenster bewegte, auf- und wieder zuging, obwohl sonst kein Lufthauch zu fühlen war.

Gewisse Bergvölker wie im Wallis haben eine kleine Öffnung in den Schlafzimmerwänden, damit die Seele ihren Weg auch findet.

Wann haben wir uns das letzte Mal gegen einen Sturm gestellt und unsere Kraft an ihm gemessen? Wie sehr verändert sich dabei unsere Stimmung, man kann direkt übermütig. aber auch von Angst erfüllt werden! Sturm Lothar bewegte nicht nur den Wald, sondern auch uns alle in unserem meist vor Sturmkatastrophen verschonten Land.

Die Geister der Luft sind gewaltig. Alte Kulturen sahen Wotan oder wen auch immer mitziehen. Der ganze Erdball wird über diese Verschiebungen miteinander verbunden.

Die Luft steht mit den Lungen, dem ganzen Körper, aber auch mit dem Kopf in Verbindung. Der Geist belebt alles in und um uns.

Wir haben die Möglichkeit, über den Atem unser Bewusstsein zu verändern. Wer ahnungslos immer nur zum Überleben atmet, kennt diese Veränderung des Geistes nicht, die transformierend mit Lebensfreude und Kraft in Verbindung steht.

Die Seele bekommt ihre Nahrung aus dem Unendlichen über den Atem, den wir aktivieren lernen können.

Was für ein Geschenk, wenn wir nach einem harten Tag in überfüllten Räumen wieder frische Luft einatmen dürfen! Wie wunderbar ist das, im Wald, auf den Bergen oder am Meer die Winde spielen zu lassen. Sorgen und Überlastungen fallen von uns ab, wenn wir vielleicht sogar mit einem tiefen Seufzer ausatmen, uns wirklich von Altem befreien, um neu einatmen zu können und frisch anzufangen.

Müssen wir noch danach fragen, was da im Luftelement an Seelen- und Geisteskraft bereit ist?

Die Seele der Pflanzen

Auch die Pflanzenwelt gibt alles her, um uns mit ihrer Seelenkraft zu versorgen. Menschen und Tiere leben von ihr und lernen vielleicht immer besser zu verstehen, was mit liebevoll angebauter und entsprechender Achtsamkeit zubereiteter Nahrung für ein Wohlbehagen in uns ausgelöst werden kann. Dabei haben wir alle noch sehr viel zu lernen, denn es hat vom Anbau bis zur Zubereitung sehr viel mit Liebe zu tun, schliesslich geht es bei der Ernährung um die bestmögliche Erhaltung unseres Körpers.

Die andere Seite, die Machtseite dieser Welt, will uns beibringen, dass Fertigprodukte so viel weniger Arbeit machen und uns Frauen Zeit für Wichtigeres schenken. Entsprechend erleben wir, dass viele Menschen keine innere Kraft mehr für die Ansprüche des Lebens entwickeln können und entsprechend schnell verzweifeln. Sie sind buchstäblich unterernährt und das mit Übergewicht! Ein leider wahres Paradox.

Die Möglichkeit, auch in den kleinen Dingen bewusster zu werden, beginnt früh, einfach über die Freude an allem, was um uns herum ist. Vielleicht wird unsere Aufmerksamkeit durch unsere Traurigkeit oder unser inneres Sehnen auf die Wunder der Natur gelenkt. Wir können unsere Seele an der bunten Pracht laben. Das geht natürlich leichter auf dem Land, aber auch in der Stadt können ein Baum oder eine Blumenrabatte zum Lichtblick werden. Was für ein Reichtum auf einer Frühlingswiese, sei es im Tal oder den Bergen, wogt! Dort wird speziell deutlich, was für ein Freudenmeer all diese Blumensterne, Blumenglocken oder andere Formen in kleinstem Format und leuchtenden Farben ausstrahlen.

Zudem gibt es viele Menschen mit dem berühmten grünen Daumen, da blüht alles ringsum im Überfluss, bei anderen hingegen verdorrt alles in kurzer Zeit. 1976 stellten Peter Tomkins und Christopher Bird Versuche an.[21] Sie schlossen Pflanzen an Elektroden an und wiesen nach, wie sich die Pflanzen deutlich zurückzogen, bevor sie von einer Zigarette angebrannt werden sollten. Die Pflanzen zuckten sogar zusammen, wenn dieser Mensch, der sie angesengt hatte, den Raum wieder betrat! Die Ergebnisse sind umwerfend und wurden nicht wirklich ernst genommen. Sie wären bahnbrechend in Bezug auf Umweltfragen. Unsere heutige Wissenschaft erlaubt immer genauere Nachforschungen über Pflanzen und Tiere. Ich finde es absolut hoffnungsvoll, dass kompetente Männer sich zu forschen getrauen, was Tiere und Pflanzen zu ihren Verhaltungsweisen bringt.

Der Japaner Toshiyuki Nakagaki beschreibt das Ergebnis von Versuchen mit einem einzelligen Schleimpilz, Physarum polycephalum. Dieser konnte sich in einem Labyrinth zurechtfinden, obwohl er aus menschlicher Sicht form- und gehirnlos ist. Trotzdem streckte sich diese Schleimmasse bei jedem Versuch zu den Eingängen hin, an denen Nahrung bereitgelegt war!

Bäume drehen sich nicht nur zum Licht, sondern je nach Art auch von einer ihnen abträglichen Kreuzung von negativen Erdstrahlungen weg. Zudem hat jede Schlingpflanze ihre eigene Weise, sich nach rechts oder nach links zu drehen. Da hat man als Gärtnerin keinen Erfolg, wenn uns die andere Seite besser passen würde, um eine Säule oder ähnliches nach unserer Vorstellung zu begrünen.

Damit werden wir Menschen etwas vom Thron gestossen. Sicher geht das auf dem Weg zur Achtung für die Natur und der All-Einheit nicht anders!

---

[21] Peter Tompkins/Christopher Bird: Das geheime Leben der Pflanzen, Ex Libris Verlag, 1976, S. 106.

Wir könnten uns doch einfach freuen, wenn sogar die Bienen den markierten Weg zum Honig in einem Versuchsprogramm sehr schnell und absolut sicher finden. Abgesehen davon weiss das jeder Imker wohl seit es Bienenstöcke gibt, sie hatten immer verschiedene Farben als Eingänge. Aber wie viel Prozent der Menschen wissen das schon?

Jeremy Narby erlebte sich bei einem Erlebnis mit einem indianischen Schamanen, den er als Lehrer neben sich hatte, als ein Tier.[22] Er berichtet: »Nach ungefähr zehn Minuten fühlte ich meine Zähne ungewöhnlich lang. Um meinen Mund spürte ich so etwas wie Schnurrhaar. Im Mund schmeckte es wie Blut und es schmeckte gut, obwohl ich Vegetarier bin.« Der Eindruck, eine Raubkatze zu sein, war so stark, dass er offenbar bis heute nachwirkt!

Die Feststellung, als Vegetarier aus der Rolle zu fallen und Blut gut zu finden, ist für mich ein Beweis, was da wirklich passierte. Ich bin selbst seit ein paar Jahrzehnten Vegetarierin und darum weiss ich, wie es einem wegen Blutgeschmack normalerweise den Magen umdrehen würde. Nebenbei gesagt verstehe ich nun besser, warum meine Katze ihre Maus so genüsslich verspeist und das wenn möglich in meinem Beisein! Das Gesetz des Lebens sorgt für den Ausgleich allüberall.

Für mich ist eindrücklich, dass offenbar die Zeit gekommen ist, dass in verschiedensten Bereichen und von verschiedensten Menschen mehr Achtsamkeit gelebt wird, um das Gemeinsame aller Erdenbewohner aufzuspüren. Das könnte irgendwann der Weg zum Frieden werden, vielleicht der zum Paradies, wie uns in der Bibel verheissen wird. Doch es ist ein langer Weg der Bewusstwerdung.

Ich machte die eindrückliche Erfahrung, dass die Palme, die mir mein Sohn während seines Auslandaufenthaltes anvertraute, immer alle Blätter hängen liess, wenn es ihm nicht so gut ging.

---

[22] Jeremy Narby: Die kosmische Schlange, Verlag Klett-Cotta, 2001.

Weiter ist mir die Kraft einer Linde unvergesslich. Meine jüngste Tochter war kurz vor der Geburt ihres vierten Kindes, als wir uns an einen wunderschönen Lindenstamm anlehnten. Da konnten wir beide den warmen Strom fühlen, der in ihm aufstieg. Es war Anfang März und der Baum hatte wohl gerade seine Säfte in Bewegung gesetzt.

Es gibt Menschen, die berichten, dass sie einen alten Baum singen hören können. Er singt wohl lauter als ein Junger, denn seine Kraft ist grösser. Bei Sturm singen alle Bäume zusammen im Chor, gewaltig! Eine wunderschöne alte Föhre gab im Frühling kleine Knalllaute von sich. Mein Sohn forschte nach und bemerkte, dass der Klang von den aufbrechenden Zäpfchen kam. Es war wohl das Harz, das über die Wachstumskraft aufgerissen wurde.

Wer hat nicht schon zarte Blumen aus hartem Schnee oder aus Asphalt spriessen sehen? Ob das nicht auch klingt?

Auch Schneekristalle wissen übrigens zu singen! Ich kannte einen Schneeforscher, der das Phänomen in Bezug auf Lawinen oder Skisport vor Jahrzehnten untersuchte. Märchenhaft ist für mich die Vorstellung, wie alle die verschiedenen Schneekristalle leise fallend tönen können. Interessanterweise wird zugleich eine grosse Stille erfahrbar, wenn es schneit! Wer hat nicht schon in kalten Nächten mindestens den Schnee knirschen hören?

Wahrscheinlich tönt alles, wir hören es nur nicht, denn aus dem Klang entstand die Welt.

Dazu kommt die Welt der kleinsten Lebewesen, all die Käfer, Insekten und Schmetterlinge, welche ihrem Lebensgesetz folgen, unbeirrbar ihre Aufgabe erfüllen, und uns zudem über ihre Metamorphose eine wunderbare Symbolik vorleben.

Die Sterbeforscherin Elisabeth Kübler-Ross erblickte als junge Frau nach dem Krieg in einem Konzentrationslager in Rumänien die Wände voller Schmetterlinge, gemalt von Kindern, die in den Gaskammern endeten. Das innere Wissen dieser Frühvollendeten war der Grundstein, der sie dazu brachte, ihr Leben der Frage nach dem Sterben zu widmen. Also war nicht einmal das Entsetzliche ganz umsonst. Vor allem tut es gut, zu wissen, dass unser aller inneres

Wissen absolut zur Verfügung steht. In Notfällen wird es uns deutlicher bewusst. Müssen diese darum geschehen?

Tierseelen-Geschichten:
Die Seele sieht uns aus unzähligen Tieraugen in unvorstellbaren Abstufungen an, letztlich oft als versteckten Ausdruck auch unserer Eigenschaften – nur sehr viel geduldiger.

Wie verschieden Tiere sein können, selbst innerhalb der gleichen Art! Wer ein Haustier liebt, kann sicherlich viele entsprechende Geschichten erzählen. Aber auch Wildtiere sprechen über ihre Augen und ihr ganzes Verhalten.

Ich erinnere mich an die Begegnung mit einer Viper, die auf hohem Gras nicht fliehen konnte. Ich unachtsamer Mensch hatte ihr Warnzischen nicht beachtet und plötzlich standen wir uns gegenüber, Blick in Blick!

Ich glaube nicht, dass im Erschrecken ein Unterschied war. Fliehen konnte ich mit meinen längeren Beinen! Wir waren aber beide sicher froh. Ich jedenfalls habe diesen Moment nie vergessen.

Dann war da noch ein vorwitziges Rotkehlchen, das sass aussen auf der Fensterbank. Meine Katze innen, auf gleicher Höhe. Der Jagdtrieb verleitete sie, sich den Kopf einige Male an der Fensterscheibe einzurennen. Das gefiederte Geschöpfchen neigte einfach sein Köpfchen noch ein bisschen frecher und war sich absolut sicher, dass ihm wegen der Fensterscheibe nichts passieren konnte!

Meine Katzen wussten alle sehr genau, dass ich gegen Vogelfang bin. Wenn sie es aber nicht lassen konnten, weil doch die Gelegenheit zu günstig und der Vogel zu wenig aufmerksam war, brachten sie mir das Tierchen manchmal unverletzt und liessen damit zu, dass ich es wieder in die Freiheit fliegen lassen konnte. Ein ergreifendes Gefühl war es jedes Mal, das ängstlich klopfende Vogelherz in der Hand zu fühlen und das Tier die Schwingen öffnen zu sehen und mit einer Welle der Freude in den Himmel aufsteigen zu lassen.

Auch das empfinde ich als Ausdruck der Tierseele in ihrer Individualität. Es zeugt doch von einer inneren Verbindung, die wohl mehr über die Seele als über den Verstand läuft, den wir einem Tier ja generell nicht zugestehen. Allerdings stelle ich auch dies in Frage.

Wie verschieden sind doch die Möglichkeiten der Lernfähigkeit bei Hunden, Pferden, Affen oder eben jeden Tieres, das wirklichen Kontakt zum Menschen aufnimmt.

Die Pferde wecken in mir ein grosses Mitgefühl, wenn ich an die unzähligen Tiere denke, welche in all den schrecklichen Kriegen mit den vielen Menschen zusammen verletzt wurden und starben. Es berührt mich, dass das offenbar wenig in unserem Bewusstsein verankert ist und wir immer noch in die geduldigen gütigen Augen eines Pferdes sehen können.

Eines Tages war ich mitten in der Arbeit mit einem Patienten und sah, durch eine Bewegung aufmerksam gemacht, aus dem Fenster. Es war Sommer und der Wind bewegte das hohe Gras im Feld. Da erblickte ich meine schwarzweisse langhaarige Katze, die mit hohen Sprüngen im Kreis buchstäblich flog. Hinter ihr aber folgte ein mir unbekannter Hund, ebenso langhaarig, hellbraun, ein Spaniel, der ihr mit ebensolchen Sprüngen folgte.

Ich traute meinen Augen kaum. Zu allem Überfluss drehten sich die beiden nach einiger Zeit und zogen einen grossen Kreis mit sichtlichem Vergnügen auf die andere Seite, also der Hund voran. Ich glaubte, zu träumen. Es war irgendwie paradiesisch und geprägt von einer Welle der Freude. Da hatten sich zwei Seelen im Gleichklang gefunden!

Meine Lieblingskatze, die 20 Jahre alt wurde, hat mir oft beim Heilen geholfen und bei vielen Menschen dankbare Tränen ausgelöst. Sie setzte sich immer an die schwache oder kranke Zone des Patienten, wenn er das zulassen konnte. Eigentlich tut dies jede vertraute Katze, es wird nur oft nicht genügend wahrgenommen. Diese Tiere können im Gegensatz zu Hunden die negativen Ausstrahlungen verwandeln. Entweder machen sie das schlafend, oder, wohl noch deutlicher, schnurrend!

Wie ist es mit den Vögeln, den Staren oder Finken zum Beispiel, welche mit ihrem Schwarm spielerisch Formen am Himmel bilden? Sie bewegen sich wie ein Körper, der freudig tanzend all seine Möglichkeiten der Bewegung auslebt. Könnte es sein, dass sie ihre Aura, ihre erweiterten Körper voller Genuss in absoluter Achtsamkeit ausleben? Keiner will mehr sein als der andere, alle freuen sich einfach an einem gemeinsamen Flugabenteuer, eben wie eine grosse Seele, eine Vogelseele. Vicky Wall sah, dass der Leitvogel immer goldene Aurastreifen aufweist.[23]

Auch andere Vögel zeigen ihre Darstellungskunst in unzähligen Spielarten, ganz zielgerichtet auf dem Flug in den Süden oder Norden, und was sie sich so alles zu sagen haben. Das kann schon einmal sehr laut sein! Ich liebe Vögel besonders und beneide sie wegen ihrer Fähigkeit zu fliegen, sei es jubilierend wie eine Lerche, die sich mit ihrem Gesang in die Höhe schraubt. Ich spüre, dass sie da Verbindungen ins Universum auch für uns Menschen schafft, welche noch viel mehr bedeuten als wir ahnen. Meine Verbundenheit gilt auch einem einsamen Raubvogel, der genussvoll seine Kreise zieht und mit dem Wind über seinen Schwingen spielt. Was mich aber besonders beeindruckt, sind alle Vogeleltern, welche unermüdlich ihre Jungen grossziehen und sie im Notfall sogar gegen eine Katze verteidigen wie die Amseln, die dabei sehr lautstark ihre Meinung über den Eindringling kundtun.

Natürlich gilt das für sämtliche Tierarten, wir sehen nur nicht alle so deutlich.

Noch eine beinahe unglaubliche Geschichte von einem unserer Hühner, die wir im allgemeinen Sprachgebrauch so gern als dumm bezeichnen. Das Tier wurde von einem Fuchs gejagt und flog in seiner Not über eine sicher 500 Meter hohe Felswand zum Walensee hinunter. Zehn Tage später erschien ein mageres und recht verwirrtes Huhn vor unserer Haustür! Die Nachforschungen meiner Eltern ergaben, dass dieses Tier von einigen Menschen auf seinem Weg zuerst entlang des Sees und nachher auf einer Strasse im Felsbereich zu unserem Heim gesehen worden war. Das waren im Ganzen wohl

---

[23] Vicky Wall: Das Wunder der Farbheilung, Sternenprinz Verlag 1990, S. 137.

etwa zehn Kilometer. Meine Mutter liebte ihre Tiere! Das ist das Geheimnis.

Auf einem Waldspaziergang traf ich Nachbarn mit ihrem Hund, er war schön an der Leine. Da rannte ein Rehbock sehr nahe an uns vorüber, so dass ich mich wunderte, warum denn das am helllichten Tag geschah. Gerade konnte ich noch wahrnehmen, dass eine Rehmutter mit ihrem Jungen auf die andere Seite flüchtete! Es berührte mich, dass sich der Rehvater offenbar mutig der Gefahr mit dem Hund ausgesetzt hatte, er konnte wohl kaum wissen, dass der Hund angebunden war!

Vielleicht sind uns wirklich die Affen speziell nahe. Es gibt Kulturen, bei denen die Affenähnlichkeit ausgeprägter zu sehen ist. Ob wir sie darum oft geringschätzen aus lauter Angst, auch wir könnten noch etwas Affenähnliches in uns haben? Die Primatenforscherin Jane Goodall[24] hat eine Lanze für diese Tiere gebrochen und verhilft uns dazu, unseren Hochmut in Bezug auf unsere einmalige Überlegenheit abzubauen.

Lauter wunderbare Erfahrungen mit Hunden und Katzen,[25] welche auch nach ihrem Tod bei Gefahren manchmal ihre Meister warnten und so Hilfe leisteten, schildern Stefano Apuzzo und Monica d'Ambrosia.

Noch eine Hundegeschichte aus meinem Erfahrungsschatz: Vor 17 Jahren war ein kleiner, weisser Pudel zur Welt gekommen und wurde seinem Frauchen geschenkt. Er wurde sehr geliebt, erlebte eine lange schwere Krankheit und den Tod von seinem Meister, was er alles aufmerksam begleitete. Er hatte sich schon während der Leiden und auch nach seinem Tod oft neben den Mann gelegt, als wollte er trösten oder abnehmen, was in seiner Macht stand. Dann legte er sich sogar auf den Sarg! Später, auf dem Friedhof, sprang er an

---

24 Jane Goodall: Reason for hope, Film 1999.
25 Stefano Apuzzo/Monica d'Ambrosia: Auch Tiere haben Seelen. Von der Unsterblichkeit der Tiere. Ambrosia Verlag, 2008.

einem einsam trauernden Mann hoch, was eigentlich gar nicht seine Art war. Das führte nach einiger Zeit zu einer Verbindung von zwei zurückgelassenen Menschen, die sich seither wunderbar ergänzen und stützen. Nun aber kam das Ende dieses kleinen Hundes mit all der Trauer und dem Schmerz des Frauchens, auch noch den Zeitpunkt des Todes bestimmen zu müssen, weil es ihm gar nicht mehr gut ging. In meinen Augen konnte er nochmals etwas Gutes tun für seine »Familie«. Ich stellte der Patientin Bachblüten und weitere Essenzen gegen ihre Schuldgefühle, Gott über Leben und Tod spielen zu müssen, zusammen. Als der kleine Pudel in seinen Mund und auf sein Fell von diesen Tröpfchen bekam, wurde er ganz ruhig und konnte auch einen Tick, den Kopf immer herumzuwerfen, der ihn schon lange plagte, loslassen. Das wiederum erleichterte den zwei alten Leuten, die Wirkung der Tropfen einfach zuzulassen. Was für ein gutes Leben hat doch dieses Tierchen erlebt und gelebt!

Unendlich dankbar bin ich selbst Hunderten von Delphinen, die mir ein grosses Glück bescherten. Sie verhalfen mir zu einem Ganzheitsgefühl, das mich auch in diesem Buch weiterträgt. Ich war mit einer Gruppe in Bali und wir baten die Delphine am Abend zuvor vom Strand aus, sich uns doch am anderen Morgen zu zeigen. Sie tummelten sich in der ihnen eigenen Art bei aufgehender Sonne in immer neuen Gruppen unter unserem Boot durch und weit um uns herum. Ich kann nur sagen, ihre Lebensfreude und ihre Energien berührten mich so intensiv, dass ich ganz klar diese »Geburtserfahrung« der Sterne in mir, unter mir und über mir wahrnehmen konnte. Dank sei ihnen und der Schöpferkraft, welche solches möglich macht, wenn wir uns nur genügend öffnen. Ich habe noch nie vorher so wunderbares Wasser erlebt. Es war voll von dieser Freude, dieser Lebenskraft und diesem selbstverständlichen Miteinander. Ich freue mich, dass sich heute immer mehr Menschen diesen Möglichkeiten, mit Delphinen zu schwimmen, öffnen. Langsam wird bekannter, was dadurch an Heilung von Depressionen und Gebrechen aller Art, vor allem bei Kindern, geschehen kann. Das sind bestimmt Erfahrungen, die Welten verbinden und heilend auf den ganzen Planeten wirken.

Delphine und Katzen sind mit Sirius in Verbindung. Dieser wiederum hat sehr viel mit der Energie und der Geschichte von Ägypten zu tun. Aus dieser Zeit habe ich selbst sehr prägende Erfahrungen. Es kann sein, dass sich darum einiges von den alten Geschichten erlösen liess.

Meine Geschichte:

In einem Seminar konnte ich in spezieller Entspannung eine wunderbare Geschichte erleben, die mit solchen Erfahrungen verknüpft ist.

Ich startete in einen inneren Film, der mich aus einem paradiesischen Zustand an einem wunderschönen See zu einem grossen Wasserfall brachte. Das Besondere daran war, dass das Wasser ebenso von oben nach unten wie umgekehrt strömte. Mir wurde bewusst, dass oben die grosse Quelle sein musste und ich kam augenblicklich an ihren Rand und konnte hineinsehen. Irgendwie war mir klar: da beginnt und endet alles. Ich hätte eintauchen können, so schien es mir. Aber irgendwie packte mich die Neugier, was wohl alles noch möglich wäre, und ich wandte mich zu meinem eigenen Erstaunen nach links, weg von dieser in meinem Leben so oft ersehnten Möglichkeit!

Im nächsten Moment raste ich mit einer Rentierherde durch stiebenden Schnee in brausendem Galopp. Es war mir nicht klar, ob ich auch so ein Tier war, eher schwebte ich einfach mit. Das Ganze spielte sich in der Nähe des Polarkreises ab, ich sah wie auf einer Landkarte Nordamerikas Westküste und reiste in grosser Geschwindigkeit den ganzen Kontinent entlang, bis ich auf den Galapagosinseln bei einer Riesenschildkröte anlangte und mich mit ihr auf eine neue Erkundungsfahrt geruhsam ins Wasser begab.

Bald aber wurde es kalt, ich fühlte mich als Pinguin mit gebeugtem Rücken am Südpol, im Kreis von allen anderen Männchen, welche ihr Junges schützten und dem Sturm als Gemeinschaft trotzten! Das Ganze fühlte sich sehr vertraut an. Es ging um Arterhaltung, Verantwortung, Schutz und Leben der nächsten Generationen. So ähnlich war ich mir auch in diesem Leben manchmal vorgekommen.

Irgendwie landete ich dann in Australien und schwamm gelassen als Walfisch in der Weite der Meere. Es war äusserst wohltuend. Mein letzter Halt wurde ein Shinto-Tempel in Japan, den ich kenne. Die roten »Toori«, die Tempeleingänge, luden mich ein, ich sah mich halb versteckt im Bambuswald am Ufer des Meeres. Es fühlte sich sehr gut an als Priester in einsamer, erfüllender Stille. Der Kreis war geschlossen. Shinto-Priester haben sehr viel mit Naturreligionen zu tun, so wie früher bei uns die Kelten.

Das Erlebnis steht für mich für ein uraltes Lebensgesetz, das die Einheit aller Wesen ausdrückt. Irgendwie bestätigt es auch diese Freiheit der Entscheidung, den Kreis des Lebens mit ungeahnten Möglichkeiten zu erfüllen. Vielleicht ist es eine Antwort auf die Frage, warum wir unsere uns oft unverständlichen Erdenleben antreten.

Die Seele der Menschen – Ebenbilder Gottes

Da sind wir Menschen, die laut Bibel ein Ebenbild Gottes sind. Daneben wird erwähnt, dass wir uns kein Bildnis von Gott machen sollen. Vielleicht haben wir wirklich all die vorherigen Stadien der Evolution gelebt. Ganz sicher aber haben wir gerade über die Mineralien, das Wasser, die Sonne, die Luft und die Pflanzen von allem etwas in uns und können nur so leben.

Gehen wir nicht grosszügig mit Vergleichen um? Wir sprechen von einem steinharten alten Menschen oder von jemandem, dem wir felsenfest vertrauen, von einem Mauerblümchen oder einer verliebten Tochter, die aufgeht wie eine Rose. Es gibt Menschen, die erstaunliche Ähnlichkeiten mit Tieren aufweisen. Ein Bauer erzählte mir begeistert von der Intelligenz seiner Schweine, und ich sah seinen Körper, der so deutlich ausdrückte, wie nahe er diesen Tieren stand. Ich meine das überhaupt nicht abschätzig! Biologen sprechen davon, dass diese Tiere für Organspenden erwogen werden, weil sie uns Menschen eben sehr verwandt sind. Wir lächeln gern über die Verbindungen von Hunden im Aussehen zu ihren Herrchen oder Frauchen. Forscher, die sich besonders mit Meeressäugern befassen, haben oft eine fliehende Stirn. Ich will mich lieber nicht ergehen in weiteren Vergleichen, denn so gerne haben wir das nicht. Aber mancher Mensch hätte sein Leben ohne seine Tiere nicht so gut gemeistert.

Wie gut, dass es heute sogar gesellschaftsfähig wird, mit Tieren kommunizieren zu lernen. Dazu haben wunderbare Filme beigetragen wie z. B. »Das weinende Kamel«. Aufgezeigt wurde dabei, dass auch ein Tier ein Geburtstrauma erleiden kann. Über eine spezielle überlieferte Musik und den Gesang der Frau, selbst eine Mutter, konnte der Schock der Kamelmutter aufgelöst werden. Ist es nicht wunderbar, dabei zu erfahren, dass sogenannte Naturvölker dieses Wissen noch in sich tragen, weil sie weniger Grenzen ziehen zwischen uns Lebewesen? Ist es nicht immer die Liebe zu Mensch, Tier oder Gott, die bei einem Trauma verloren geht?

Durch die schwere Geburt war es der Kamelmutter nicht möglich, ihr Fohlen zu säugen. Erst dass geduldige Dasein ihrer Besitzer, die offenbar das Tier liebten, liess langsam eine Öffnung zu. Das verständnisvolle Streicheln der Frau und Mutter im Herzbereich des Kamels zusammen mit dem Gesang und den Geigentönen des liebevollen und demütigen Künstlers löste die Blockade und zeigte sich in grossen Tränen, die dem Tier über seine Backen liefen. Danach konnte sie ihr Junges säugen und ihm wirklich ins Leben helfen!

Es ist so viel Hoffnung in diesem Erfahren, dass wir langsam vom Werten wegkommen und uns in unserer ganzen menschlichen Kompliziertheit einfach berühren lassen. Ich könnte mir vorstellen, dass so etwas auch bei Wochenbett-Depressionen in unseren Breitengraden hilfreich wäre. Es gibt viele gute Musiktherapien, an die in diesem Bereich vielleicht zu wenig gedacht wird und Weinen ist in einem solchen Fall sicher auch sehr hilfreich.

Bei einem »Pferdeflüsterer« oder einem Hunde- oder Katzenheiler gelten die gleichen Regeln. Immer ist es ein Trauma, das schwierige Lebensmuster bei jedem Lebewesen hervorruft. Was anderes als die Seele antwortet auf das Geschehen im Schwierigen oder zu Lösenden! Diese Verbindung der Seelen von Mensch und Tier kann für beide Seiten in eine bessere Zukunft führen.

Die Seele von Neugeborenen

Die Seele sieht uns an aus den Augen eines Neugeborenen. Ich kann mich gut erinnern, wie sehr ich bei meinen vier Kindern zu ergründen versuchte, was für eine Seele mir da geschenkt wurde. Am deutlichsten zeigte sich das in den ersten Lebensstunden, da war so viel Leuchtkraft aus einer anderen Welt zu spüren. Dann halten wir so ein Persönchen im Arm, es schläft ein und wir spüren, dass seine Seele wieder in anderen Dimensionen weilt. Wir sagen bei dem Lächeln, das in den ersten Wochen über das Gesichtchen zieht: »Das Kind weilt bei den Engeln«.

Manchmal kommt so ein Kind nicht wieder zurück, dann sprechen wir vom plötzlichen Kindstod. Meist wird vor allem nach Schuldigen gesucht, was entsetzlich ist. Das kann ein Leben zerstören, in eine tiefe Depression verwandeln. Ich bin überzeugt, dass alle Frühverstorbenen eine grosse Mission erfüllen. Niemand im Umkreis kann ein solches Geschehen einfach wieder vergessen. Solche Seelchen hinterlassen eine starke Energie, die alle Beteiligten nach dem Lebenssinn suchen lässt, und dadurch Wichtiges in Bewegung bringen, aber meistens braucht es Hilfe von uns Mitmenschen, um aus der tiefen Not herauszufinden. Das ist wie das Bewegen einer Spirale, die in die Tiefe zog und sich nun nach oben öffnen kann. Ich wünsche mir von Herzen, dass dieses Buch einen Ansatz dazu bietet.

Sehr wichtig ist mir die Achtsamkeit auf alles, was Kinder sagen, besonders zwischen drei und sieben Jahren. Dann sind sie noch deutlicher mit diesen Welten in Verbindung und geben uns über manches Wichtige Aufschluss.

Die Geschichte:
Ein kleiner Junge von vier Jahren kam abends immer wieder aus seinem Zimmer, weil jemand an sein Fenster im dritten Stock klopfe. Mit Hilfe einer hellsichtigen Freundin kam dann die Erklärung: Sein Grossvater wollte mitteilen, dass es einzig und allein wichtig sei, dass Kinder geliebt werden. Die Eltern des Jungen sollten nicht so streng und fordernd sein, wie er es gewesen war. Dieses Verhalten würde ihm sehr leid tun, weil er damit bei seinem eigenen Sohn Unheil angerichtet hatte.

Später legte sich dieses Kind immer an den Rand des Bettes und gab auf die Frage seiner Mutter, warum er das denn mache, die einfache Antwort: »Ich will doch nicht, dass der Engel hinausfällt!«

Auch wir Erwachsene verbinden uns im Schlaf mit diesen Dimensionen. Nach Schlafforschungen bewegen sich in den REM-Phasen unsere Augen unruhig, ebenso wie unser Körper. Was ist denn, wenn wir am Morgen feststellen, dass wir genau in der gleichen Stellung aufwachen, in der wir eingeschlafen sind? Dann haben wir offenbar unseren Körper verlassen, wohl verbunden mit der »Silberschnur«, so dass wir weiteratmen und das vegetative Nervensystem weiter für alle Abläufe im Körper sorgen kann. In dieser Form holen wir uns neue Energien, wahrscheinlich oft neue Informationen aus der diesseitigen Welt. Wie oft hat sich schon eine Frage oder ein Problem über Nacht gelöst und alles ist am Morgen klarer. Jeder Mensch hat so etwas schon erlebt, aber wir nehmen meist zu wenig wahr, was da wohl vorgeht und dass diese Verbundenheit mit höheren Welten allen Menschen offen steht, nicht nur wenigen Auserwählten!

Es gibt noch viele Menschen, die nicht an eine Seele glauben. Ich finde es sehr tapfer, nur dieses eine Leben als Möglichkeit anzuerkennen und wieder ins Nichts eingehen zu wollen. Andererseits finde ich es ebenso tapfer, sich auf ein neues Leben einzulassen. Weiter kenne ich viele Menschen, die alle nur möglichen Anstrengungen unternehmen, um nicht noch einmal auf diese wirklich schwierige Welt zurückzukommen. Das kann ich gut verstehen. Alle Seminare in Sachen Bewusstseinsentwicklung haben eigentlich diesen Hintergrund. Manche suchen sich seit Urzeiten in Ashrams oder Klöstern einen Weg, um sich so mit dem Geistigen zu verbinden und den Weg in die jenseitige Welt sicherer zu finden. Es gibt aber keine Schnellstrasse und vor allem kann das niemand wirklich wissen.

Ich selbst bin froh, mich endlich in meinem Alter ins Lebensgesetz stellen, zu dem Ja sagen zu können, was immer es von mir will. Für mich heisst das, jeden Tag so erfüllt wie möglich zu leben. Dazu gibt einen bedenkenswerten Spruch, der heisst: »Behandle jeden Menschen so, als begegnetest du ihm das letzte Mal.« Da bin ich dran!

Die Seele bei Nahtoderfahrungen

Was ist mit den Nahtod-Erfahrungen? Ich weiss, dass diese Lichterscheinungen nach dem »Tunnel«, von dem die Menschen mit Nahtoderfahrungen berichten, gewissen chemisch nachweisbaren Substanzen zugeordnet werden. Sicher sind diese mitverantwortlich dafür, warum aber wollen viele Menschen nur das Eine oder Andere glauben? Das Leben ist unendlich vielfältig und es gilt, Glauben und Wissen zu vereinen.

Das ist trotzdem wohl nur ein Teil der Erfahrungen, die sich ja alle sehr ähnlich anhören. Immer ist von Licht, Leichtigkeit und Freude die Rede. Es ist möglich, dass der Weg der Seele aus dem Körper hinaus durch das Scheitel-Chakra das Gefühl eines Tunnels auslöst. So befreit sich die Seele wahrscheinlich im Normalfall, wenn der Mensch sich zuvor mit Sterben und Tod auseinandergesetzt hat.

Manchmal erfährt man aus diesen Berichten von einem energischen: »Halt! Deine Zeit ist noch nicht abgelaufen!« Es kann sein, dass nach dem Zurückkehren in den Körper eine grosse Trauer folgt, weil das Erdenleben noch schwieriger erscheint. Der wegweisende Psychologe des letzten Jahrhunderts, Carl Gustav Jung, litt wochenlang an einer Depression nach seiner Nahtoderfahrung.

Meine Mutter erzählte mir, als ich etwa 13 Jahre alt war, dass sie nach einer Fehlgeburt über ihrem Körper schwebte, aber wieder zurückkehren musste. Sie hatte damals schon sechs Kinder.

Was also ist die Seele in uns Menschen? Für mich ist sie das, was uns aus seelenvollen Augen entgegenkommt, unsere unverwechselbare Persönlichkeit, alles das, was nur wir als Einzelwesen so ausstrahlen können, nur so denken, nur so leben, nur so formen an Gaben und Talenten und nur so sterben können.

Ich glaube, dass die Seele dem Körper nach dem Tod eine »dankbare Streicheleinheit« gibt, wenn sie ihn verlässt. Oder geschieht das mit Hilfe des Todesengels? Ist es nicht immer wieder so, dass auch nach einem schwerem Todeskampf, also dem Versuch des Körpers, die Seele bei sich zu behalten, sich bald ein sichtbarer Friede auf dem Gesicht des Menschen ausbreitet? Das ist wunderbar und erhellt damit auch die Wichtigkeit des Körpers.

Die Geschichte:

Aveline sah ihren halbverwesten Kinderkörper in einem Gestrüpp im Tibet, achtlos weggeworfen von einem Soldaten in einem der letzten Kriege. Ein Mönch fand ihn voller Mitgefühl und begrub ihn nach allen Regeln der tibetanischen Kultur. Da sah Aveline ihre damaligen Knochen hell strahlend aufleuchten und ihre Seele fühlte sich befreit in grossem Glück!

Es ist einmal mehr die Achtsamkeit der Buddhisten, die offenbar auch in diesen Bereichen wichtiger ist, als mir bewusst war. Auch Katholiken feiern Gedenktage für ihre Verstorbenen, evangelische Christen haben einiges an Verbindungen zu den Verstorbenen verloren.

Ich glaube, dass die Seele der göttliche Teil in seinen vielfältigen Facetten in uns ist. Wir haben mit den Gaben, die wir auf diesen Planeten mitgenommen haben, einen Aspekt des Lebens zu erfüllen.

Nach meinen Erfahrungen könnte es sein, dass es in vielen Leben in verschiedenen Dimensionen ähnliche Aufgaben sind, wie es unserer Art entspricht. Möglicherweise waren wir immer wieder sehr emotional und haben uns damit in sehr bewegte Leben eingelassen, vielleicht waren wir Pioniere mit entsprechend schwierigen Resultaten oder eher sanft, ausgleichend, Ruhe vermittelnd und Liebe ausstrahlend. Dazwischen gibt es natürlich jede nur mögliche Variation. Das kann und will ich nicht belegen.

Es geht immer darum, das irgendwann alle Aufgaben erfüllt werden müssen und es nicht wichtig ist, wann das geschieht. Im Klartext hiesse das: sanft oder emotional hat nicht mehr oder weniger Wert, es braucht einfach beides. Vor allem aber helfen uns unsere Seelen, einander als Hilfe oder Ausgleich zu finden. Das hat mit den unsichtbaren Fäden zu tun, die uns auf oft eigenartigste Weise zusammenbringen. Wer liebt oder geliebt hat, kennt das Gefühl, an einem bestimmten Herzenspunkt an den anderen Menschen angebunden zu sein. Das kann sich sehr schmerzhaft auswirken, wenn Liebende getrennt sind. Maler und Dichter haben dies mit Amors Pfeil ausgedrückt. Ich sah allerdings nie einen Faden an diesem Pfeil. Wahrscheinlich ist das auch nicht immer so deutlich fühlbar oder der Faden ist eben unsichtbar! Ich stelle mir ein Buch vor, in dem alle eigenartigen Liebesgeschichten zusammengetragen würden, letztlich jede Begegnung auf dieser Welt. Gleiches geschieht uns natürlich auch bei Antipathien. Da geschieht das Umgekehrte: der Faden möchte gütlich durchtrennt oder in Liebe umgewandelt werden.

Wir können das alles in Romanen lesen und es scheint uns dann manchmal weit hergeholt. Aber im wirklichen Leben ereignen sich ebenso unwirkliche Ereignisse. Immer haben wir Wichtiges daraus zu lernen, umso besser, wenn wir das so bald wie möglich tun.

Was aber ist, wenn unsere Seele nicht strahlend aus unseren Augen leuchten kann? Wir kennen das alle von uns selbst und von anderen Menschen. Dann sitzen wir aus irgendeinem Grund im eigenen »Keller« und haben den Glauben an uns selbst verloren, sei es durch Schicksalsschläge, Verletzungen aus unserer Umgebung oder anderes. Unsere Gedanken kreisen wütend, traurig, geschockt oder traumatisiert um ein negatives Erleben. Das geht sehr schnell. Offenbar will uns das Leben immer neu lehren, unsere Seele trotz allem auszuweiten, ihr wieder Licht zufliessen zu lassen. Wir brauchen Luft und Geist, sonst verhungern wir, eingekreist von dunklen Gedanken.

Nur wenige Menschen wurden genügend gelehrt oder haben das Bedürfnis, geistige Aspekte in unser tägliches, praktisches Leben einzulassen. Die Religionsführer sprachen von dieser Kraft meist nur für spezielle Stunden wie beispielsweise für den Sonntag oder für Augenblicke der Not. Wir sind sowieso zu sehr mit unserem Alltag beschäftigt.

Eine Hilfe aus der Notlage, dass wir nicht mehr aus dem negativen Denken herausfinden, ist das bewusste Ausatmen der schwierigen Fragen, die sich vor unseren Augen in Schwarz oder Grau zeigen. Ohne dieses Wissen und Bemühen um Auflösung sind wir von jeder geistigen Hilfe abgeschnitten, nicht, weil uns die Lichtwesen nicht beistehen möchten, sondern weil wir einen dunklen »Mantel« um uns haben, der nichts durchlässt, schlimmstenfalls nicht einmal mehr den Trost eines Menschen.

Über das bewusste Atmen können wir wieder mit lichten Kräften Verbindung aufnehmen.

Atem als Nahrung der Seele

Atem ist Nahrung der Seele, heiliger Geist, schafft eine göttliche Verbindung. Über den Atem erreichen wir den göttlichen Kern in uns, den »Diamanten« oder Inkarnationsstern im Nabelbereich, im Osten auch Hara genannt, der mit dem universalen Schöpfergott verbunden ist. Alle Atemtherapien ebenso wie Yoga und Meditationen jeder Art suchen sich diesen Kräften zu öffnen.

Geistige Nahrung bedeutet neben der Religion, der Philosophie, der Musik und allen Künsten vor allem die Liebe zur Öffnung unseres Herzens. Jeder Mensch hat seine Möglichkeiten dafür, es geht nur darum, diese auch zu finden. Dabei kann als Einstieg sehr wohl ein entsprechendes Seminar dienen. Es gibt mittlerweile unzählige Variationen davon. Das ist auch gut so, denn jeder Mensch ist einmalig und darf seinen eigenen Weg suchen.

Wahrscheinlich gab es in unserem Kulturkreis noch nie so viele Möglichkeiten, aber auch noch nie so viele Gefahren, sich selbst auf dem Weg zu verlieren. Immer sensibler werden wir alle, es geht nur um den Weg zu uns selbst. Wie leicht haben wir die Hoffnung, ein Mensch, den wir verehren und als Wissenden erleben, könnte uns den Weg zu dieser Wahrheit zeigen. Das macht uns leicht abhängig von Ratschlägen jeder Art. Die Antwort jedoch liegt immer in uns selbst bereit. Es kann sein, dass wir einen Menschen brauchen, der uns beim Klären hilft und unsere Seele sprechen lässt. Dafür bitte ich die Engel und Lichtwesen um Hilfe. Ich brauche sie für mich, besonders wenn ich mit Menschen arbeite. Aber ebenso wichtig ist es, dass der Betreffende auch um Erkenntnis aus seinem innerem Wissen bittet oder an was immer er glauben kann. Sehr oft zeigt sich vor den inneren Augen ein Engel, manchmal sogar ein ganzer Kreis. So arbeiten wir alle zusammen und es entstehen am wenigsten Irrtümer in der Wahrnehmung.

Wichtig sind nicht nur schöne Worte, Bilder und Hoffnungen. Wichtig ist die bestmögliche Bewältigung unseres Alltags. Es ist meist wunderbar, wie aktuelle Fragen sofort beantwortet und durch diese Bestätigung leichter umsetzbar werden. Vor allem kann der Weg aus Hass, Groll, Schock und Trauma mit Hilfe der geistigen Welt beleuchtet werden, sodass eine Erlösung möglich ist.

Der Weg der Verankerung dieses Wissens erfordert viele Leben, da wir offenbar aus der Verbundenheit mit der geistigen Welt herausgefallen sind, aus dem inneren Paradies vertrieben, aus dem Gefühl des absoluten Vertrauens an genau diesen Urgrund, den wir alle mitbekommen haben. Unzählige Menschen leiden heute wirklich unter diesem Verlust und diese Trauer ist eine Möglichkeit, um wieder zurückzufinden in die Einheit allen Seins. Dies wird erst möglich werden, wenn unsere Sehnsucht nach dem erfüllenden Geist gross genug ist.

Immer wieder wird gesagt, dass die Menschen, welche an viele Leben glauben, einfach nur Angst vor dem Sterben, dem ins Nichts Fallen haben. Nach meiner Erfahrung aber sind es meist Menschen, die alles daran setzen, ihr Leben so gut wie möglich zu erfüllen, um nicht wieder inkarnieren zu müssen. Es sind nicht jene, die sagen: »Man lebt nur einmal, wir wollen es geniessen um jeden Preis!« Freudig leben wäre in jedem Falle richtig, aber manchmal ist das auch ein sehr harter Lernprozess.

Kapitel 15

Was sind Seelenanteile?

Was können wir unter Seelenanteilen verstehen? Ich erlebe sie am deutlichsten, wenn ich mit Menschen arbeite, die eine schreckliche Enttäuschung, einen Schock oder einen Vertrauensbruch erlebt haben. Narben jeder Art, seelische wie auch körperliche von Unfällen oder Operationen, gehören in dieses Kapitel.

Wenn etwas sehr schlimm ist, sagt ein Mensch in der Schweiz gern: »Es hätt' mir abgelöscht«, das heisst auf gut Deutsch: »Mein Feuer ist aus!« Wasser entspricht Gefühlen, so bedeutet diese Umschreibung: »Etwas hat meine Lebensfreude ausgelöscht. Es ist nur noch Asche da, die Glut darunter müsste entfacht, eben mit Luft und Geist zum wirklichen Leben erweckt werden!« Meistens braucht es dafür die Hilfe eines anderen Menschen, der das Erlöschen erkennt und uns in irgendeiner Form liebt, weil dem Betroffenen selbst das wirkliche Ausmass seiner Verletzungen nicht klar ist. Ist die Situation noch schlimmer, dann haben die schockierenden Gefühle, das Wasserelement, unser Lebensfeuer gar erstickt. Zurück bleibt Asche, grau und hoffnungslos, verkleidet als Depression, der wir hilflos ausgeliefert sind.

Die Farben leuchten nicht mehr für uns. Normalerweise können wir in der Entspannung oder Meditation vor unseren inneren Augen Regenbogenfarben sehen, die uns durch die Aura umhüllen. Diese helfen uns wirklich zu leben, und sie sind ein selbstverständlicher Schutz für unsere innere Sicherheit. Ist das Feuer im Becken, dem Sakral- oder Wurzel-Chakra ausgegangen, vielleicht durch eine Liebesenttäuschung, sogar Missbrauch oder Vergewaltigung, genügt uns das restliche Rot nicht unter der Asche der Enttäuschung. Das Grau oder Schwarz legt sich als grosse Trauer auf uns, erstickt aus Hilflosigkeit selbst die Wut, weil wir schliesslich gute Menschen sein möchten. Die Wut im Bauch würde vielleicht das Feuer wieder zum Brennen bringen, aber vielleicht so stark, dass wir in irgendeiner Form gewalttätig würden. Schlimm ist, dass diese mangelnde Kraft auch sämtliche anderen Chakren betrifft.

Das Nabel- und Milz-Chakra hat sehr viel mit unserem Selbstwertgefühl zu tun, Fehlt da die meist orange-gelbe Farbe, nehmen wir leicht alle Fehler nur auf uns und drehen uns alsbald nur noch im Negativen nach dem Motto: »Wenn ich damals anders gehandelt hätte, wäre sicher alles Schwierige nicht passiert!« Das wiederum wirkt sich auf das Immunsystem aus, so dass wir auch noch leichter erkranken. Das kann schon eine Erkältung sein. Wir wissen alle aus Erfahrung, dass wir nicht krank werden, wenn wir uns gut und glücklich fühlen.

Das Sonnengeflecht mit seinem eigentlich leuchtenden Gelb zieht sich darauf zusammen, denn es wirkt stark auf unsere Beziehungen. Unser Vertrauen zu anderen Menschen ist geschwächt worden. Ausserdem haben wir selbst an Ausstrahlung verloren, was ein spontanes Austauschen mit unserer Umgebung erschwert. Unter Umständen zieht sich ein Betroffener sogar absolut in sich selbst zurück.

Das Herz-Chakra mit seiner lichtgrünen Farbe verschliesst sich, um nicht über jedes Mass zu leiden. Als Folge davon lebt die Herzlichkeit des Thymus-Chakra auf Sparflamme, weil die Angst vor neuen Verletzungen zu gross ist. Damit ziehen sich Freunde zurück, sie glauben vielleicht sogar, sie hätten etwas falsch gemacht, weil sie nicht wissen, um was es geht.

Hat der ursprüngliche Schock das Hals-Chakra mit seiner hellblauen, türkisfarbenen Energie verblassen lassen, ist die Verbindung zwischen Herz und Verstand erschwert. Mit dem Klumpen im Hals bleiben uns die aufklärenden, heilenden Worte stecken, die wir vielleicht im Herzen fühlen. Das kann auch ein Schrei sein, der ungehört blieb oder gar nicht entweichen konnte, weil Angst und Schock zu gross waren. Das wiederum führt dazu, dass wir wie im Nebel leben und nicht weit genug sehen können.

Damit wird das dritte Auge mit seinem heilenden Indigo-Blau verschleiert, es kann nicht mehr klar sehen, was leicht zu einer sehr einseitigen Sicht auf die Umstände und Geschehnisse führt. Entsprechend unglücklich und in sich zurückgezogen wirken auch unsere äusseren Augen.

Wir werden engstirnig, sehen nur noch das Materielle oder den Teil, der uns selbst betrifft. Die Sicht auf grössere Zusammenhänge wird gar nicht mehr gesucht, weil wir im Leid, den Vorwürfen oder sogar dem Hass gefangen sind.

Damit ist auch die Verbindung zum Scheitel-Chakra blockiert, sowohl nach oben wie nach unten. Die Kräfte des Geistes fliessen nicht mehr, sie nähren weder Körper noch Seele. Das violette oder magentafarbene Gewand, das uns umfliessen könnte, ist fahl geworden. Etwas Schlimmeres kann eigentlich gar nicht passieren.

Leicht kommt nun noch der Vorwurf an die geistige Welt dazu, von »allen guten Geistern verlassen worden zu sein«. Aber wir realisieren nicht, dass wir selbst so viel Dunkelheit zugelassen haben, dass das Licht nicht durchdringen kann.

In diesem Moment braucht es einen anderen Menschen, der ordnen hilft. Wohl dem, der jemanden zur Seite hat, der sich bewusst von Lichtwesen begleiten lässt. Die Gnade besteht darin, dass offenbar unsere Überseele, der Teil, der im Licht geblieben ist, der verbunden mit der Silberschnur über uns wacht, bis wir sterben, danach strebt, solche Begleitung zu suchen.

Seelenanteile könnten auch als Emotionen ausgedrückt werden. Die Gefühle, welche einen Schock auslösten, also Schreck, Angst, Schuld, allein gelassen oder überwältigt zu werden, führen häufig zu einem dauernd ablaufenden Film, der nicht weitergeht und damit die Zusammenhänge nicht deutlicher werden lässt. Genau diesen Moment gilt es zu heilen. Er zeigt sich immer als ein Riss oder Loch im entsprechenden Körperteil.

Bei Operationen scheint dies leicht erfassbar. Aber seelische Narben sind ebenso nachhaltig einschränkend. Nur der Betroffene kann fühlen, wo genau die Stelle ist, die verletzt wurde und den dazugehörenden, unsichtbaren, aber fühlbaren Teil braucht.

Gerade bei Kindern kommt zum Schock einer Operation meist als Erstes das Weggehen der Eltern dazu. Es ist noch gar nicht so lange her, dass die Kinder im Krankenhaus absolut allein gelassen wurden, manchmal sogar noch Tage nach der Operation, um sie und die Mütter nicht aufzuregen.

Das Bild, im entscheidenden Angstmoment verlassen zu werden, kann eine schwer zu heilende Wunde sein. Augen und Herz brauchen da heilende Mutterhände.

Hilfreich kann dann sein, wahrzunehmen, dass auch die Eltern verletzt wurden. Sie haben selten selbst so entschieden, das Zimmer oder Spital zu verlassen. Wie oft sind es aber solche Missverständnisse, die einen versteckten Groll über viele Jahre aufrecht erhalten und zusätzliche Verletzungen bewirken.

Es gibt das Wort: »Der Anblick hat mir das Herz zerrissen!« Wie wahr, meist auf beiden Seiten! Solche Momente bleiben als unklares Schuldgefühl hängen. Es würde schon leichter zu tragen sein, wenn es wenigstens ausgesprochen würde. Das heisst, dass es nie zu spät ist, zu erzählen, wie so eine grässliche Situation damals war und wie weh das tat – auf beiden Seiten.

Die Geschichte:
Susanne begann am ganzen Leib zu zittern, als wir in einem Kurs auf die Operationsnarben der Mandeln zu sprechen kamen. Über die Füsse begann ich die Narben mit ruhigem Druck zu entstören und ermunterte die Frau in mittleren Jahren, das immer stärker werdende Schlottern zuzulassen, damit der Schock, den sie als Kind erlitten hatte, herausfliessen konnte. In so einem Fall sind Millionen von Zellen über das Schlottern in Bewegung gekommen, um die gestaute Angst loszulassen.

Susanne erzählte stockend, dass sie die Türen des Operationssaales zugehen sehe, aber gleichzeitig vermischten sich Erinnerungen vom Tode ihrer geliebten Grossmutter damit. Damals sah sie die Türen des Krematoriums sich schliessen, die eine für sie sehr wichtige Bezugsperson aus ihrem Leben rissen. Die alte Frau war bei einer Operation unerwartet gestorben.

Hier vermischten sich zwei wichtige, völlig unverarbeitete Ereignisse für das Kind von damals. Ein Albtraum, der sich seither oft in Migräne und Magenschmerzen äusserte. Es war wichtig, Susanne spüren zu lassen, wo sich der Riss in ihrem Körper zeigte. Sie fühlte ihn im Kopf, dem Herzen und im Magen. Wie immer liess ich sie die Engel bitten, ihr beizustehen, um die verlorenen Seelenteile heilend wieder einzufügen. Es flossen reichlich Tränen, denn die Gefühle zu der vertrautesten Person ihrer Kindheit, der Grossmutter, war noch immer mit grossem Schmerz verbunden.

Die Verlassenheit hatte sich gleich doppelt eingegraben, bei der eigenen Operation und der Erfahrung, dass jemand sterben kann und niemals wieder kommt, wenn er hinter OP-Raum-Türen verschwindet.

Langsam begann sich der ganze Körper zu beruhigen und wurde angenehm entspannt. Die Grossmutter zeigte sich im Licht und hüllte Susanne wohltuend in ihre Liebe ein. Susanne wurde klar, dass sie dies vor allem als Kind oft gespürt hatte, ohne sich völlig darüber bewusst zu sein, was für ein Geschenk sie bekam. Ihre Beschwerden liessen danach merklich nach.

St. Germain, ein aufgestiegener Meister, verhalf zur Transformation.

Eine weitere starke Erfahrung geschah einem schwer Krebskranken in mittleren Jahren. Eigentlich sollte er nach ärztlichen Vorstellungen schon seit Monaten im Grab liegen, aber es ging ihm recht gut.

Während meiner Fussreflexzonenbehandlung fühlte er sich plötzlich oberhalb seines Körpers schwebend, was ihn erstaunte. Auf seine Frage, warum ihm das passierte, konnte ich nur antworten, dass offenbar eine Form von Heilung stattfinde, die mit mir nichts zu tun habe.

Ihm wurde klar, dass er im jetzigen Leben oft sehr hart mit sich und anderen gewesen war. Dass seine Familie und er selbst, aber auch alle Freunde und Angestellten wenig von seinem weichen Kern spüren konnten, tat ihm bitter weh, ebenso das Wissen, nicht mehr alles gutmachen zu können. Es war ihm nicht klar gewesen, wie sehr er sich selbst zerrissen hatte, indem er seine wirklichen Gefühle im Alltag nicht zulassen konnte.

Mit Hilfe der Engel wurde deutlich, dass immer noch ausreichend Zeit war, allen Menschen seine Liebe und den Dank zu zeigen, für die vorher kein Raum gewesen war. Überdeutlich wurde sein inneres Wissen klar und führte zu der grossen Befreiung, dass er sich deutlich als ein geistiges Wesen erleben durfte. Es ging ihm vorher wie so vielen Menschen im Alltag, dass er kein Interesse und dadurch auch keine Zeit für solche Fragen gefunden hatte.

Durch diese Erschütterung der Krankheit kam uraltes inneres Wissen an die Oberfläche und er konnte in gewisser Weise glücklich sagen: »Ich fürchte den Tod nicht mehr!«

Christusenergie war hier deutlich fühlbar.

Kapitel 16

Die Fussreflexzonentherapie

Eine Möglichkeit der Suche nach unserem innersten Sein, unserem innersten Wissen ist für mich die Arbeit an den Füssen, den Wurzeln von uns Menschen. Sie sind nahezu unerschöpflich in ihren Möglichkeiten und faszinierend mit allen Variationen, die sich immer neu öffnen.

Wer die Fussreflexzonentherapie noch nicht kennt, hat heute bei vielen Therapeuten die Möglichkeit, damit Erfahrungen zu machen. Das Wunderbare daran ist für mich die absolute Präzision, mit der körperliche Beschwerden angegangen werden können. Das brauchen so viele Menschen in unser anspruchsvollen Zeit, weil sie sich an Körper und Geist verbraucht fühlen.

Noch wunderbarer ist die Tatsache dass sich über den Sicht- und Tastbefund relativ leicht die Hintergründe von Schwächen, Störungen oder Krankheiten erkennen lassen, wenn wir uns in diese Fragen hineinwagen. Nur so lassen sich nach meiner Erfahrung Schwierigkeiten wirklich lösen, eben weil die Seele uns über den Körper zu unserem ewigen Sein hinführen will.

Was geschieht eigentlich, wenn wir nach entspannender Lagerung einem Menschen Hilfe über die Füsse angedeihen lassen wollen? Würden wir immer barfuss gehen, könnten wir uns viele Schwierigkeiten ersparen. Der Schöpfer hat offenbar unseren Körper so angelegt, dass wir uns bei jedem Schritt regenerieren können.

Als Kind habe ich meinen Schulweg von einer Stunde im Sommer ohne Schuhe gemeistert, und das auf zum Teil steinigen Feldwegen. Dabei wurden automatisch alle Organe angesprochen, ebenso wie die Hormondrüsen, deren grundsätzliche Anregung über die Hypophyse in den grossen Zehen zu finden sind.

Unsere Zivilisation und das Klima haben uns weit von solchen Grunderfahrungen weggeführt. Dafür wird uns heute manches bewusster, wenn wir nun zur Regeneration und vielleicht Herstellung unserer Gesundheit Einblick über das Wunderwerk der Füsse bekommen können, was denn nun wirklich wichtig und hilfreich ist im jetzigen Moment.

Ich bin überzeugt, dass die anspruchsvolle Zeit, in der wir leben, vor allem unser Bewusstwerden fördert, aber es braucht Hilfsmittel dazu, um klarer zu werden. Das Wassermannzeitalter fordert nicht nur, sondern verhilft uns auch dazu. »Mehr Licht« ist die Devise allüberall. Darum sehen wir den Umbruch in so vielen Bereichen und das Aufdecken von Unzulänglichkeiten auch im engsten Bereich, in uns selbst.

Da die Massage meist eine Stunde dauert, sind die Chancen gross, sich wirklich dem Fluss der Ereignisse hinzugeben, und genau das passiert bei einer guten Fussmassage. Die Reflexe, welche über einen gezielten Druck an der Wirbelsäulenzone oder wo auch immer ausgelöst werden, erreichen den entsprechenden Körperteil über die Meridianverbindungen. Diese »Lichtbahnen« verhelfen zusätzlich über die Verbindung mit den Chakren und dem Atem zusammen, wirklich Kraft aus dem Universum aufzunehmen. Gleichzeitig führt dies zu einer zarten Kommunikation zwischen allen Organen. Dadurch wird der Energie- oder Lebensfluss in Bewegung gesetzt und regt über eine bessere Durchblutung alle Körperzonen an.

Als Folge der Lösung von Blockaden, die meist über Emotionen jeder Art entstanden sind, zeigt sich ein Gefühl wohltuender Leichtigkeit im ganzen Körper. Die Probleme des Alltags wirken weniger erdrückend, sobald die Kraft und vielleicht sogar Freude am Leben zurückkehrt, also werden sie mutiger angegangen.

Etwas in Bewegung zu bringen macht immer auch zufrieden mit sich selbst. Das ist ein gutes Mittel gegen Krankheiten und Depressionen, die so schwer zu ertragen sind, weil wir dann im Dunkeln sitzen, abgeschnitten von unserem Hohen Selbst, der Verbindung zum Geistigen, zu unserem höheren Wissen. Die Seele bleibt in diesem Fall ungenährt und leidet entsetzlich. Entsprechend wirken die Augen solcher Menschen hilfesuchend und leer, weil der Weg zum Göttlichen unmöglich scheint.

Oft sind Schocks oder Schuldgefühle der Anfang solcher schwierigen Zeiten, die lange zurückliegen können und erst nach Jahren ins Bewusstsein kommen, wenn sie eine Krankheit ausgelöst haben.

Es ist immer möglich, diese Risse in einem Schicksal auszufüllen, indem der »geflüchtete Seelenteil« gebeten wird, wieder zurückzukommen, sich gleichsam mit diesem Menschenkind mit Hilfe der Lichtwesen der Situation erneut zu stellen.

Mit grösserer Reife und entsprechender Hilfe eines wissenden Therapeuten kann diese heilende Erfahrung gemacht werden. Meist kommt zur richtigen Zeit erneut ein Trauma dazu, um den Verletzten unausweichlich mit der entsprechenden Frage zu konfrontieren.

Da bleibt uns die Möglichkeit, zu sagen: »Oh nein, nicht schon wieder! Ich bin weit und breit der oder die Ärmste, nie und nimmer noch einmal diese Schwierigkeit!« Dann folgt entweder das entsprechende latente Weiterleiden oder wir spüren, dass das kein Zufall sein kann, wenn das Thema nochmals weitgreifender auftaucht, als wir es für möglich hielten und wir uns mit allem verfügbaren Mut hineinbegeben sollen.

Wunderbarerweise ist es möglich, genau dem verletzten Organ, sei es seelisch oder körperlich, über die Reflexzonen mehr Energie und damit die Kraft zur Heilung zuzuführen.

Kapitel 17

Die Organsprache

Am Fuss zeigen sich alle Erlebnisse des Menschen über Hornhaut, Schwellungen oder Einbuchtungen verschiedenster Art, alles Hilferufe der Zonen nach Entlastungen. Das betrifft ebenso die körperlichen wie seelischen Aspekte. Ich glaube nicht, dass es irgendeine Problematik im Menschen gibt, die nicht beides beinhaltet, weil ich den Körper als Helfer im Zusammenspiel mit der Seele erfahre.

Es kann also sehr verletzend sein, wenn ein Mensch, der unerklärliche Schmerzen hat, zu hören bekommt, das wären nur die Nerven oder sei nur psychisch bedingt, alles sei medizinisch in bester Ordnung, obwohl der Rücken schmerzt, immer wiederkehrende Herz-Rhythmus-Störungen beunruhigen oder was immer es jeweils sein mag.

Natürlich hängt in irgendeiner Form unter Umständen eine Arbeitsüberlastung damit zusammen, aber die Frage ist viel differenzierter. Stimmen der Beruf oder die Arbeitsstelle noch? Sind die familiären Verhältnisse hilfreich oder belastend? Da können noch viele Fragen auftauchen, die oft vom Patienten vor lauter Angst vor den Konsequenzen gar nicht gestellt werden. Das ist begreiflich.

In der Entspannung und mit einer neutralen Person zusammen geht das Hinschauen leichter, besonders dann, wenn solche Hintergründe über den Sichtbefund an den Füssen ersichtlich sind. Da kann die Leber-Gallenzone so geschwollen sein, dass eine gezielte Frage nach dem Dauerärger eine ganze Lawine in Gang bringen kann.

Welche Erleichterung dieses Loslassen mit sich bringt, kann man nur erleben, denn wenn gleichzeitig an diesen Zonen gearbeitet, sprich gereinigt wird, dann ist die Entlastung viel nachhaltiger. Allerdings kann aus dieser Anregung unter Umständen ein Durchfall resultieren, aber bei einer gewissen Einsicht auch ein Herzinfarkt vermieden werden. Zumindest besteht eine grosse Chance, dass Müdigkeit, Lustlosigkeit, leichte Erregbarkeit und viele andere Beschwerden aufgelöst werden.

Der Vorteil der Fussarbeit liegt darin, dass bei solchen Anzeichen alle anderen Organe gleichzeitig ebenso berücksichtigt werden, was äusserst wichtig ist. Die Nieren sind sicherlich ebenso bedürftig, weil wegen der Ängste, was passieren könnte, bestimmt auch da ein Stau vorliegt, der über gute Reflexzonenarbeit gelöst werden kann. Die Nieren können ein Verursacher von Bluthochdruck sein, also einem direkten Auslöser der Herzprobleme.

Weiter zeigen sich Bauchspeicheldrüse und Milz angespannt, das heisst schmerzhaft, weil die Bauchspeicheldrüse nach meinen Erfahrungen alle seelischen Verletzungen sammelt. Die Milz, ein Stiefkind der Schulmedizin, steht für mich hingegen als »Hüterin des Herzens«. Sie ist verbunden mit der Bauchspeicheldrüse und hat sehr viel mit Lebensfreude oder, bei organischer Schwäche, mit Entmutigung bis zur Depression oder sogar Suizidgedanken zu tun.

Das Herz selbst kann wie eingekerkert wirken, am Fuss geortet. Es hat über die äusseren Fragen seine seelische Wichtigkeit unter Umständen im Moment verloren, zum Beispiel bei vermeintlich übergeordneter beruflicher Dringlichkeit. Entsprechend eingeengt fühlt sich so ein Mensch im Brustbereich. Medizinisch gesehen sind vielleicht wirklich Verengungen an den Herzkranzgefässen feststellbar, was natürlich rasche ärztliche Hilfe erfordert.

Leicht wirken die Lungenzonen eingefallen, unter der Last des Alltages fehlt nicht nur frische Luft, sowohl real aus Zeitmangel wie auch im übertragenen Sinne, sondern ebenso das nötige Aus- und Aufatmen. Belastete Lungen stehen in der östlichen Medizin für Trauer und die gebückte Haltung eines überforderten Menschen wirkt auch wie ein Baum, der im Sturm steht.

Ist dazu noch der Darm gestaut durch all den Stress, wird deutlich, dass auch das angemessene Verdauen aller Eindrücke durch all die Ansprüche kaum möglich ist. Das kann sich ebenso in Verstopfung wie Durchfall zeigen, je nach Menschentyp und entsprechenden Mehrbelastungen von Leber oder Bauchspeicheldrüse.

Als Folge all dieser Zusammenspiele reagieren die Geschlechtsorgane kraft- und freudlos auf solche Körperprobleme, was die gefühlsmässige Situation noch weiter verschlechtert und den Eindruck verstärkt, dem Leben in keiner Form mehr gewachsen zu sein.

Der Beginn der ganzen Problematik kann die Wirbelsäule sein, die zuerst die Lebenslast nicht mehr zu tragen vermag und entsprechende schmerzhafte Hilferufe aussendet.

Es fehlen noch die Kopfzonen, die verstandesmässige und auch vegetative Steuerung des gesamten Körpers und der geistigen Ausrichtung.

Hier liegt eine erstaunliche Möglichkeit von den Füssen aus gesehen, eingefahrene Muster auflösen zu können. Die Kopfzonen in den Grosszehen vermögen ebenso konkret auf alle Sinnesorgane und das Drüsensystem einzuwirken und dadurch sämtliche Organe zu beeinflussen wie zugleich auch auf die Emotionen einzuwirken. Dies wiederum ergibt, nicht zuletzt durch die in Gang gesetzte Generalreinigung des ganzen Körpers, einen positiven Anstoss im gefühlsmässigen Bereich und kann damit zu einem Neubeginn verhelfen.

Gehen wir noch weiter zurück, stellt sich die Frage, warum sich jemand diese Überlastungen aufgeladen hat. Vielleicht kommt da ein kleiner Bub oder ein Mädchen zum Vorschein, das seinen Eltern mit seinen Zeugnissen oder der Berufswahl nie genügte. So kann über den Schmerz, enttäuscht zu haben, ein kleiner gefühlsmässiger Riss im Brustbereich entstanden sein, zu dem später noch andere dazu kamen.

Wenn diese inneren Bilder bei einem Menschen auftauchen und den Schmerz bewusst machen, frage ich nach dem Ort im Körper, wo ich dann die entsprechende Reflexzone behandle. Das ist nicht immer das Herz. Vielleicht war das kleine Kind sehr temperamentvoll und fühlte sich oft ungerecht behandelt, es wurde aber nicht gehört oder sogar für die Rebellion bestraft. Dann wird eher die Leberzone betroffen sein. Ein Kind, das alles in sich hineingefressen hat mit dem Gefühl, nie wahrgenommen worden zu sein, bekommt Schwierigkeiten mit Bauchspeicheldrüse und Milz. Das wiederum führt zu häufigerem Kranksein, eventuell beginnend mit Bauchschmerzen und damit gesehen Werden!

Aber auch das Immunsystem ist über die Milzschwäche anfällig für jede Art von Erkältungen oder Mittelohrentzündungen. Wenn die Situationen sehr verletzend waren, ist sogar die Neigung zu Diabetes möglich, besonders, wenn Ernährungsfehler zum Hunger nach Liebe dazu kommen.

Wichtig ist zu wissen: Solche Fehler passieren leider überall, oft aus Angst, das Kind sei dem Leben nur gewachsen, wenn es unter Druck gestellt wird. Leider sind wir Erwachsenen immer wieder in eigenen Problemen gefangen, was unsere Aufmerksamkeit verhindert. Darum weise ich auf die möglichen Zusammenhänge hin, um mehr Achtsamkeit und nicht Angst zu wecken.

Zudem kommen meist erst die Erwachsenen in die Therapie, dann ist es im grossen Zusammenhang möglich, diese alten Wunden mit neueren zusammen zu heilen, weil das Bewusstsein dazu bereit ist. Das Schicksal oder was immer wir dafür halten, zieht alle Register, um unsere Augen auf ein unerledigtes Thema zu richten. Genau dazu benutzt es den Körper. Deshalb kann ein Unfall passieren oder es wird eine Operation nötig, was erneut auf einen bestimmten Körperteil aufmerksam macht.

Zur konkreten Anregung und Durchblutung des geschwächten Körperteiles über die Fussreflexzonenarbeit folgt die Frage nach dem Gefühl in diesem Bereich. Es kann sein, dass sich der Körperteil wund, kalt, sogar wie Eis oder leer anfühlt. Es gibt auch die Vorstellung von einem Panzer oder gar völlige Empfindungslosigkeit. Sobald über die Reflexzone diese Schwachstelle erreicht wird, erfolgt dort eine Durchblutung, welche alle Aufmerksamkeit dahin lenkt, nicht nur körperlich, sondern oft mit entsprechenden Gefühlswallungen.

Zur Auflösung braucht es neben dem Gespräch die richtige Farbenkraft, die auch die nötige mentale Hilfestellung gibt. Der innere Film oder die Bilder und Gedanken zeigen auf, was wirklich geschehen ist. Oft waren es Irrtümer, Missverständnisse, an denen hartnäckig festgehalten wird oder die sogar unwissentlich aufgebauscht wurden. Minderwertigkeitsgefühle sind die Folgen, es kann auch tiefer Groll sein, der sich jederzeit irgendwo entladen kann.

Mit Hilfe der Lichtwesen oder einfach unseres höheren Wissens vermögen wir neutraler hinzusehen, gewissermassen mit Abstand. So ist oft Vergebung ganz selbstverständlich, weil schliesslich niemand etwas Böses wollte. Es ist einzig immer wieder unser aller Unvermögen, die Alltäglichkeiten im grossen Zusammenhang zu sehen.

An Verstorbene wie an Lebende kann die Bitte ausgesprochen werden, dass sie sich vor den inneren Augen zeigen und damit Unklarheiten durch Worte und Gefühle auflösen. In dieser Form dringen wir zum wahren Kern jedes Menschen vor. Die Masken fallen und im Grunde eines jeden Herzens findet sich das Bedürfnis, so wahrgenommen zu werden, wie man ist.

So zu arbeiten bringt erfreuliche Resultate. Es ist die einfachste Form, verschiedene Dimensionen zusammenzubringen und Körper wie Geist neu zu durchlichten.

Ich bin überzeugt, dass dieses durchlässiger Werden ein wichtiger Teil unseres Erdenlebens ist. Dahinter wartet die Freude und lässt uns das Gute sehen und um uns verbreiten. Ist das nicht Glück?

Wir sind ausgegangen von der Wirbelsäule am Fuss als Archiv all unserer Erfahrungen, dazu gehört auch der Überblick in unseren Werdeprozess, unsere eigene Schwangerschaft und die Geburt, die uns wesentlich beeinflusst. Auch da laufen die dazugehörigen »inneren Filme« ab und verhelfen zur Heilung über die Gefühlswelt.

Kapitel 18

Die Metamorphose

Aus den Zellen der Wirbelsäule am Fuss können wir über diese Umwandlungsarbeit alle wichtigen Erfahrungen während unserer eigenen Schwangerschaft abrufen und vor allem mit der Zeit ausgleichen. Das heisst, zu erfahren, wie sich beispielsweise Schwierigkeiten zwischen Mutter und Kind hin zu einem positiven Leben verändern lassen. Wir haben sogar die Möglichkeit, zu erfragen, was wir uns für dieses Leben an Aufgaben vorgenommen haben, dies natürlich immer mit der Bitte an die geistige Welt um Unterstützung.

So ein Hinweis kann heissen: »helfen, uns und andere zu heilen«, »lieben«, »glauben«, »lehren«, »vergeben«, »Vertrauen lernen« und noch vieles andere. Dabei wird deutlich, wie sehr Mutter und Kind, etwas entfernter der Vater und andere Familienmitglieder, bereits am werdenden Leben beteiligt sind. Alle Emotionen, alle Freuden und alle Schrecken übertragen sich auf das Kind. Das lässt sich bei allem guten Willen nicht verhindern. Aber da Negatives nicht als Schuldgefühl hängen bleiben darf, ganz einfach, weil es Fortschritte verhindert und unnötige Kräfte verbraucht, ist es doppelt wichtig, dass wir alle Möglichkeiten nutzen, um klarer zu werden.

Dieses Buch möchte lehren, dass wir Vertrauen in unser Schicksal haben dürfen, das uns alle Lernmöglichkeiten zur Verfügung stellt. Alle zukünftigen Erfahrungen im neuen Leben werden so vorbereitet, alle Stolpersteine gelegt für das Abenteuer Leben. Warum wohl? Ganz sicher nicht, um uns zu strafen oder zu plagen. Es gibt neue offizielle Studien von Wissenschaftlern, die Zusammenhänge in den Familiengeschichten statistisch zu erfassen versuchen und die Schwangerschaft mit einbeziehen.

Aus meinen Erlebnissen mit den Menschen, mit denen ich arbeite, zeigen sich immer ungelöste Aufgaben aus vorherigen Leben. Offenbar gibt es ein grandioses Netzwerk von Verbindungen untereinander, die unweigerlich alle Personen zusammenführt, die noch etwas miteinander zu erledigen haben.

Wenn wir nun liebevoll diese subtile Metamorphose-Therapie an den Füssen durchführen lassen, können wir alte Ängste, Unsicherheiten und Traumata abbauen. Das lässt sich je nachdem anhand der Geschehnisse in der entsprechenden Woche der Schwangerschaft nachvollziehen.

Angenommen, eine Seele meldet sich geplant oder ungeplant, sei es bei einer verheirateten oder ledigen Mutter, so löst das in jedem Fall gewaltige Emotionen aus. Es liegt alles drinnen von grosser Freude bis zu massiven Ängsten und allem, was es dazwischen gibt. Das reicht von Stolz und Glück bis zu Existenzängsten jeder Art. Leicht kommt je nach Allgemeinzustand in den ersten Wochen auch noch die Angst vor der Geburt dazu, besonders wenn es einer Mutter nicht so gut geht.

Alle Geschehnisse in den neun Monaten erschüttern im Guten wie im Schweren meist mehr als im nichtschwangeren Zustand. Bevorzugte Musik, ein eindrücklicher Film, Naturerlebnisse, ein Schreck irgendwelcher Art: Das Kind erlebt alles mit, es wird bereits geprägt vom Lebensraum, in den es geboren werden wird. Eigentlich ist das schon sehr sinnvoll, eine Art Vorbereitung.

Nehmen wir eine der schwierigsten Anforderungen, den Tod eines Elternteils oder sogar des Partners der werdenden Mutter, so sind besonders viele Emotionen im Spiel. Trauer verschiedenster Art, sei es über den Verlust von jemand absolut Unersetzbarem, sei es über mangelnde Verbundenheit, die Wut, alleingelassen zu werden in dieser besonderen Phase des Lebens – all diese Gefühle beherrschen die Gedanken noch mehr als im Normalfall.

Ein schlechtes Gewissen, nicht genug getan, nicht mehr gedankt zu haben, belastet unter Umständen Tag und Nacht. Das alles und noch viel mehr kann über Wochen, Monate und Jahre ein Dauerthema sein. Ich erlebte dies schon einige Male mit Frauen, die bei mir zu ordnen versuchten, was so unauflöslich schien.

Solche Erfahrungen können eine Kerbe in der Kopfzone oder der Wirbelsäule am Fuss beim noch Ungeborenen einprägen. Sie bezeichnet den Ort, der zur Schwachstelle wird, sowohl seelisch wie körperlich.

Die einflussreiche Zeit lässt sich in den entsprechenden Wochen der Schwangerschaft lokalisieren. Es kann sinnvoll sein, wenn möglich Fragen an die Mutter zu richten, um die damaligen Umstände näher zu klären. Es ist oftmals so, dass sich bei ihr mehr oder weniger versteckte Schuldgefühle finden lassen, denn jede Mutter hofft, ihr Kind nicht zu belasten. Auch für sie ist es wichtig, aufzulösen, was möglich ist.

Gehen wir nun von der Grundlage aus, dass über unsere sinnvollen Verknüpfungen untereinander niemand schuldig gesprochen werden muss. Wir können alle im Moment nur so handeln, wie wir empfinden. Mit diesem Wissen kann eine wundersame Heilung auf vielen Ebenen in Gang kommen.

Die Therapie ist sehr einfach zum Ausführen, aber natürlich nimmt das Begleiten der entsprechenden Emotionen einen äusserst wichtigen Stellenwert ein.

Eigentlich ist die grundlegende Voraussetzung das absolute innere Wissen um den Sinn der Schicksale, auf die wir uns da mit einlassen. Einmal mehr kann ich nur sagen: Wie wäre das möglich, ohne sich auf den Geburts- und den Schutzengel verlassen zu lernen? In dieser Geborgenheit entsteht ein absolut intimes, konzentriertes sich auf den Partner Einlassen mit absoluter Offenheit ohne das Werten für alles, was da kommen mag.

Die Scheitelzone an den Grosszehen ist der Konzeptionspunkt, wo sich die Entscheidung zur Inkarnation zeigt. Alle oberen Chakren mit den Aspekten der verschiedenen Schichten unseres individuellen Karmas sind darin inbegriffen. Es ist berührend, sich vorzustellen, mit welcher »Fürsorge aus dem universalen Gesetz« eine Inkarnation in die Wege geleitet wird.

Für die praktische Arbeit ist es wichtig, sich mit der Ausrichtung auf unsere eigenen geistigen Helfer völlig auf diesen Prozess einzustellen. Dann wird es möglich, unseren Partner mit den Mittelfingern ganz zart auf dem obersten Punkt der beiden Grosszehen, dem Konzeptionspunkt, die Frage nach dem Ziel seines jetzigen Lebens fragen zu lassen. Die Antworten erfolgen meist schnell und einfach.

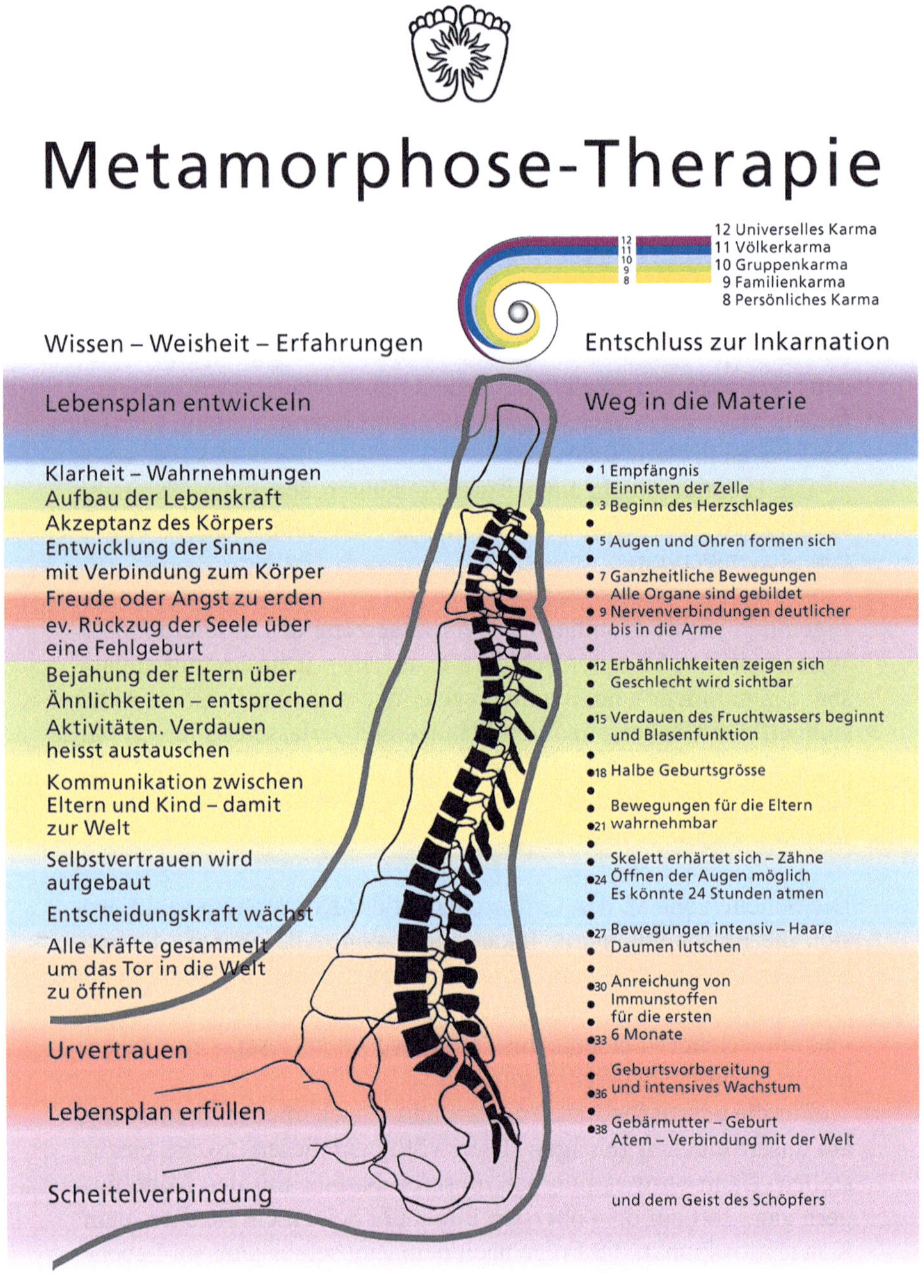

Metamorphose-Therapie

12	12 Universelles Karma
11	11 Völkerkarma
10	10 Gruppenkarma
9	9 Familienkarma
8	8 Persönliches Karma

Wissen – Weisheit – Erfahrungen — Entschluss zur Inkarnation

Lebensplan entwickeln — Weg in die Materie

Klarheit – Wahrnehmungen
Aufbau der Lebenskraft
Akzeptanz des Körpers
Entwicklung der Sinne
mit Verbindung zum Körper
Freude oder Angst zu erden
ev. Rückzug der Seele über
eine Fehlgeburt
Bejahung der Eltern über
Ähnlichkeiten – entsprechend
Aktivitäten. Verdauen
heisst austauschen
Kommunikation zwischen
Eltern und Kind – damit
zur Welt

Selbstvertrauen wird
aufgebaut

Entscheidungskraft wächst

Alle Kräfte gesammelt
um das Tor in die Welt
zu öffnen

Urvertrauen

Lebensplan erfüllen

Scheitelverbindung

• 1 Empfängnis
•   Einnisten der Zelle
• 3 Beginn des Herzschlages

• 5 Augen und Ohren formen sich

• 7 Ganzheitliche Bewegungen
•   Alle Organe sind gebildet
• 9 Nervenverbindungen deutlicher
•   bis in die Arme

•12 Erbähnlichkeiten zeigen sich
•   Geschlecht wird sichtbar

•15 Verdauen des Fruchtwassers beginnt
•   und Blasenfunktion

•18 Halbe Geburtsgrösse
•
•   Bewegungen für die Eltern
•21 wahrnehmbar

•   Skelett erhärtet sich – Zähne
•24 Öffnen der Augen möglich
•   Es könnte 24 Stunden atmen

•27 Bewegungen intensiv – Haare
•   Daumen lutschen

•30 Anreichung von
•   Immunstoffen
•   für die ersten
•33 6 Monate

•   Geburtsvorbereitung
•36 und intensives Wachstum

•38 Gebärmutter – Geburt
•   Atem – Verbindung mit der Welt

und dem Geist des Schöpfers

Abb. 2 (Grafik: Catherine Aegerter)

Ich erinnere mich an Sarah, die den Satz aus ihrem Inneren bekam, dass sie auf diesen Planeten »Liebe« bringen wollte. Sie rief weinend aus: »Ich fühlte es so, als wäre das mit links möglich, also ganz leicht, denn alle Menschen wünschen sich doch, Liebe zu bekommen!« Die Realität sah ganz anders aus. Sie fühlte sich fremd und kalt in ihrer Familie. Scheinbar wollte niemand ihr Geschenk. Mit Hilfe der Engel wurde deutlicher, dass ihr Lernprozess auch damit zu tun hatte, Liebe annehmen zu können.

Da waren Verletzungen geschehen, welche wie ein Schutthaufen auf beiden Seiten über den wahren Gefühlen lagerten. Aber mit Hilfe der Lichtwesen wurde deutlich, dass die Hoffnung ebenfalls auf beiden Seiten wartete, sobald neue, positive Gedankenwellen einander erreichten.

Wir arbeiteten dann spezifisch an diesem Thema mit dem Hinweis, der wichtigsten Person, der Mutter, Farbe zu schicken, in diesem Fall Rosa. Dies bewirkte, dass Sarah am nächsten Tag einen sehr lieben und ausführlichen Telefonanruf bekam, was seit über einem Jahr nicht von der Seite ihrer Mutter her geschehen war! Das kann eine Antwort sein zu dem Thema: »Den Lebensplan entwikkeln«.

Bei der Berührung der breitesten Stelle der Grosszehen auf der Innenseite beidseits antwortet der Ort der eigenen Empfängnis! Am besten wird über die Mittelfinger und die Daumen miteinander verbunden, so, als könnte dieser heilige Moment nachvollzogen werden. Es ist erstaunlich, welche Emotionen da erwachen können. Da wartet ja auch die Angst, die Eltern gar nicht in der erwünschten Verbundenheit zu erleben.

Es ist wohltuend, dass meist gute Gefühle entstehen. Wahrscheinlich ist die Hilfe der geistigen Welt, das neue Leben zu leiten und zu behüten, absolut übermächtig. Dafür bin ich sehr dankbar!

Inzwischen gibt es immer mehr wunderbare Bücher, die uns diese ganze überwältigende Entwicklung deutlich machen. Es bleibt ein immer neues Staunen, dass sich die vereinte Zelle einnisten kann und schon bald das kleine Herz zu schlagen beginnt!

Die Arbeit geht weiter. Über sanftes Streichen entlang der Wirbelsäule am Fuss entsteht eine tiefe Entspannung, die sowohl körperlich wie auch seelisch wirkt. Es fühlt sich an wie liebevolle tröstende
Mutterhände und hilft dabei, weiterzugehen und nicht in einem Kum-
mer stecken zu bleiben, der oft keine klaren Ursachen erkennen lässt,
aber vielleicht Kopf- oder Rückenschmerzen, Depressionen oder noch
viel Schlimmeres an Krankheiten ausgelöst hat.

Oft beinhalten diese ungelösten Emotionen das Gefühl von »unerwünscht« oder mindestens »unverstanden« zu sein. Das hindert
den Menschen daran, sich zu erden, also die Schwierigkeiten unseres Erdendaseins anzunehmen. Ein erster Schock!

Es gibt Kinder, meist Zurückgewiesene, die jedem Erwachsenen
fast klebrig anhängen, und entsprechend abgestossen werden. Dahinter steht vielleicht die Angst der Umgebung, dass sie irgendwann
in irgendeiner Form missbraucht werden könnten. Eigentlich suchen
beide Seiten besonders viel Liebe und haben die Hoffnung, jede
Verbindung zwischen zwei Menschen laufe völlig natürlich hin und
her.

Wie leicht verhalten wir uns alle gar nicht so, wie wir eigentlich
möchten, gerade wenn eine Forderung an uns gestellt wird, der wir
uns aus irgendeinem Grunde nicht gewachsen fühlen. Wer ist nicht
schon mit den besten Vorsätzen vor einer Tür gestanden und hat dann
gar nicht das, was er oder sie sagen wollte, von sich gegeben?

Die Geschichte:

Konrad, voll in der Pubertät, antwortete auf die Frage, warum er
sich denn so widerspenstig verhalte: »Ich komme nach Hause mit
den besten Vorsätzen und sobald ich die Tür öffne, ist alles weg!«
Wie hilfreich, das zu wissen, denn nun fällt das Geduld haben viel
leichter. Wir können uns an unser eigenes Unvermögen erinnern und
müssen keine unnötigen Vorwürfe erheben.

Konrad war ein erstes Kind und liebevoll erwartet worden. Trotzdem waren bei der sehr jungen Mutter Ängste dagewesen, ob sie
fähig sein würde, den Anforderungen der neuen Familie gerecht zu
werden. Ihr Gefühl war geprägt davon, eigentlich nicht gut genug
für ihre neue Familie zu sein! Ausserdem hatte sie schon Fehlgebur-

144

ten hinter sich, was eine gewisse zusätzliche Unsicherheit ausgelöst hatte.

Wie symbolisch von diesem erwachsen werdenden Kind, vor der Tür zu stehen mit allem gutem Willen und ihn nicht alleine ausführen zu können. Es braucht auch die andere Seite, die verstehende. Es ist eigentlich selbstverständlich, dass dies die ältere Generation in Bewegung bringen sollte.

Später stellte sich heraus, dass Konrad im letzten Leben ein Zigeuner gewesen und ausserdem im Konzentrationslager gestorben war, dass er weitere zusätzliche Ausgrenzungen erlebt hatte, welche noch nicht erlöst waren.

Nun können wir nicht mehr sagen: »Wie ungerecht! Was hat das Ungeborene mit den Ängsten der Mutter zu tun, das nun schon als Schwachstelle in seinem Körper angelegt wird!«

Meine Lebenserfahrungen haben mir über mich und alle Menschen, mit denen ich zusammengekommen bin, gezeigt, dass wir mehr miteinander zu schaffen haben, als wir uns in unseren kühnsten Träumen vorstellen können. Dies sicher besonders in unserer eigenen Familie, aber auch mit allen Menschen, mit denen wir in irgendeiner Form in Berührung kommen. Etwas Spannenderes gibt es gar nicht, wenn wir beginnen, dem nachzugehen. Das hat ganz offenbar mit dem Sinn unseres Lebens zu tun, mit dem Lernprozess, in dem wir, ob bewusst oder nicht, drinnen stecken. Das hat mit den grossen, schlecht vorstellbaren Werten von Raum und Zeit zu tun, von denen gesagt wird, sie wären eine Illusion.

Ich bin sicher, dass wir in diesem grossen Welttheater wirklich »nur« die Aufgabe haben, über alle nur möglichen Erfahrungen wieder in die Lichtdimensionen zurückzukehren, uns wieder in die All-Einheit einzufügen.

Das ist der Weg der Seele in der Spirale, den ich aufgezeichnet habe. Es ist ein Weg aus dem Universum, aus der Sternenwelt, aus dem All. Von dort kommen wir alle her. Wir fühlen das, wenn wir in sternklarer Nacht zum Firmament aufblicken und etwas Unendliches wahrnehmen, das unser Herz anrührt.

Wunderbarerweise bleibt wirklich der Seelenstern etwa 20 Zentimeter über uns im achten Chakra, der zu uns gehört. Im Nabel-

Chakra verbleibt der Inkarnationsstern als leuchtender Diamant und bewahrt unsere wahre Aura. Ich habe diese Zone mit blauer Farbe (Abb. 2, S. 142) dargestellt, sie steht für »den Himmel auf die Erde holen, das Gefühlsleben annehmen, das zum blauen Planeten gehört, auf dem wir leben dürfen«.

Unterhalb der Füsse verbindet uns der Erdstern mit diesem Planeten.

12. Chakra: Das universelle Karma

Es heisst aus medialen Kreisen, dass es ein Privileg bedeutet, auf unserem Planeten zu inkarnieren, weil hier über den Emotionalkörper alle Facetten des Lebens erfahren werden können und daher die grössten Fortschritte in der Bewusstheitsentwicklung geschehen. Damit wird angedeutet, dass andere Planeten auch bewohnt sind, in welcher Form auch immer, manche viel neutraler, objektiver, eben weniger emotional, andere noch viel kriegerischer als wir!

Es tut gut zu wissen, dass es sehr viel Sinn macht, gerade auf unserer eben vielseitig anspruchsvollen Erde beheimatet zu sein.

11. Chakra: Das Völkerkarma

Der nächste Schritt ist die Entscheidung, welches Volk wir brauchen, um die nötigen Erfahrungen zu machen. Damit wird auch die entsprechende Kultur, der entsprechende Kontinent, die Hautfarbe, die Sprache, die Religion und die Denkweise ausgelesen.

Es gibt auch heute noch vereinzelt Völker, die steinzeitlich leben. Forscher, die sich davon angezogen fühlen, sind Brückenbauer und haben sich dort in einer früheren Inkarnation wahrscheinlich sehr wohl gefühlt.

10. Chakra: Das Gruppenkarma

Diese Auslese ist noch gezielter. Es wird ein Umfeld gesucht, in dem besondere Einstellungen zum Sinn des Lebens möglich werden. Möglicherweise sind das politische Einstellungen wie Monarchie, Kommunismus oder Kapitalismus, denkbar sind auch religiöse Aspekte, die zum Teil schon über ein bestimmtes Volk ausgesucht wurden.

Noch differenzierter sieht es mit den Möglichkeiten von Philosophie, Ethik und spiritueller Ausrichtung aus, wie sie im kleinen Rahmen über alle Zeiten gelebt wurden. Heute wächst das entsprechende Bedürfnis nach Erfahrungen in diesem Bereich in hohem Masse, darum die Indigo- und Kristallkinder.

9. Chakra: Das Familienkarma

Nun wird alles, was es im Leben zu lernen und zu erfahren gibt, noch mehr auf den Punkt gebracht. Ohne Hilfe aus der Lichtwelt ist das nicht sinnvoll möglich, vor allem ist dieser Gedankenkomplex nur langsam mit dem Verstand zu erfassen.

Wir kennen wohl alle Kinder, die glauben, sie wären vertauscht worden. Mit diesen Eltern oder Geschwistern möchten sie nichts zu tun haben. Genau hier aber laufen die subtilsten Erfahrungen, die grössten seelischen Fortschritte ab, hier tragen wir wohl auch am meisten gegenseitiges Karma ab.

Was für ein Glück, wenn wir das begreifen können und uns nicht mehr unnötig dagegen wehren.

8. Chakra: Das persönliche Karma

Der Leitspruch hier lautet wohl: »Erkenne dich selbst« oder »Ich bin!« Hier geht es um den eigenen Seelenstern! Das heisst, ich darf alle Gaben zur Entfaltung bringen, ob mit oder ohne die Hilfe der Umgebung. Wir sollen unser Selbstbewusst-Sein mit Hilfe des Höheren Selbst finden und alle Erfahrungen sammeln, die in den Leben, die schon gelebt wurden, noch fehlen. Wir können das Werten aufgeben lernen, weil wir über schon Erlebtes alles verstehen können. Das ist ein grosser Anspruch, aber er liegt in unserer Reichweite, wenn wir überhaupt bereit sind, solche Möglichkeiten zu sehen und damit in unser Leben einzulassen.

Wissen – Weisheit – Erfahrungen → Entschluss zur Inkarnation
Der Lebensplan ist entwickelt. Der Weg in die Materie beginnt.

Das führt mich noch einmal zum ersten Punkt der Metamorphose, dem Konzeptionspunkt. Er liegt an der obersten äusseren Rundung der beiden Grosszehen, übersetzt nach den Reflexzonen an der Scheitelzone, in der sich eben das Scheitel-Chakra oder Kronen-Chakra orten lässt. Hier lässt sich das Wunder in gewissem Sinn ergründen, wie sich eine Seele den Weg in eine neue Inkarnation sucht. Natürlich können wir nicht alles erfahren, was da in die Wege geleitet wird. Aber die Ausrichtung wird deutlicher, was gelernt werden will und bei wem.

Zudem liegt mir daran, die Vorstellung, nur das Kind suche sich seine Eltern aus, endlich abzulegen. Es müssen wunderbare Helfer sein, die alle Zusammenhänge seit Urzeiten kennen und nach dem Gesetz der Anziehung die Fäden untereinander wirken lassen.

Ich kann das so deutlich bejahen, weil ich wie viele andere Menschen, die in diesen Bereichen arbeiten, denken und fühlen, über viele Inkarnationsgeschichten sowohl von mir selbst als auch bei anderen Menschen die Verbindungen wahrnehmen konnte. Wir sollen lernen, das, was ist, zu bejahen und damit unser Denken, Fühlen und Tun zu erweitern, anstatt unsere Kräfte im Widerstand zu verbrauchen.

Es ist sicher leicht, ein Leben schön und gut zu finden, wenn wir liebe Eltern haben und in einem schönen Land in geordneten Verhältnissen leben dürfen. Hüten wir uns davor, uns damit besser, also belohnter zu fühlen. Es gibt wohl von den universellen Gesetzen her kaum eine so grosse Gefahr wie spirituellen Hochmut. Vielleicht scheitern wir gerade an der Gefahr, oberflächlich und egoistisch zu werden oder sogar Macht gegenüber Schwächeren auszuüben.

Aber auch unter besten Bedingungen entstehen bei jedem Menschen Verletzungen, welche die zu bearbeitenden Themen ans Licht bringen. Die schwierigen Problemfälle von Familien, in denen wenig Verständnis für ein Kind aufgebracht, es sogar in irgendeiner Weise vernachlässigt und misshandelt wird, finden auch in unseren westlichen Ländern statt. Da wird es dann schon komplizierter, Verständnis aufzubringen, warum wir ein solches Leben auf uns nehmen.

Sicher sollen wir uns davor hüten, alle Schwierigkeiten einfach als wieder Gutmachung von Schuld aufzufassen! Niemand hier hat den Überblick über ein komplexes Geschehen von unzähligen Le-

ben. Das ist auch nicht nötig. Wichtig ist einzig, im Jetzt zu erfühlen, was uns weiterhilft, um nicht in Selbstmitleid und Vorwürfen an
andere stecken zu bleiben.

Ich bin immer neu berührt, wie hilfreich ganz konkret gestellte
Fragen an die geistige Welt beantwortet werden, wenn wir uns danach sehnen. Aber auch dies ist eine Frage der Entwicklung und
danach, ob wir genügend wach sind, dass wir auch ohne schwere
Prüfungen nach unserem innersten Kern suchen und diesen Antworten entsprechend leben wollen. Wir können nur alle um die Gnade
bitten, dass immer mehr Eltern, Grosseltern und Lehrer, Freunde,
Theologen, Psychologen und besonders Therapeuten jeder Art soviel innere Sicherheit in sich finden, um den Sinn eines jeden Lebens zu wissen und daran zu glauben.

Das alles beginnt immer bei uns selbst. Nur so können wir mit
voller Überzeugung begreifen lernen, um was es geht. Ich vergesse
nie den Moment der Frage nach meinem Entschluss, auf diese Welt
zu kommen. Mir stand fast der Atem still und ich fühlte mich so, als
würde ich mich Kopf voran in die Tiefe stürzen! Ein Teil von mir
wollte das nicht, der andere Teil war sicher, das jetzt der Moment
gekommen sei. Diese Geteiltheit begleitete mich immer wieder und
führte auch zu jenen Zeiten, in denen ich mich fragte: »Wie nur konnte
ich mich auf all das einlassen?« Darum traf mich der Satz von Silvia
Wallimann so tief, dass wir von Anfang an alle dabei waren.[26]

Die Geschichte von der Quelle, die ich nicht zur Heimkehr nutz-
te, sondern als Weltreise erfuhr, gab mir eine sanfte Erklärung: Es
gibt gar keine andere Wahl, als wieder in die Einheit zurückzukehren. Entsprechend dieser Geteiltheit in meinem Entschluss erfolgte
nach meiner turbulenten Schwangerschaft eine sehr schwierige Geburt, die sowohl meiner Mutter wie auch mir beinahe das Leben
kostete. Natürlich lebte auch sie durch ihre Lebensumstände in einem grossen Zwiespalt. Gerne hätte sie manchmal das Leben im
Kloster der Familienmutter von zehn Kindern, zudem als Gärtners-
frau, vorgezogen. Ich war die Älteste und der Arzt riet von jeder
weiteren Schwangerschaft ab!

[26] Silvia Wallimann: Erwache in Gott. A.a.O., S. 95.

Das Gesetz des Lebens geht aber immer weiter und lässt wieder die Entscheidung fällen, ob wir uns wirklich auf das Leben einlassen, in dem wir und auch unsere Umgebung kämpfen oder aufgeben. So bekam ich im Alter von sechs Wochen einen gefährlichen Durchfall, der mich erneut an den Rand des Todes brachte. Abermals stellte sich die Frage, welcher Teil in mir siegen würde. Meine Mutter war weise und sehr einfühlsam. Sie spürte, dass sie mich nicht mehr stillen durfte, obwohl das der Arzt sicher nicht guthiess. Unser beider Fragezeichen, betreffend den Mut, leben zu wollen, war zuviel! Sie gab mir mit der Milch zusammen ihre eigene Kraftlosigkeit ein. Jedenfalls bin ich immer noch auf dieser Welt und habe mich immer deutlicher entschlossen, alle meine Gaben einzusetzen, damit das Ganze einen Sinn macht!

So werden alle Schwachstellen in unseren Körpern sinnvoll. Sie lehren uns, das, was uns Mühe macht, anzunehmen und damit auch zu transformieren, also nicht stecken zu bleiben. Dazu brauchen wir meistens die Hilfe von einem anderen Menschen, weil wir nur so, über den Spiegel eines anderen, besser sehen, um was es geht. Das heisst, dass durch eine Erschütterung, gleich welcher Art, schon vor, bei oder nach der Zeugung ein Leben geprägt wird mit allen Variationen der Hoffnungen und der Ängste.

Nach meiner Überzeugung ist es der Geist, der den Körper formt. Also wirken sich die Emotionen bereits auf den ganzen Menschen aus, auch auf den Körperbau. Dafür ist die breiteste Stelle an den Aussenseiten der Grosszehen zuständig, so wie sich das auch in der Reflexzonenarbeit darstellt. Da lässt sich der Zeugungspunkt nach St. John[27], dem Pionier, finden.

Diese Reflexzone ist ebenso »im kleinen Menschen« an den Grosszehen zu finden, welche zudem die Bauchspeicheldrüse anspricht. Das wiederum ist der Bereich des Sonnengeflechts oder nach den Akupunkturpunkten des Blasenmeridians, den »Toren der Geistseele«, das immer übersetzt auf die Reflexzonen der Füsse. Dort

---

[27] Robert St. John: Metamorphose. Die pränatale Therapie, Synthesis Verlag, 1984, S. 88.

besteht eine Möglichkeit, in verschiedener Hinsicht besser zu »erden«.

Das heisst, dass sich der Zeugungspunkt im Bereich des Sonnengeflechts am Körper nochmals dort wiederholt, wo sich der Ätherspalt abzeichnet. Eben dort, wo sich die Seele im Schock herauslösen kann. Offenbar ist da eine Möglichkeit des Ausgleichs, wo die Seele auch wieder Zugang in den Körper bekommen kann.

Für mich ist es völlig faszinierend, wie all das Wissen aus verschiedenen Bereichen zusammenfällt. Geist und Materie versuchen, sich um jeden Preis zu verbinden. Es ist mir wichtig, dass wir uns bewusst werden, was da eigentlich abläuft: Same und Eizelle verbinden sich, die Zellkerne teilen sich, nisten sich ein und beginnen, nach einem Urmuster den Menschen zu formen. Durch die heutigen Forschungen, welche über Ultraschall überwacht werden, haben wir genaue Bilder, was sich an beinahe jedem neuen Tag der Schwangerschaft entwickelt.

Unterhalb der schmalsten Stelle der Grosszehen beginnt bereits die Wirbelsäule am Fuss der Knochenkante entlang mit allen Verbindungen in den ganzen Körper. Da liegt der Atlas vom Körper her gesehen, ein sehr zentraler wichtiger Übergang, gewissermassen ein Engpass sowohl körperlich als auch seelisch. Dies gilt ebenso am Nacken zum Kopf hin gesehen wie am Fuss, der in all seinen Formen den Körper vereinfacht widerspiegelt.

Dort beginnen sich auch die ersten Tage und Wochen eines neuen Menschenwesens einzuprägen bis zur Geburt in den Unterleibszonen an den Fersen.

Diese ersten Wochen sind für die Mutter meist noch recht undeutlich, besonders, wenn es ihr gut geht. Das neue Wesen ist noch sehr verborgen und es hängt völlig von den Eltern ab, wie viel Raum es im Tagesablauf einnimmt. Könnte es sein, dass anspruchsvollere Kinder über das Schwangerschaftserbrechen deutlichere Aufmerksamkeit erlangen wollen?

Eine Warnung körperlicher Art möchte ich jedoch noch einfliessen lassen: Bitte nur im Notfall künstliche Eisenpräparate einnehmen, denn sie sind oft ein Grund für das Erbrechen. Es gibt das Schüsslersalz Ferrum Phosphoricum Nr. 3, das mit Randensaft (Rote Rüben, Rote Bete) oder Dörrbirnen zusammen Wunder wirken kann.

Die Kinder zu allen Zeiten, aber heutzutage erst recht, wollen von Anfang an ernst genommen werden. Sie werden in der Zukunft viel zu bewältigen haben und brauchen dazu alle körperlichen und geistigen Kräfte zu ihrer Verfügung.

Wenn wir versuchen, uns deutlich zu machen, was für ein Wunder die Entwicklung jeden Wesens ist, beginnen wir besser zu begreifen, wie sehr alles miteinander verwoben ist, sowohl körperlich als auch seelisch.

Ich habe anhand der Wirbelsäule, wie sie sich an den Füssen zeigt, versucht, die Verbindungen so logisch wie möglich darzustellen, denn für mich wird, je länger ich mich damit befasse, desto mehr alles Grosse einfach.

Erster Tag: Empfängnis
Vereinigung der Eltern – Vereinigung des Samens mit der Eizelle – Vereinigung der Gene: Das alles findet vom Fuss her gesehen im Bereich der Epiphyse und der Hypophyse, also im Bereich des dritten Auges statt.

Das zeigt symbolisch, vielleicht auch energetisch den Weg auf, den die Seele über die oberen Chakren 12 – 11 – 10 – 9 – 8 – 7 – 6 in den neuen Körper angetreten hat.

Das Höhere Selbst oder, einfacher gesagt, unser inneren Wissen übernimmt diese Energien.

Es gibt immer mehr Frauen (und es hat sie wohl immer gegeben), die bereits vor der Empfängnis wissen, dass sich eine Seele meldet. Viele fühlen sogar im entsprechenden Moment, dass sie »gelandet« ist. Ganz einfach zeigt sich damit, was die Seele ist: Die unverwechselbare Persönlichkeit, die sich durch ein Leben nur so ausdrücken kann, wie sie eben ist, mit allen Überzeugungen, Gedankengebilden und bisherigen Erfahrungen, welche sie mitgebracht hat und die immer einmalig sind.

Wohl bilden Familie, Land und Kultur eine äussere Form, welche Annäherungen an andere Menschen zeigt, doch letztlich setzt sich in den entscheidenden Fragen der eigene Kern durch. Sicher sind Klarheit und Wahrnehmung deutlicher da, als wir glauben möchten. Die Metamorphosearbeit gibt immer weitere Details der Empfindungen preis. Bildlich sehe ich eine Sternschnuppe, welche die Erde erreicht und damit in die Materie eintaucht.

Jede Seele nimmt sehr viel Himmelsenergie mit, die sich in der Ekstase der Vereinigung entfalten kann. Diese manifestiert sich deutlich während und nach der Geburt. Mit dieser Himmelsenergie wird die Lebenskraft aufgebaut, die zum Einnisten der Zellen notwendig ist.

Mit dem Beginn des eigenen Herzschlags in der dritten Woche wird der Körper belebt, vom Kind also bereits akzeptiert. Die Sinnesorgane wie Augen, Ohren, Nase und Mund formen sich deutlicher bis zur fünften Woche. Wir wissen heute, dass sich in diesen sensibelsten Sinnesorganen sämtliche Verbindungen zum ganzen Körper aufzeigen lassen. Sie werden besonders für die Irisdiagnose und die Ohrakupunktur als Heilmöglichkeiten genutzt. Alle Organe sind in ihrer Grundstruktur in der siebten Woche entwickelt und das neue Wesen fühlt offenbar Freude an der Beweglichkeit in der warmen Fruchtblase. Damit ist der erste grössere Siebener-Zyklus erreicht.

Alle Nervenverbindungen werden bis zur neunten Woche deutlicher sichtbar, bis hinaus in die Arme und Hände. Man könnte sagen, das neue Wesen ist handlungsfähig geworden. Freude oder Ängste der Seele können gewachsen sein und unter schwierigen Umständen eine Fehlgeburt einleiten.

Der dritte Monat, 12. Woche: Der Herzbereich ist es am Fuss, wo die entsprechende Entscheidung gefällt wird: Bleiben oder Gehen? Und das sicher immer im Austausch mit dem höheren Wissen von allen Beteiligten. Ängste mögen die Anforderungen eines neuen Lebens überwältigen, aber natürlich auch körperliche Mängel, die einen Menschen oder die ganze Familie überfordern würden.

Manchmal, wenn diese Fragen in der Entspannung an das höhere Wissen gestellt werden, wird klar, dass eine Seele »nur« die Aufgabe hatte und vielleicht immer noch hat, in den Seelen der Eltern und ihrer Umgebung Fragen nach der jenseitigen Welt, nach dem Sinn des Lebens aufzuwerfen.

Erbähnlichkeiten zeigen sich nach neuesten Erkenntnissen bereits bis zu dieser Zeit, auch das Geschlecht wird sichtbar. Dazu könnte man sagen, es findet eine Bejahung der Eltern statt. Das lässt sich erstaunlicherweise bereits nach der zwölften Woche schon erkennen.

In Nierenhöhe – immer an der Wirbelsäule vom Fuss her gesehen! – wird vom Fötus nach der 15. Woche bereits Fruchtwasser geschluckt und uriniert, eine gewisse Eigenständigkeit damit deutlich.

Erste fühlbare Kommunikationen über die Bewegungen des Kindes werden klarer. Die halbe Geburtsgrösse wird normalerweise in der 18.–21. Woche erreicht. Auch die Umgebung bekommt über das wachsende Bäuchlein der Mutter einen Hinweis auf das neue Menschenleben, das sich auch dadurch einzugliedern sucht.

Das Skelett bekommt mehr Substanz, die Zähne sind vorgebildet. Langsam formt sich eine Persönlichkeit. Das zeigt sich auch über das Öffnen der Augen, so, als wollte sich das Kind wirklich dem Leben öffnen. In der 24. Woche geboren, könnte es nun 24 Stunden überleben, was natürlich heutzutage mit Hilfe der Medizin sofort gefördert wird, so dass viele sogar noch früher Geborene wirklich am Leben bleiben.

Die Endphase im Mutterleib ab der 30. Woche lässt alle Kräfte sammeln. Manchmal zeigen sich schon die Haare. Wir haben sicher alle schon Abbildungen gesehen, wo das kleine Menschenkind bereits am Daumen lutscht. Der Daumen ist nach Akupunktur mit dem Lungenmeridian verbunden. Es könnte sein, dass das Kind in dieser für die Lungenentfaltung so wichtigen Phase damit selbst seine Lungenenergie anregt!

Die Natur sorgt mit allen zur Verfügung stehenden Mitteln dafür, dass für die ersten sechs Monate genügend Abwehrstoffe vorhanden sind, damit das Baby nicht ernsthaft krank werden muss. Natürlich kann die Mutter ausserdem über eine gesunde Lebensweise viel dazu beitragen. Leider ist das zu wenig bekannt, sonst würden nicht schon in den ersten Lebensmonaten massive Impfungen vorgenommen, was nicht jedes Kind verkraften kann.

Die Entscheidungskraft wächst nach der 33. Woche, um das Tor zur Welt aufzustossen. Manchmal erschrecken die ersten wilden Wehen die Mutter, welche weiss, dass noch ein wenig mehr Geborgenheit im Mutterleib wichtig wäre. Das Kind ist nun deutlicher im Becken der Mutter gelandet und hat meist den Kopf nach unten gedreht, als zeige es den Willen, sich bewusst der Erde anzuvertrauen. Könnte es sein, das Kinder, die das nicht bewerkstelligen, den Kontakt zum Himmel, zum Geistigen, keinesfalls verlieren wollen? Ich kenne jedenfalls eine sehr spirituell ausgerichtete Mutter, die drei von ihren fünf Kindern über Steissgeburten zur Welt brachte!

Dieser Beckenraum, der sehr viel mit unserem Urvertrauen zu tun hat und den wir gerne mit einer gewissen Scheu vor all den diffusen Gefühlen, die dort gelagert sind, vernachlässigen, hat mit dem Erdhaften in uns zu tun und ist so unendlich wichtig. Ein sakraler Bereich, wie es sogar die Medizin über den Begriff des Ileo-Sakral-Gelenks ausdrückt. Genau in diesem Bereich werden wir über verschiedenste Formen der Liebe durch unsere Lebensaufgaben geführt.

Endlich setzt die Geburt um die 38./39. Woche ein. Sehnlichst erwartet, manchmal auch gefürchtet. Was für ein gewaltiges Erlebnis für alle Beteiligten, besonders aber für Mutter und Kind! Mit dem ersten Atemzug, meist mit einem Schrei, ist die Verbindung in unsere Welt neu geschaffen. Der Lebensplan beginnt sich zu erfüllen. Es ist ein heiliger Moment, der immer wieder bei allen Beteiligten tiefe Ergriffenheit zulässt.

Mir selbst ist in besonderer Erinnerung, dass meine Kinder die Augen weit offen hatten, deutlich mehr als in den nächsten Tagen. Das Wunder der Schöpfung erfüllte den Raum mit grosser Kraft und heute ist mir klarer, wie viele Lichtwesen diesen Empfang begleiteten. Es ist wunderbar, dass heute in weiten Kreisen, nicht zuletzt durch die Geburtshäuser, diesem Geschehen sehr viel bewusster Raum gegeben wird als früher. Dafür braucht es verantwortungsvolle Ärzte und Hebammen mit viel Wissen und noch mehr Liebe und Idealismus, um den Kampf für diese neue Welt aufzunehmen.

Der Gegenpol, der über einen nicht unbedingt nötigen Kaiserschnitt Erleichterung vor dieser Aufgabe verspricht, versucht sich ebenfalls durchzusetzen. Jeder Mensch hat immer die Entscheidungen zu treffen, es ist alles Erfahrung. Wenn der Einstieg in unsere Welt unfreiwillig in dieser Form erfolgte, scheint es mir sehr wichtig, sie nicht als Unfähigkeit der Mutter oder Ärzte weiterzutragen.

Immer ist ein Sinn im ganzen Geschehen zu finden, wenn wir nur danach suchen. Das allerdings setzt ein Urvertrauen voraus, das wir uns vielleicht erst nach unzähligen Leben wieder erringen können. Den Weg dahin können uns manchmal Mitmenschen zeigen, die schon länger gewandert sind.

Es braucht auch neue medizinische Erkenntnisse hin zu einem besseren Miteinander. Es wird mehr geforscht, auch in gefühlsmässigen Bereichen, als wir manchmal wissen oder glauben. So hörte ich, dass Dr. Jean Marie Delassus[28] an der Uni in Paris nach der inneren Sicht des Fötus sucht! Er ist sicher nicht der Einzige. Auch in Kanada sind über Dr. Anthony deCasper[29] Forschungen im Gang, was zum Beispiel Licht und Laute im entstehenden Baby bewirken.

Viele Mütter wählen ein spezielles Musikstück für ihre Schwangerschaft aus. Sehr oft wirkt das später als Beruhigungshilfe in schwierigen Momenten in den ersten Lebensjahren. Das ist alles deutlich über die sich verändernden Herztöne des Kindes nachweisbar.

Es gibt weiter die Tomatis-Therapie[30], wo über Musik, vor allem Mozart, Schwangerschaftstraumata geheilt werden können. Das gilt für Mutter und Kind und kann in jedem Lebensalter durchgeführt werden.

---

[28] Jean Marie Delassus: La génie du foetus. Vie prénatale et origine de l'homme. Paris, Dunod Verlag, 2001.
[29] www.uncg.edu/psy/people/fac_decasper_a.htm
[30] Alfred Tomatis: Der Klang des Lebens. Rowohlt Verlag 2003. Informationen unter www.tomatis.de

Dabei ist vor allem interessant, wie bedeutsam die Muttersprache wirkt, die das Ungeborene über die ganze Schwangerschaft auch über die Gedanken mit der Mutter geteilt hat. Es sind Fälle bekannt, bei Adoptionen zum Beispiel, in denen ein Kind ganz selbstverständlich eine vorher unbekannte Sprache mindestens verstand, manchmal sogar auch sprechen konnte. Interessant war für mich zu erfahren, dass Fruchtwasser bei entsprechender Nahrung süss wird. Das ist daran zu sehen, dass das Baby besonders oft am Daumen saugt und dabei offenbar Freude empfindet.

Nicht vergessen möchte ich, wie wichtig die Hand des Vaters ist, wenn sie schon in der Schwangerschaft beruhigend zum Kind hin wirkt und damit Verbundenheit und Schutz des väterlichen Teils ausstrahlt. All das wissen Mütter sicher seit Urzeiten, aber ich bin dankbar, dass dieses Wissen über die medizinischen Fortschritte auch für Skeptiker offenbar wird.

Alle diese Stationen der Kindesentwicklung im Mutterleib zeigen ein langsames Einlassen in die Materie, ein langsames Bewusstwerden im körperlichen Bereich. Und die Seele? Wir sprechen mit einer gewissen Selbstverständlichkeit von ihr, ohne diesem Gefühl wirklich auf den Grund zu gehen. Die Frage nach der Seele ist sicher für alle Menschen sehr wichtig, die mit Fehlgeburten oder Abtreibungen zu tun haben oder hatten. Anne und Daniel Meurois-Givaudan versuchen in ihren Schriften, Antworten zu finden, die Bücher haben dank des Channelings eine grosse Ausstrahlung.[31] Da gibt es wunderbar heilende Antworten. Sie zeigen auf, dass die Seele auch in den Zeiten der Schwangerschaft und besonders in den ersten Lebensmonaten absolut frei ist und sich sowohl im Diesseits wie auch im Jenseits bewegen kann, dem vergleichbar, wie wir im Traum alle Welten bereisen können. In diese Richtung gehen auch Erlebnisse der ergreifendsten Art, wenn ich immer wieder mit Frauen arbeiten konnte, welche eine Fehlgeburt oder einen Schwangerschaftsabbruch

---

[31] Anne und Daniel Meurois-Givaudan: Die neun Schritte ins Leben. Der Initiationsweg der Geburt. Hugendubel Verlag. 11. Auflage 2007. Dies.: Essener Erinnerungen. Die spirituellen Lehren Jesu. Hugendubel Verlag. 1992.

hatten oder eine Totgeburt betrauerten. Mit Hilfe der Engel zeigte sich immer wieder die Seele der so früh Gegangenen als helles Licht, die völlig unversehrt durch ein Lichttor eingeht. Ich lasse fragen, was sie in der kurzen Zeit bewirken wollten. Dann kommen Antworten wie: »Eine Verbindung zur jenseitigen Welt schaffen«, »Den Wunsch deutlicher werden lassen, wirklich die Verantwortung für ein Kind zu übernehmen«, »sich mehr Zeit zu lassen« oder »auf den richtigen Partner warten«. In solchen Momenten fliesst sehr viel Liebe von diesem Wesen zur Mutter und die Engel bilden meist einen Kreis darum. Offenbar ist es unendlich wichtig, dass Schuldgefühle aufgelöst werden können, denn sonst sind sie wie Eiterherde in einem Menschen und verhindern ein gutes Weitergehen auf dem äussern und inneren Weg. Ich wünsche mir, dass diese Worte nicht beschönigend aufgefasst werden! Niemals habe ich mit vielen Frauen zusammen in solchen Momenten etwas Strafendes oder Dunkles erlebt.

Ich möchte noch einige Beispiele geben, die schwierige Situationen bei der eigenen Schwangerschaft beleuchten, um ein entsprechendes Trauma verständlicher zu machen.

Das Erleben unserer eigenen Schwangerschaft überlappt in die Schwangerschaft, in der wir schliesslich selbst unsere Kinder geboren haben. Es geht unter anderem bei dieser Arbeit darum, Frauenschicksale zu entwirren, die sich immer wieder unnötigerweise um die Frage drehen: »Bin ich richtig? Bin ich gut genug?« Manchmal taucht sogar der Satz auf: »Ich versage immer im entscheidenden Moment.«

Eine Fehlgeburt bringt auch über die körperliche Schwäche und Hormonumstellung eine sehr schmerzhafte Erfahrung. Halb bewusst fühlt man sich von dem Kind, das sich verabschiedet hat, abgelehnt. Ich habe dies selbst dreimal vor den Geburten meiner Kinder erfahren und weiss, wie schwer das zu ertragen ist. Leicht stellen wir uns als Frauen völlig in Frage. Ich war damals gut zwanzig Jahre alt. Eigentlich war ich ein wenig geflohen vor zu viel Verantwortung als Älteste von zehn Kindern, die ich zum grossen Teil »freiwillig« übernommen hatte. Im Grunde war es absurd, sofort eine neue, eigene Familie aufstellen zu wollen. Aber da mein Mann älter war, schien es mir selbstverständlich, bald Kinder zu wünschen. Offenbar aber wusste mein Körper, dass es dazu noch zu früh war und reagierte entsprechend. Ich war noch viel zu unbewusst, um die Zeichen zu erkennen. Es tat einfach weh, vom Arzt als labil bezeichnet zu werden und mich als Versagerin zu fühlen. Heute verstehe ich das grosse Lebensgesetz, das mir eigentlich helfen wollte, weniger Fehler aus einer neuen Überforderung heraus zu begehen. Zudem wurde mir verschiedentlich gesagt, dass offenbar die gleichen Seelen wieder anklopfen. Ich glaube das, es scheint mir logisch, und alle Erfahrungen sind logisch, wenn wir uns an die Hintergründe wagen.

Von den Reflexzonen her ist dieser Übergang von der 10. bis zur 12. Woche der Schwangerschaft die Herzzone und entsprechend kommen alle nur möglichen Gefühle in Bewegung. Schliesslich ist die Schöpferkraft in uns in Bewegung gekommen und nicht erfüllt worden. Oft besteht dazu vom Vater oder der Familie der Druck, die auf Nachkommenschaft warten. Da gilt es, grundsätzliche Fragen anzugehen, die weit über das Körperliche hinausgehen. Eigentlich hat eine Fehlgeburt mit der Lebensaufgabe des Paares zu tun, die Frage zu stellen: »Verhilft ein Kind dazu, die eigenen Möglichkeiten wirklich zu erfüllen? Oder braucht es etwas ganz anderes?« Ich hoffe, dass in Zukunft mehr Fragen dieser Art gestellt werden.

Sind die Klippen dieser ersten drei Monate der Schwangerschaft überwunden, geht es oft leichter weiter im Leben, aber auch mit der ausgleichenden Arbeit an den Füssen. Wird nun immer wieder sanft über diese Zonen entlang der Knochenkante gestrichen, lösen sich Blockaden, Spannungen und Verkrampfungen, die sich in all den Wochen der Erwartung bei unserer eigenen Schwangerschaft einprägen konnten. Das kann zu erlösenden Tränen führen, wenn diese Falten und Furchen zu Übergängen werden anstatt Gefühle zu blockieren.

Natürlich sind neun Monate mit allen erdenklichen Phasen des Alltags ausgefüllt. Was geht einer werdenden Mutter durch den Kopf, ausgelöst durch unzählige Ereignisse aussen und innen, Reaktionen der Umwelt, Sorgen und Belastungen jeder Art, Freuden jeder Art, zuviel oder zuwenig Ruhe? Auch in einem völlig normalen Leben geschieht manches, das von dem kleinen Wesen miterlebt wird. Alles prägt und bereitet das Kind auf seine Aufgaben in dieser Familie vor. Je besser wir fähig sind, das zu anerkennen, umso leichter wird auch das Kind seine Aufgaben annehmen können.

Ich kenne einige Frauen, deren Mann vor der Geburt eines Kindes gestorben ist. Entsetzlich schwer ist das, mit dem Verstand überhaupt nicht zu fassen, eine der gewaltigsten Prüfungen in das Vertrauen, in einen Sinn in jedem Leben. Der Schock ist gewaltig für alle, besonders aber für Mutter und Kind. Gerade in einer jungen Ehe, wo noch alle Hoffnungen ungetrübt sind, kommt ein unendliches Gefühl von Wut gegen diese Ungerechtigkeit auf. Da kann nur mit den höchsten Engelskräften gearbeitet werden, um den Weg zum Licht dennoch oder sogar erst recht zu finden. Immer aber ist Heilung möglich und das nicht nur durch die Zeit, wie so leicht gesagt wird.

Meistens wird bei dieser Arbeit an den Füssen auch die Situation bei der eigenen Geburt erlebt. Das kann sehr schön sein und wie ein Segen aus anderen Welten wirken. Mir ist dabei wichtig, dass der Geburts- oder Schutzengel wahrgenommen wird. Um Erdung zuzulassen, ist es unumgänglich, dass wir uns von Anfang an erlauben, von den Lichtwesen nicht verlassen zu werden. Alle Menschen haben dieses Geburtsrecht. Kinder bekommen den Schutz einfach geschenkt, sonst würden wohl gar nicht so viele Menschen überleben. Keine Mutter kann jeden Moment aufpassen.

Der Empfang auf dieser Erde kann leider auch weniger erfreulich sein. Schon über die Schwere oder Gefahr der Geburt kann es für Mutter und Kind sehr bedrohlich aussehen, auch heute noch. Gerade dann brauchen wir die lichtvollen Helfer, um solche Schocks aufzulösen. Es ist verblüffend, wie deutlich die damalige Situation wieder erlebt werden kann und es wäre gut, wenn sich mehr Menschen der Tatsache bewusst würden, dass unsere Seele immer dabei war, obwohl wir uns im Normalzustand als Erwachsene nicht daran erinnern können.

Weder bei unserer Geburt noch im Sterben, weder in Narkose

noch im Koma sind wir unbeteiligt. Das heisst, dass wir nicht nur auf dieser Welt leben. Unsere Seele weiss immer um den richtigen Weg, der genau für uns stimmt, und fordert uns offenbar manchmal ganz schön heraus, um unsere Fähigkeiten in Fluss zu bringen.

Bei der Mutter kann so ein Schockerlebnis eine postnatale Depression bewirken. Das Geburtserlebnis verbrauchte zu viel Kraft und stellt alle zukünftigen Fähigkeiten, für das Neugeborene sorgen zu können, in Frage. Manchmal ist auch das Team aus Hebamme und Arzt nicht gut zusammengesetzt und bewirkt ein Gefühl der Verlassenheit und des nicht wahrgenommen Werdens.

Wir können fragen, mit welchen Worten oder Farben sich die Situation beleuchten, das heisst begreifen lässt. Vielleicht geht diese Situation mit der gleichen Zusammensetzung, aber anderen Rollen auf ein vergangenes Leben zurück. Es kann sein, dass die Mutter damals starb und das nicht verarbeitet wurde.

Es ist möglich, ganz konkret zu fragen, ob sich der Schock in den Körper ausgewirkt hat und eine Heilung braucht. Unter Umständen fühlte sich so ein Mensch nie ganz in seinem Körper daheim, weil er innerlich sofort wieder in die jenseitige, lichtvolle Welt zurückwollte. Aber nicht jeder Säugling oder Mensch stirbt durch diesen Wunsch. Vielleicht gilt es gerade über solche Umstände, die sich meist im ganzen Leben widerspiegeln, Wesentliches zu überwinden. Solche Menschen haben oft wenig Lebensfreude und zu wenig Kraft für ihren Alltag. Sie fühlen sich immer wieder unwillkommen oder überfordert, ganz gleich, wo sie sind. Also wird eine Heilung für sie enorm wichtig. In diesem Fall lasse ich den Leidenden nachspüren, wo es sich im Körper wie eine Wunde anfühlt. Oft ist das im Herzraum der Fall.

Auf meine Frage, wo sich das fehlende Stück befindet, ist meistens eine klare Wahrnehmung des Patienten möglich. Der geflüchtete Teil kann sich ganz nahe in der Aura befinden und lässt sich auf die Bitte dieser Person sanft einfügen. Manchmal, bei gravierenderen Schocks, ist er wirklich weit weg, wir könnten sagen, in einer anderen Dimension. Dann braucht es die Hilfe eines Engels, um den Teil zurückzuholen. Menschen, die sich nicht geliebt fühlen, ganz gleich, wie viel sie von der Umgebung erhalten, gehören dazu. Man spricht dann leicht von einem »Fass ohne Boden«. Alle Anstrengungen der Familie können diese Wunde nicht ausfüllen, weil diese Menschen möglicherweise so ein Trauma in der Zeit des Wachsens im Mutterleib oder nach der Geburt erfahren haben, weil sie nicht das richtige Geschlecht hatten oder irgendeine abfällige Bemerkung gefallen war oder sogar lediglich im Raum stand.

Die Abtrennung eines Seelenanteils kann aber ebenso gut vorher, in einem anderen Leben, oder in den ersten Monaten oder Jahren auf dieser Welt passiert sein. Wenn sich so eine Wunde über die geistige Welt erlösen lässt, geschieht ein kleines Wunder, weil sich dadurch die Sicht dieses Menschen zur Welt hin ändern kann. Das ist auch der Grund, warum ich auf der Farbtafel entgegen der Norm der Chakrenfarben auch blau eingefügt habe (Abb. 2, S. 142). Diese Farbe steht für den Gefühlsbereich in der Höhe des Inkarnationssterns beim Nabel. Sie soll ein wenig Himmelsenergie in den Bauchraum bringen, damit wir aus dem Bauch heraus reagieren können.

Unsere Zeit ist so reif geworden, dass sich immer mehr solche Wahrheiten manifestieren. So erlebte ich mit meiner Gruppe in einem Seminar, dass sich bei einer Metamorphosetherapie einen Moment lang absolut deutlich zeigte, dass sich Mirjam als ihr kleines Schwesterchen wahrnahm. Dieses war vor Mirjams Geburt mit drei Jahren an einem Unfall gestorben und von der Familie aus tiefem Schmerz kaum erwähnt worden.

Mirjam war keineswegs »abgehoben«, wie man so sagt, sondern sehr praktisch im Leben stehend, ohne sich Gedanken über solche Fragen zu machen. Sie hatte aber schon vor Jahren immer wieder nach diesem Schwesterchen gefragt, wann immer ihr das möglich war, und das als Einzige in einer grossen Familie, obwohl sie nicht wirklich an Reinkarnation glaubte.

Ihr wurde in diesem Moment klar, warum sie so ein besonders nahes Verhältnis zu ihrem Vater hatte. Dieser hatte sie nach einem Unfall, den er verursacht hatte, schmerzerfüllt auf seinen Armen nach Hause getragen. Das konnte sie vor ihren inneren Augen sehen.

Ich bin dank unzähliger Geschichten, die sich bei den Menschen zeigten, mit denen ich gearbeitet habe, ganz sicher, dass es keine

Regel gibt, in welchem Zeitraum wir uns wieder inkarnieren. Einzig wichtig ist, ob die Ziele erfüllbar sind, die wir mit den entsprechenden Menschen zu erledigen haben.

Mirjam fühlte, dass sie sich die Aufgabe gestellt hatte, Trauer aufzulösen, zu unterstützen, zu helfen und zu heilen. Das hat sie in ihrer Familie und auch später getan. Übrigens konnte sie kurz nach ihrer eigenen Geburt wahrnehmen, dass ihre Mutter einen Moment lang glaubte, sie wäre das verstorbene Kind, obwohl oder vielleicht weil es ihr nicht gut ging. Als gläubige Katholikin verwarf sie den Gedanken natürlich als absurd.

Natalie, eine engagierte Pflegefachfrau mit lebenslanger Erfahrung, erlebte sich auf dem Weg in die jetzige Inkarnation einen Moment lang als Engel, der sich dann zu einer Kinderseele verwandelte. Das entsprach gar nicht ihrem bewussten Denken, berührte sie aber tief. Nun sprechen wir oft davon, dass ein Kind, das gestorben ist, zum Engel wird. Auf Grabsteinen finden wir häufig dieses Bild, das Trost bringen soll.

Nach meinen Erlebnissen mit Hunderten von Menschen aller Altersklassen und Lebenssituationen bin ich davon überzeugt, dass wir alle unsere Engelanteile mitbringen. Das hat mit dem göttlichen Kern in uns zu tun. Wir sprechen davon, ohne uns bewusst zu sein, wie wahr das ist.

Es beginnt bei den Kindern, die wir mindestens im Schlaf wie Engelchen wahrnehmen. Aber auch ihr täglicher Anblick bringt uns oft dazu, wenn sie vertieft spielen, als seien sie in eine andere Welt versetzt. Vielleicht sagen wir »Engelchen und Bengelchen«, was unser aller innere Zerrissenheit oder besser gesagt: Aufgabe ausdrückt.

Es gibt auch Erwachsene, von denen wir als Engel sprechen. Beinahe jede Mutter ist das bestimmt einige Jahre für ihr Kind. Wehe, wenn sie es nicht sein kann. Der Vater spiegelt wohl eher Gottvater wider, er scheint mächtiger! Was für eine Verantwortung liegt darin.

Alle Menschen in helfenden Berufen werden immer wieder so gesehen oder manchmal auch so angesprochen, zumindest, wenn sie in Liebe arbeiten: Erdenengel. Oft bin ich zutiefst berührt, diese Teile wahrnehmen zu dürfen, wenn ich intensiv mit Menschen an ihren Problemen oder Fragen mitarbeite. Das geschieht häufig, da ich mit vielen angehenden Therapeuten zu tun habe. Das heisst aber nicht, dass das nur bei solchen Menschen ersichtlich wird. Ich kann das auch auf der Strasse mit Beglückung erleben.

Da, wo dieser Anteil so deutlich wird, sind leider die Probleme nicht kleiner. Denn mit diesem halb bewussten Teil in sich ist es viel schwerer, Unvollkommenheiten an sich selbst wie auch um sich herum in dieser Welt akzeptieren zu können. Es ist oft etwas Naives um diese Menschen, oft sind es Weltverbesserer, Idealisten, Künstler, Rebellen, gelegentlich religiös ausgerichtete sanfte Begleiter, aber auch Fanatiker. Es ist sehr wichtig, mindestens aus meiner Sicht, dass sie diesem Teil in sich Glauben schenken und ihm vertrauen lernen. Es können auch die medial Begabten sein, die als Kind als Fantasten, Träumer und manchmal als Lügner angeklagt wurden, weil sie Wahrheiten ausgesprochen haben, die für andere nicht nachvollziehbar waren.

Die Geschichte:
Ottilie lebte in sehr schwierigen Verhältnissen, sie war geschieden mit drei Kindern, davon zwei behindert. Sie hatte sehr viel Kraft eingesetzt, um die Kinder optimal zu betreuen, beinahe über ihre Möglichkeiten, da sie zudem noch arbeiten gehen musste. Irgendwie stand die Frage deutlich da: Es ist einfach ungerecht, warum habe ausgerechnet ich ein so schwieriges Leben?

Ich liess sie über den Konzeptionspunkt der Metamorphose fragen, was sie sich für dieses Leben vorgenommen hätte: »Den Schwachen helfen«, bekam sie als Antwort.

Ich liess sie weiter fragen, was sie zu dieser Aufgabe geführt hatte. Da kam über ihre inneren Bilder zum Vorschein, dass sie im letzten Leben zusammen mit ihrem Ex-Mann die Kinder zum Betteln auf die Strasse geschickt und sie sehr schlecht behandelt hatte. Sie war die treibende Kraft dazu gewesen, und die Bilder, die sie vor ihren inneren Augen sah, entsetzten sie.

Darauf liess ich sie fragen, wie ihr Leben denn damals geendet habe. Sie sah sich allein in einem Raum, eine Kerze brannte und ihr war bewusst geworden, dass sehr vieles falsch gelaufen war. Es tat ihr unendlich leid und sie spürte, dass ihre Tochter, ein sehr zartfühlendes Mädchen damals und auch heute, zu dieser Erkenntnis und Veränderung massgeblich beigetragen hatte. Diese Tochter war damals vor ihr gestorben und ihr war klar, dass sie schuld daran gewesen war.

Die Tränen flossen reichlich und wischten viel Elend und vor allem Groll gegen den Ehemann, mehr aber noch gegen Gott weg, der sie scheinbar so ungerecht leiden liess.

Wir baten um heilende und reinigende Kräfte über das Scheitel-Chakra bis in den Beckenraum hinein. Violett-goldene Farben füllten erleichternd den ganzen Körper.

Ottilie konnte annehmen, wie viel Einsatz sie geleistet hatte, um das Beste aus der Situation zu machen, welche fast unmenschliche Kraft sie über viele Jahre aufgebracht hatte, bis die Kinder nun erwachsen waren und einen guten Weg gefunden haben.

Im Grunde wurde sie von ihrem inneren Wissen geleitet, auch wenn ihr das nicht klar gewesen war.

So geht es übrigens vielen Menschen, welche nichts von all den Zusammenhängen ahnen!

Es war eine tiefe innere Freude, eine verwandelte Frau nach dieser Arbeit aufstehen zu sehen. Die Überforderung von Jahren war aus ihren Gesichtszügen verschwunden.

Erzengel Jophiel stand ihr bei.

Zentral bei solchen Geschichten ist es, ganz klar von jeder Art Schuldgefühl Abstand zu nehmen. Es ist nur wichtig, zu begreifen, warum ein Schicksal so schwer sein kann und dass das Annehmen eben dieses Schicksals alle Beteiligten erlöst. Wichtig in dieser Geschichte scheint mir die Tatsache, dass ihre Tochter, leicht behindert, aber von so lichter Ausstrahlung, sie durch das vergangene und jetzige Leben begleitete. Das benenne ich als Engelsanteil, vielleicht ist das manchmal über eine Behinderung leichter oder bleibender lebbar. Oft werden solche Menschen zu einem liebevollen Licht in einem schwierigen Umfeld. Viele Eltern von Behinderten erleben dies nach dem ersten Schock. Es werden bei allen Beteiligten oft erstaunliche Kräfte freigesetzt.

Wir sind ja so von unserem Verstand geprägt, dass es wohl das Abschalten in gewissen Bereichen braucht, um das Wesentliche, die Arbeit an unserer Seele, auf diesen Umwegen wieder zu erlernen.

Eine junge Frau brach während eines Kurses in Tränen aus. Herz und Magen wurden ihr gefühlsmässig sehr schmerzhaft herausgerissen. Ich sagte ihr spontan, dass das bei den Mayas üblich gewesen war, wo Jungfrauen zum Heil des Volkes geopfert wurden. Klara hatte das schon einmal als Halbwüchsige von ihrem Bruder gehört und war so erschrocken, dass sie sich damals beim Mittagessen verschluckte und rasendes Herzklopfen bekam, ohne etwas Genaueres darüber zu erfahren. Nun sah und fühlte sie diesen Schrecken genau so. Wie froh war ich, um die Hilfe aus der geistigen Welt zu wissen, die auch solche Wunden heilen kann, wenn sie ins Bewusstsein kommen und mit dem entsprechenden Wunsch und der klaren Bitte ganz klar um das Einsetzen der damaligen feinstofflichen Organe gebeten wird. Es brauchte Zeit zur Beruhigung und damit den Glauben, dass so etwas möglich ist. Klara ist sehr schmal und zart gebaut, es fehlte an Lebenskraft. Zum Glück wirkte sich die damalige Erfahrung nicht bis zum organischen Herzfehler aus.

Ich kann nur erzählen, welche Wandlung im Körpergefühl möglich und auch sichtbar wird, wenn dies erfolgt. Das hat sehr viel mit dem sich erden Können zu tun, was bei den Menschen, mit denen ich zu tun habe, sehr oft ein Problem ist. Kein Wunder bei so gravierenden Verletzungen aus einem anderen Leben, das völlig unverständlich scheint. Die junge Frau begriff damals offenbar nicht, warum das mit ihr geschehen war. Es brauchte also jetzt das klare Wissen, dass sie das Lebensopfer aus dem damaligen Glauben heraus für ihr Volk getan hatte, und dass viele Menschen alle Hoffnungen und Wünsche in einer prekären Situation des Landes in dieses Ritual setzten.

Entsprechend begleiteten sie auch der Dank und die Gebete vieler Menschen, was offenbar dazu führte, dass sie in dieses Leben sehr viel Weisheit mitgebracht hat. Sie ist in einem sozialen Beruf tätig und es gibt Menschen, welche deutlich die Engelanteile in ihr wahrnehmen. Aber Klara war äusserst verletzlich in unserer schwierigen Welt. Sobald sie sich in irgendeiner Weise bedrängt fühlte, schlüpfte sie, ohne das zu wollen, aus ihrem Körper. Sie war einfach nicht ganz da und erlebte sich in diesen Augenblicken als kraft- und mutlos. Ausserdem nahm sie sehr leicht Traurigkeit und Schwierigkeiten von anderen Leuten in ihren eigenen Körper auf, was zusätzlich schwer zu ertragen war.

Das änderte sich nach diesem Erlebnis deutlich, war aber nicht vollständig aufgelöst. Meist haben solche Menschen verschiedene ähnliche Leben, bis das alte Muster der Opferung aufgelöst ist.

Erzengel Samael begleitete das Geschehen.

Solche Erlebnisse bringt das Neugeborene unter Umständen mit, was ein Grund zu entsprechenden Krankheiten sein kann. Der Körper hat nun einmal die Aufgabe, alle Schocks ans Licht zu bringen und damit zu heilen. Nicht selten sind Familienmitglieder oder Ärzte von heute an solchen alten Geschichten mitbeteiligt. Offenbar versucht dabei das Gesetz der Seelenverbindungen, wieder zu ordnen und zu heilen, was möglich ist.

Sehr wichtig ist immer neu, dass über das Erkennen der Zusammenhänge die Schuldfrage verwandelt wird. Es geht immer um das Auflösen des Problems. Das wiederum ist nur mit Hilfe der Engel und Helfer möglich. Wenn so gearbeitet wird, entsteht ein Gefühl des Ganz-Werdens. Es ist erfreulich, dass immer mehr Menschen bereit sind, solche Möglichkeiten überhaupt zu erwägen und den Raum dafür zu geben, sowohl als Therapeut wie als »Patient«.

Bildlich gesprochen bekommt »das Fass« einen Boden, Selbstmitleid verliert an Gewicht. Das führt zu einem klareren Blick in den eigenen Umkreis, so dass andere Menschen mit ihren Bedürfnissen wahrgenommen werden. Dadurch kann sich mancher egoistische Ansatz auflösen. Dieser Vorgang ist ähnlich, wie wenn man keinen Hunger mehr hat und gerne weitergibt ohne zu glauben, darben zu müssen. Dazu braucht es viel Aufräumarbeit in unserem Leben.

Es gibt heute bekannte Grössen wie Louise Hay, Thorwald Dethlefsen oder Rüdiger Dahlke und andere, die sich mit diesen Fragen auseinandergesetzt haben. Manchmal brechen solche Erkenntnisse sogar in einem guten Roman durch. Sie alle helfen uns, aus der Opferhaltung herauszukommen, welche uns daran hindert, auf unserem Weg weiterzukommen.

Kapitel 19

Ausgleich schaffen bei Einschnitten an der Wirbelsäule im Fuss

Bei fast allen Füssen finden sich deutliche Falten in gewissen Bereichen, die für die Wirbelsäule stehen. Sie ergänzen das Thema Schwangerschaft. Sie führen einfach weiter ins Leben hinein und durch unsere Schicksale hindurch. Solche Kerben entstehen durch einschneidende Erfahrungen in den ersten 28 Lebensjahren, zum Beispiel durch die Geburt eines Geschwisterchens, wenn das nicht verkraftet wurde, aus welchem Grund auch immer. Die Kerbung kann auch wegen Krankheit oder Tod in der Familie entstehen oder wegen eines Umzugs. Leider gehört auch Missbrauch dazu, eine Erfahrung, die unverständlich blieb und meist nicht wirklich zur Sprache kam.

Wenn wir in diesen Bereichen an den Füssen klar und ruhig arbeiten, lassen sich über die Jahre solche »Fallgruben«, wie man sie nennen könnte, langsam bearbeiten.

Es sind Krisenzeiten, die wir so ausgleichen. Dafür ist unser Leben wohl eigentlich angelegt worden. Es kann sein, dass sie mit Schwachstellen von der Schwangerschaft her in Verbindung stehen.

Wenn mit sieben Jahren eine heftige Krise gelebt wurde, heisst das bei entsprechender Lösungsarbeit, dass so etwas mit 49 oder 63 Jahren viel ruhiger und bewusster geschehen kann. Das Leben scheint sehr einfallsreich zu sein, um uns immer wieder eine entsprechende Aufgabe zu stellen.

Das kann auch ablaufen, wenn die Themen aus dem Nichtwissen heraus nicht klar angegangen werden. Besser ist es natürlich, dass erkannt wird, worum es geht. Heute wird von vielen Menschen Therapie benutzt, sei es Psychotherapie, Mal-, Klang-, Musik- oder Körpertherapie in irgendeiner Form.

Natürlich sind diese Zahlen auf der Tabelle Abb. 3 in grosszügige Abschnitte eingeteilt. Jedes einzelne Jahr hat da seine Wichtigkeit, es sind jederzeit kleinere oder grössere einschneidende Erlebnisse möglich. Medizinisch sicher ist, dass unser Körper innerhalb von sieben Jahren alle Zellen erneuert. Dazu fiel mir ein Wort zu, gechannelt von Erzengel Michael, da heisst es: »Alle sieben Jahre bekommt jeder Mensch seinen Segen geschenkt aus dem Lebensgesetz, den Lichtwesen, von Gott!« Wie wunderbar! Das ist ein weiterer Grund, weshalb ich die Siebenerreihe so betone.

Wenn wir dies auf der Tabelle verfolgen, hilft uns das, unser Vertrauen zu stärken, wenn wir loslassen lernen wollen. Vor allem können wir uns darauf einstellen, dass wir bei der nächsten Prüfung gefasster damit umgehen, wenn wir unseren Rhythmus entdeckt haben und auf unser Leben in dieser Form zurückblicken.

Schon bei der Geburt im Sakral- und Wurzel-Chakra ist dieser Segen wohl das Wichtigste, um den vielleicht ersten Erdenschock abfangen zu können. Vieles kommt auf so ein Menschenkind zu, schon rein körperlich mit dem ersten selbstständigen Atemzug, dem Wärmeunterschied, dem Licht und den verschiedenen Händen, die es umfangen. Wie hilflos sind heute viele junge Mütter und brauchen schon im Wochenbett Beistand!

Vergessen wir nicht, dass das Baby alles miterlebt, was geschieht. Es fühlt sehr deutlich, ob es in Liebe und Freude willkommen geheissen wird. Das höre ich immer neu in Geschichten, die im eigenen Geburtserlebnis wahrgenommen wurden. Wie gefährlich ist der Spruch: »Endlich der Stammhalter!« oder gar »Schon wieder ein Mädchen!«

Es ist wunderbar, dass heute die Geburtshäuser und davon angesteckt auch viele Spitäler eine liebevollere Atmosphäre schaffen. Aber bitte nun nicht unglücklich werden, weil das früher nicht so war. Die Zeit war noch nicht reif und wir dürfen uns nicht vorwerfen, dass wir nichts ändern konnten, nicht einmal von all dem wussten. Es gibt immer eine Möglichkeit, auch heute einen liebevollen Ausgleich zu schaffen, und alles hat einen Hintergrund, den wir erfragen können. Jeder »Modetrend«, auch beim Kinderkriegen, birgt immer neue Gefahren in sich.

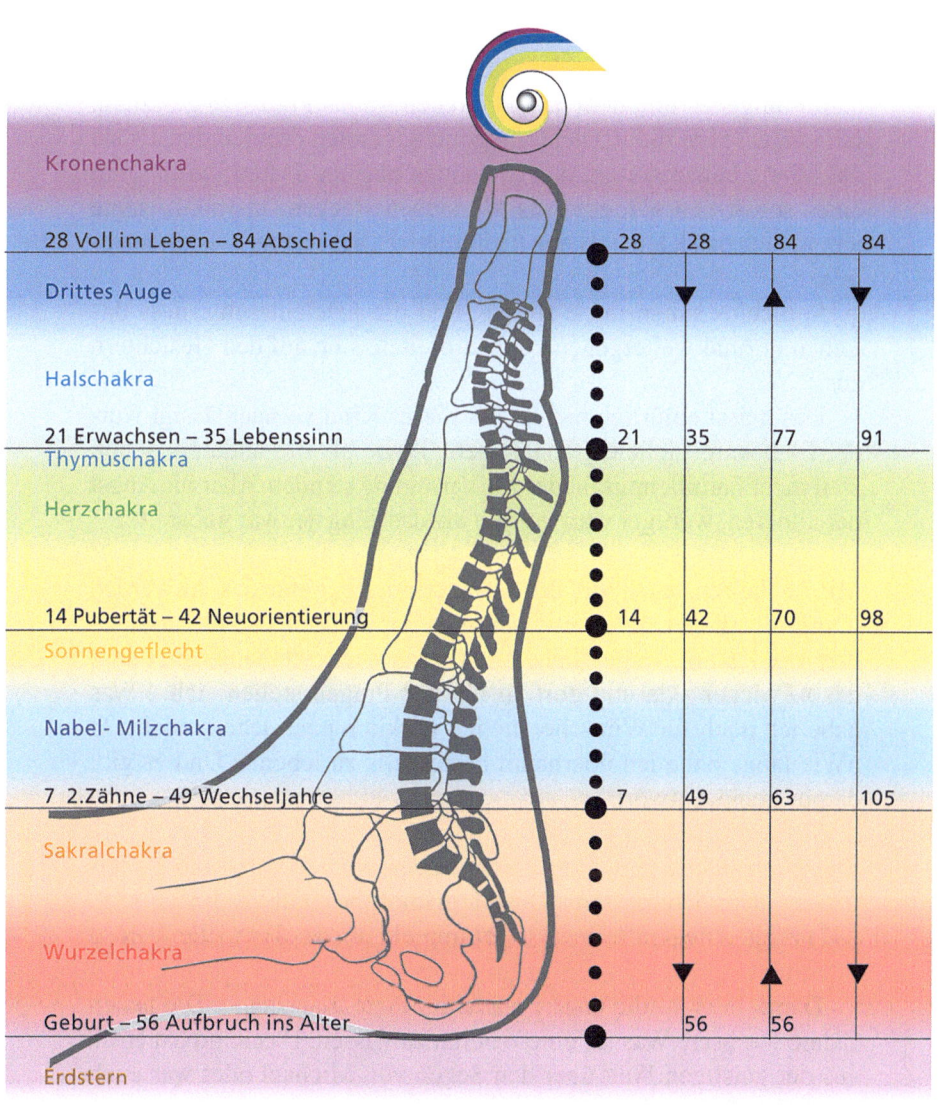

Abb. 3 (Grafik: Catherine Aegerter)

Ein Geschwisterchen kann leicht so einen Einschnitt bewirken, denken wir nur an die Eifersucht. Nicht jedes Elternpaar kann gleich gut damit umgehen und dem Erstgeborenen seinen Platz neu gestalten. Ich vergesse nie die Erleichterung meiner ersten drei Kinder, als sie das Vierte bewunderten, das zu weinen begann. Darauf wollte ihm eines sofort den »Nuggi« ins Mündchen stecken. Instinktiv sagte ich: »Auch das Kleinste kann nicht immer alles haben, was es möchte!«

Sprachlos sahen mich alle an, und die Erleichterung, dass das Leben normal weitergehen konnte, breitete sich auf den Gesichtern aus.

Das heisst natürlich nicht, dass dieses Kind vernachlässigt wurde. Es bekam vielleicht sogar mehr Liebe als die anderen, schon weil mehr Familienmitglieder zur Verfügung standen. Aber die Angst der anderen, weniger wert zu sein als das Jüngste, war gebannt.

Mit 56 Jahren, auch auf der Geburtslinie, beginnt das Altwerden immer deutlicher. Wie stelle ich mich der Tatsache, so alt auszusehen, wie ich bin, vergesslicher zu werden, vielleicht langsamer oder das »Zwicken« da und dort zu fühlen? Fragen stellen sich: »Was habe ich noch für Wünsche, die ich wirklich noch leben möchte?« »Wie lange habe ich überhaupt bestenfalls zu leben?« Und es gibt darauf keine Antwort.

Zwischen sieben und neun Jahren finden wir im Milz- und Nabel-Chakra den Geburtsstern. Die Methamorphosetafel (Abb. 2, s. S. 142) zeigt: Alle Kräfte werden gesammelt, um das Tor in die Welt zu öffnen.

Damit beginnt die erste Pubertät, könnte man sagen. Die neuen Zähne wachsen. Was für eine Wohltat zu wissen: Das Kind hat Hilfe aus der geistigen Welt über den Segen von Michael oder wer auch immer als Helfer da ist.

Mit der Schulzeit beginnt wirklich ein neuer Abschnitt. Das braucht Mut von der ganzen Familie, denn ein jedes Mitglied hat seine Geschichte dazu im Gedächtnis. Das kann förmlich im Raum hängen. Wie war der erste Schultag? All die fröhlichen oder trauri-

gen Erinnerungen mit Freunden oder gar dem Gefühl des Allein-
seins unter anderen. Es liegt an uns, das Beste daraus zu machen und
als Eltern oder Grosseltern weise zu leiten, damit nicht die gleichen
Fehler passieren, wie wir sie vielleicht erlebt haben.

Viele Kinder verlieren in dem Alter ihre Verbundenheit und Klarsicht zur geistigen Welt. Sie müssen sich der Realität stellen. Wenn
wir hellhörig sind, muss das nicht so krass sein. Je mehr wir selbst
im Bewusstsein der geistigen Welt leben, umso leichter bleiben das
Vertrauen und die innere Sicherheit bestehen. Im Grunde ist es die
gleiche Übergangszeit wie vor der Geburt. Die Zahlen 49, 63 und
105 liegen auf der gleichen Linie. Sie alle haben mit Wechsel zu tun.
Das kann ins Kreuz gehen und das schafft sehr viel mit dem Willen,
sich trotzdem aufzurichten, auch mit der Kraft, zu sich zu stehen,
den Kopf hoch genug und doch nicht mit der Nase in der Luft zu
tragen. Die Kopfhaltung mit der Scheitel-Ausrichtung zum Himmel
kann hilfreich sein, um klarer zu wissen, was für uns wichtig ist.

Die Wechseljahre rumoren in uns, bringen die Wallungen, vor allem
bei der Frau. Sie versuchen über den Körper und die Hormone, also
auch die Hypophyse, den Wechsel zusätzlich in unserem Denken zu
beschleunigen. Sie wollen uns zu uns selbst bringen, denn wenn die
Kinder aus dem Haus gehen, der Mann seine Karriere aufbaut (oder
auch nicht) kommt die Frage deutlicher: »Ja, und ich?«

Frauen, die beides gelebt haben, Familie und Beruf, sind jetzt
vielleicht erschöpfter und es stellt sich die Frage, je nachdem, wie
sich die Kinder verhalten: »Hat sich die Anstrengung gelohnt?« Frau-
en ohne Kinder müssen sich endgültig dem Alter ohne Kinder und
Enkel stellen. Ganz sicher ist das in jedem Falle eine äusserst anspruchsvolle Zeit. Die Männer werden nicht so wichtig genommen
in Bezug auf die Wechseljahre. Schade!

Mit 63 Jahren beginnt vielleicht schon das Rentenalter oder jeder
wirft wenigstens einen Blick darauf, auch ein Wechsel für beide
Geschlechter. Nochmals werden neue Anforderungen an unsere
ureigenste Form des Lebens gestellt.

105 Jahre ist ein selten hohes Alter und doch wird es immer wie-

der erreicht! »Zufriedenheit« ist oft eine Antwort der »Geburtstags-
kinder« auf die Frage, was als Rezept für dieses hohe Alter dienen
könnte. Mit dieser Antwort wird der Wechsel in die »andere Welt«
hoffentlich einfach.

Das Sonnengeflecht
Die Methamorphosetafel sagt dazu: Kommunikation zwischen Eltern und Kind, und damit der Welt. Zeiten: 14, 42, 70, 98 Jahre. Es
beginnen entscheidende Wandlungen.

Sehr viele Menschen haben ein Grübchen in der Zeit der Pubertät. Das ist zugleich die Zone der Bauchspeicheldrüse, der ich unsere grosse Verletzlichkeit und das mangelnde Selbstwertgefühl zu-
ordne, sowie zudem das Drehen im immer gleichen Gedankenspiel,
entweder die anderen oder sich selbst anklagend.

Wir waren alle einmal in diesem Alter und kennen diese Gefühle.
Himmelhoch jauchzend, zu Tode betrübt, sich verteidigend und Freiheit suchend mit gleichzeitiger Abhängigkeit von den Eltern, je nachdem, wie sich die Situation stellt, ist der Grundton dieser Jahre.

Um das Alter von 40 bis 42 Jahren stellen sich sehr oft ähnliche
Fragen nach der Selbstfindung. Sie zeigen sich über Wechsel in der
Partnerschaft, sei es äusserlich oder innerlich. Oft beginnt sich die
Frau heutzutage aufzulehnen, sie sucht nach einer neuen Herausfor-
derung, nachdem die Kinder grösser und selbständiger geworden sind.
Das Gefühl steht im Raum: »Ist denn das alles, was das Leben ge-
bracht hat?«

Der Mann hat vielleicht den Aufstieg zu seiner Karriere geschafft.
Trotzdem bleibt eine Unzufriedenheit, die sich gar nicht so leicht
erklären lässt.

Vielleicht wird nun ein Haus gebaut, die Kinder sind etwas schwierig im Erwachsenwerden. Es braucht viel Kraft für alles und oft gibt
es nur wenig Zeit füreinander. Wo sind die Träume, die Visionen
geblieben? Manchmal beginnt sich in dieser Zeit die Sehnsucht nach
der geistigen Welt zu formen.

Mit 70 Jahren kann eine neue gelassenere Herausforderung entstehen. Was lässt sich in den restlichen Jahren noch erfüllen? Sieht man in den Zeitungen die Seite mit den Todesanzeigen, sind schon viele früher in die andere Welt gegangen. Es sind geschenkte Jahre, was mache ich damit? Eine neue Pubertät, indem ich mich jung gebe und nachhole, was sich meine Generation oft nicht genommen hat?

Manche Männer blicken mit etwas Neid auf die heutigen jungen Leute, die sich alles leisten können, vom Auto bis zur freien Sexualität, dem Zusammenleben ohne Trauschein und entsprechende Verpflichtungen. Die Frauen, oft schon Witwen mit meist genügend Geld, suchen sich Zerstreuung mit Ferien. Manche betreuen ihre Enkel, erleichtern ihren Kindern den Alltag, besonders, wenn die jungen Frauen berufstätig sind. Viele Grossväter erleben ihre Enkel heute neu in ihrer Entwicklung, was sie oft bei den eigenen Kindern verpasst haben. Ein guter Kreis schliesst sich oft in stiller Vergebung von ehemaligen Vorwürfen der Vernachlässigung.

Heute wenden sich einige neuen Zielen zu. Die Frage nach dem Sinn des Daseins stellt sich anders als früher, wo es einzig um das Erfüllen der Familienpflichten ging. Seminare mit dem Ziel von spiritueller Entwicklung sind voll von Suchenden.

Wer gegen hundert Jahre alt wird, dem kann man nur grossen Frieden wünschen, so dass die Zeit genutzt werden kann, das Leben wirklich abzurunden.

Das Thymus- und Herz-Chakra

Von 21 zu 35 zu 77 bis hin zu 91 Jahren. In den Zwanzigern formen sich oft klarere Bindungen und der Entschluss, eine Familie aufzubauen. Der Beruf ist erlernt oder es wird klarer, wohin der Weg führt. Meist ist die Lösung vom Elternhaus einigermassen geschehen.

Über die Geburten und das Heranwachsen der Kinder wird das Herz meist sehr bewegt.

Sehen wir zur Methamorphosetafel, finden wir: Bejahung der Eltern – Erbähnlichkeiten zeigen sich. Verdauen heisst austauschen. Das können wir übersetzen auf die psychischen Bereiche. Vielleicht möchten wir gar nicht sein wie die Eltern oder ein Elternteil. Aber gerade durch die Kinder, die ähnliche Merkmale aufweisen wie wir, die Eltern und Grosseltern, werden wir mit alten Mustern konfrontiert. Auch geduldig und richtig erziehen ist nicht so einfach, wie wir uns das als junge Menschen dachten. Es braucht sehr viel Herzarbeit und es ist wunderbar, wenn da und dort das Gefühl von Verstehen oder gar von Verzeihen beginnt.

Um das 35. Lebensjahr herum ist oft eine gewisse Gleichförmigkeit eingetreten. Alles läuft in Gleisen, die langsam zu selbstverständlich werden. Die Partnerschaft braucht Erneuerung und Anregung, scheinbar fehlt die Zeit dazu. Leicht bleiben gewisse Themen ausgespart.

Es kommt dazu, dass wir oft glauben, der Partner müsste wissen, was uns fehlt, was uns beschäftigt, vor allem aber, was wir uns von ihm wünschen. Er weiss es nicht, wenn wir uns nicht äussern! Das bräuchte Ruhe, nicht den Krisenmoment!

Wir brauchen gemeinsame Zeiten, sonst ist es plötzlich leichter, die schwierigen Themen mit aussenstehenden Menschen zu besprechen. Das führt dann sehr leicht zu einer Liebesbeziehung mit einem anderen Partner.

Richtung 77 Jahre geht es möglicherweise darum, wieder alleine leben zu müssen. Meist bleiben die Frauen zurück und haben vielleicht die Aufgabe, nun ohne Partner ihr eigenes Leben zu erfüllen. Das ist gar nicht einfach, besonders, wenn die Ehe wirklich eine Gemeinschaft war. Es gibt Frauen und natürlich auch Männer, die sich nun erst zu finden getrauen und in eine neue Kreativität eintauchen, was immer das nun heissen mag.

Das Alleinsein muss gelernt werden. Natürlich gibt es die Möglichkeit, in den jungen Familien zu helfen, was heute schon fast eine Ausnahme ist. Es gibt ja bereits die Wahl-Grosseltern, was von vielen, vor allem von alleinstehenden Müttern immer mehr geschätzt wird. Auch Frauen, die ihren Beruf nicht ganz aufgeben möchten, träumen von solchen Helfern.

Nach einem arbeitsamen Leben winkt endlich die grosse Freiheit, immer zu tun, was man gerade will. Nicht einmal das ist einfach! Wieder gilt es zu lernen …

Mit 91 Jahren sind viele Menschen heute im Seniorenheim, manchmal nach grossen inneren und äusseren Kämpfen. Das ist abermals eine grosse Herausforderung an die Anpassungsfähigkeit, und das in einem Alter, in dem es sich viel leichter anfühlt, in ausgefahrenen Gleisen zu gehen.

Im Übergang vom Hals-Chakra zum dritten Auge

Zwischen dem 21. und dem 28. Lebensjahr passiert enorm viel. Es entscheidet sich meist Berufliches wie Familiäres. Da kann es einem im Hals schon eng werden mit all den Entscheidungen, gerade was auch Kinderwünsche betrifft! Letztlich sind wir wohl trotz allem Abwägen ahnungslos, in was wir uns mit der Verantwortung für ein neues Leben einlassen. Das ist meist auch gut so …

Es kann sein, dass in dieser Zeit die Klarsicht über das dritte Auge wichtiger wird, denn es hat bei Mann und Frau mit der gewachsenen Verantwortung zu tun, die es zu übernehmen gilt.

Mit 84 Jahren hingegen ist sicher der letzte Moment, anderen die Verantwortung zu überlassen, ausser für sich selbst, so dies noch möglich ist.

Ich erzähle allen Menschen in meinen Seminaren vor allem, dass es nie zu früh ist, über die Arbeit an den Füssen die Durchblutung und somit auch die Regeneration unseres Gehirns und natürlich dadurch des ganzen Körpers aufrecht zu erhalten, damit wir möglichst bewusst und selbstständig bleiben können.

Das Scheitel- oder Kronen-Chakra

Das Scheitel-Chakra gibt uns über die geistigen Impulse die Möglichkeit, mit unserem höheren Wissen in jeder Lebensphase in Verbindung zu bleiben. Wohl dem Menschen, der dies in all seinen menschlichen Nöten lernen kann. Ist das nicht der Lebens-Sinn? Immer mehr Mensch erfühlen das im heutigen Zeitalter. Das tut sehr gut!

Kapitel 20

Die Chakren und die Aura

Als ich vor über 30 Jahren mit dieser Arbeit begonnen habe, waren die Chakren und die Aura ebenso wie die Meridiane und die Fussreflexzonenmassage noch sehr wenig bekannt. Es herrschte sogar eine gewisse Angst vor diesen Begriffen. Es klang heidnisch, für einige religiöse Kreise tönte das gar nach einem Zugriff von Satan, was immer man darunter verstand.

Zum Glück hat sich das gewaltig verbessert. Das Verhältnis von Menschen, die eine Vorstellung von diesen Dingen haben, hat sich mindestens in meinem Umkreis umgekehrt. Wo noch vor 25 Jahren nur zwei Personen von zwanzig etwas darüber wussten, sind es heute zwei, die sich noch unsicher sind. Natürlich kann ich das nur von meinen Seminaren sagen, die sicher offenere Menschen vereint.

Vor allem sehr christlich ausgerichtete Menschen hatten damals Angst, etwas Falsches zu glauben. Dabei sind die Kirchen voll mit Bildern von Heiligen und vor allem von der heiligen Familie, besonders von Jesus, worauf Heiligenscheine selbstverständlich sind. Bei Jesus, dem Christus, ist es meist das Herz-Chakra, das in voller Leuchtkraft dargestellt ist. Es symbolisiert ja auch die Liebe, welche eigentlich die zentrale Botschaft des Christentums sein möchte.

Aber auch andere Heilige sind von einem Glorienschein umgeben, der so stark war, dass er für hellsichtige Menschen sichtbar wurde. Viele Künstler hatten wohl zu allen Zeiten diese Wahrnehmungen, haben sich aber wohl nicht getraut, das anders als über ihre Werke auszudrücken. Der »normale« Mensch fühlte sich einfach wohl, verehrte solche besonderen Menschen und setzte alle Hoffnungen in seinem Elend auf sie.

Es ist schade, dass nur langsam klar wird, dass wir alle diese Möglichkeiten anstreben sollten. Das wäre der Sinn eines jeden Lebens. Viele Menschen wurden aber gelehrt, dass sie Sünder seien und nicht wert, dass die göttliche Kraft wirklich in sie eingehe, um ihren Alltag besser leben zu können.

Für mich gehört das Wort Gnade dazu, die Gnade, sein Leben so zu leben, dass sich unsere besten Eigenschaften erfüllen und wir unsere Gaben vermehren können, wie es in den Gleichnissen des Neuen Testamentes erläutert wurde.

Damit möchte ich darauf hinweisen, dass mindestens jene Menschen, die heilen konnten, wohl hellsichtig waren wie zum Beispiel viele Essener, zu denen offenbar auch Jesus gehörte. Ihnen waren die Chakren sehr wohl ein Begriff.[32]

Zudem ist es äusserst interessant, dass die meisten Kirchenfenster die Aufteilung von sieben verschiedenen Stufen zeigen. Das symbolisiert die Form des Menschen, den Kopf abgerundet. Oft sind die Bilder den Chakren entsprechend eingeteilt. Ebenso sind die Tempel in Asien mit sieben Pagoden in Variationen entsprechend ihrer Länder und Baustile aufgebaut. Sicher kann man sagen, das entspreche dem Goldenen Schnitt, aber dann sind auch wir im Goldenen Schnitt geplant worden!

Wie ich schon erläutert habe, erlebe ich in meiner Praxis und in den Seminaren auffallend viele Menschen, welche die besondere Erfahrung und das Wissen um die Ereignisse der Zeitenwende vor 2000 Jahren ausstrahlen. Viele tragen die Bilder der Kreuzigung in sich. Natürlich kommt das auch aus der Kirchengeschichte, die sie gelernt haben, könnte man entgegnen. Aber oft läuft ein sehr schmerzvoller persönlicher Film ab, der nicht so leicht erklärbar ist. Sie berühren wohl auch meine eigenen Erlebnisse, sonst könnte ich das kaum wahrnehmen. Ich habe in den ersten Kapiteln bereits darauf hingewiesen.

Natürlich sind diese Menschen von diesem Geschehen nicht alle gleich betroffen worden. Manche waren damals ebenso skeptisch wie heute, sie haben gleichsam mit Abstand alles miterlebt und sich nicht allzu tief damit auseinandergesetzt. Es gibt aber auch die anderen, sicherlich jenen aus dem engeren Kreis um Jesus, welche mitgelitten haben, die mit ihren Zweifeln kämpften, aber etwas von seiner Ausstrahlung zugelassen haben.

---

[32] Anne und Daniel Meurois-Givaudan: Essener Erinnerungen, a.a. O.

Kruzifixe, Bilder, Filme und wundervolle Oratorien lassen diesen Schmerz immer wieder neu aufleben. Diese Menschen tragen ihr Leben in diesem Bewusstsein des Mitfühlens und machen meist kein Aufhebens um ihr eigenes Leid, auch in diesem Leben. Für mich strahlen sie oft eine grosse Ruhe und Gelassenheit aus, eben eine Aura, die sie fühlbar umgibt.

Manche Frauen haben etwas Marienhaftes an sich. Oft haben sich auch Paare aus dieser Zeit wieder gefunden. Sie leben gerne bescheiden, naturverbunden und religiös ausgerichtet. Wie auch immer, sie wirken meist hilfreich für andere, verbunden mit dem Wunsch, der Welt mit viel Liebe etwas zu schenken. Viele sind in heilenden Berufen tätig. Sie lieben es, mit Ölen, besonders Farbölen oder Aromatherapie, zu arbeiten.

Es gibt natürlich auch die »Übergrünen«, die Weltverbesserer oder sektenmässig Aktiven.

Andere Zeitalter treten in ähnlicher Form auf. Atlantis nahm längere Zeit einen breiteren Raum ein. Da kommt eine völlig andere Ausstrahlung mit herein. Viele Reiki-Meister und ihre Anhänger haben noch dieses Wissen in sich, das natürlich verschiedene Aspekte und Dimensionen in sich birgt. Auch das Wissen von den Steinen liegt in dieser Zeit verborgen, besonders, wenn es um Kristalle geht.

Ägypten ist oft wie eine Zeit dazwischen, das Leben dort ist manchmal mit Einweihungen, wie sie die berühmte Yogalehrerin Haich[33] aus ihrem vergangenen Leben beschreibt, verbunden. Diese Epoche hat sehr viel mit Magie und Okkultismus zu tun, zudem wie überall mit Macht und im besten Fall mit Weisheit. Natürlich ist bei diesen Themen kein Land ausgeschlossen.

Das Mittelalter wirkt meistens sehr dunkel. Erinnerungen an Hexenverbrennungen kommen bei sehr vielen Menschen vor, welche in Heilberufen tätig sind oder es werden wollen. Man könnte meist sagen, altes Wissen bricht durch, aber es braucht noch den Mut, sich

---

[33] Elisabeth Haich: Einweihung (Erstausgabe 1954), Aquamarin Verlag 2007.

aus den schlimmen Gefühlen des verachtet und verfolgt Werdens herauszulösen. Klöster spielen auch eine grosse Rolle, überhaupt die Auseinandersetzung mit den Religionen zieht sich sehr bedeutsam durch alle Zeitalter.

Aus neuerer Zeit kamen immer wieder schwer belastete Menschen aus den zwei Weltkriegen, besonders dem Zweiten, zu mir. Das ist immer sehr hart und eine sehr wichtige Erlösungsarbeit. Vergessen Sie manche Behauptungen von grossen Zeitabschnitten zwischen den Inkarnationen oder sonstigen Zahlen, quasi als Durchschnitt des Wiederkommens. Nach meinen Erfahrungen gibt es keine Regel.

Viele Menschen tragen alle diese Möglichkeiten in sich. Das heisst auch, dass ihre Erfahrungsbereiche breit gefächert sind und als Hilfe in unserer jetzigen Zeit absolut gebraucht werden, wenn wir allen Gefahren mutig entgegentreten wollen.

Die Chakren sind nichts Mysteriöses. Wir sprechen alle, meist ohne es zu wissen, davon. Wir sagen ganz klar: »Dieser Mensch ist so offen, dass es einem wohl wird in seiner Nähe.« Auch ohne hellsichtig zu sein, nehmen wir wahr, dass jemand eine hellere oder dunklere Ausstrahlung hat. Wir schütteln mitleidig den Kopf, weil die Person so »zu« ist. Wenn wir sagen: »Ich bin in letzter Zeit so dünnhäutig«, sprechen wir von dem mangelnden Schutz um uns herum.

Was anderes spüren wir denn da als die Aura oder eben die Chakren, ohne einzuteilen und schon gar nicht zu werten, was das genau ist? Ich glaube, dass es von unseren Helfern sehr weise ist, dass für die Meisten von uns nicht alles deutlich sichtbar wird. Die Gefahr, sich zu überheben und falsche Schlüsse zu ziehen, ist gross. Jedes Mehr-Wissen ist eine Gratwanderung und da »fällt« man leichter über das sich besser Fühlen als die anderen, und das, je höher man es sich angemasst hat, desto tiefer.

Ich selbst arbeite nur im Erfühlen an der Aura der Hände und Füsse. Mir persönlich scheint es vermessen, die Chakren direkt beeinflussen zu wollen. Wohl aber geschieht dies von selbst, wenn Angst, Wut, Schuldgefühle, Vorurteile, Selbsterniedrigung, Trauer und Vorwürfe gegenüber sich selbst und anderen aufgelöst werden.

Sogenannte Löcher, wie sie hellsichtige Menschen oft wahrnehmen, werden dabei ausgefüllt, wenn ich über die Füsse arbeite. Die Farben werden klarer. Auch die Seelenanteile verhelfen an ihrem rechtmässigen Platz dazu. Jeder Mensch, der nach einer befreienden Körperarbeit aufsteht und sagt: »Ich fühle mich leichter, entspannter und mutiger, das hat mir gut getan!«, der hat eine leuchtendere Aura für den, der sehen kann!

Aura Soma-Farben, als Pomander, Quintessenzen oder Balance-Flaschen mit den verschiedenen Farbkombinationen, können den Körper und die Aura ausgleichen und sind gleichzeitig ein Schutz. Alle diese Essenzen sind über sieben mal sieben Pflanzen und Mineralien zusammengestellt. Das ist eine wunderbare Verbindung zur Erde entweder in feinstofflicher Duft-Form oder über die Öle.

Was ich abschliessend erweiternd und klärend tun kann, ist, über die Schwingungen der Klangschalen in der Aura noch Weiten zu schaffen, die über das Alltägliche hinausführen und eine Ahnung vom Unendlichen zulassen.

Kapitel 21

Die Wirbelsäule westlich – Gouverneur Yang Tou Mo östlich und Konzeptionsgefäss Jenn-Mo Yin

Ich habe davon gesprochen, dass die Wirbelsäule ein Kraftfeld in sich birgt, das einer Schatztruhe gleichkommt. Es wird erst einmal der Körper vollumfänglich angesprochen, dass weiss jeder, der schon an Rückenschmerzen gelitten hat.

Meist wird erst mit der Zeit klar, wie sehr sich die mangelnde Stärke des Rückgrats auf alle Organe auswirkt und unter Umständen »unheilbare Krankheiten« wie Multiple Sklerose, Morbus Bechterew oder Parkinson entwickelt. Die Schulmedizin nimmt nur verhalten Stellung zu vielen Organschwächen, die über schlecht genährte Nervenverbindungen von der Wirbelsäule aus entstehen können, weil die blockierten Muskelpakete nur noch eine mangelnde Verbindung in die umliegenden Organe zulassen.

Aus der Komplementärmedizin sind immer deutlicher zusätzlich auch emotionale Gründe für solche Beschwerden aufgetaucht und begründet worden. Sowohl Thorwald Dethlefsen, Rüdiger Dahlke, Louise Hay, Peter Mandel, Dorn-Breuss und viele andere haben dazu Stellung genommen.

Der Volksmund spricht schon immer ganz selbstverständlich davon, dass sich »diese Person zuviel aufgeladen hat«, »immer den Rücken krumm macht vor einer Respektsperson«, »jemand den Schwanz/das Ende der Wirbelsäule einzieht, sobald es kritisch wird«, »alles den Buckel herunterrutschen lässt«, »sein Kreuz trägt«, »den Nacken einzicht« oder »mit dem Kopf durch die Wand geht«, »nicht zu sich steht«, »den Kopf zu hoch trägt« oder »steif wie ein Stock dasteht«.

Ich habe in den Altenheimen in unseren ländlichen Gebieten viele ehemalige Verdingkinder sowie Knechte und Mägde gesehen, die, vom Kreuz her abgewinkelt, weder Rücken noch Kopf gerade aufzurichten vermochten. Also konnten sie ausser im Liegen nie mehr zum Himmel blicken, und da war wohl kein Sternenhimmel, son-

183

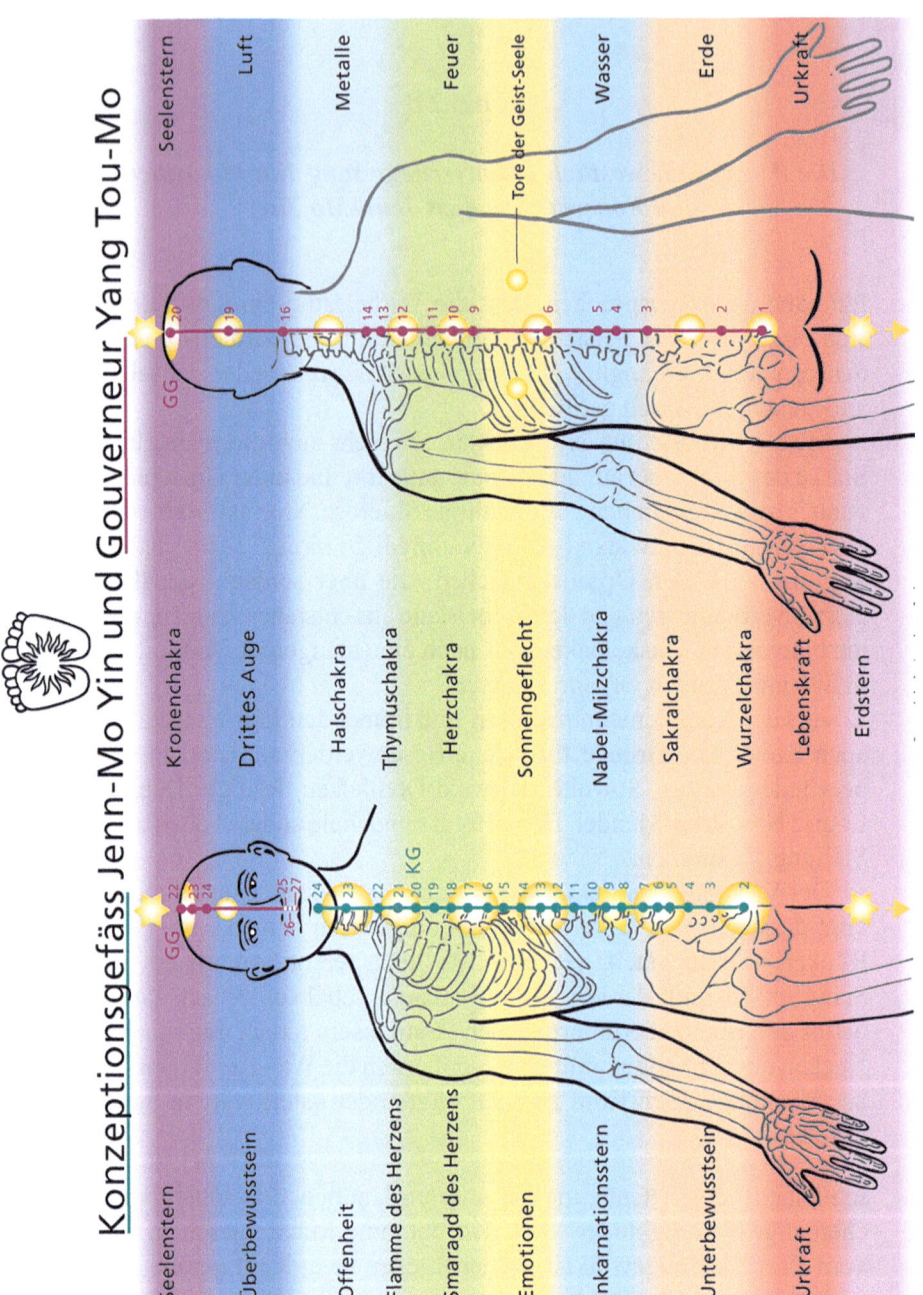

Konzeptionsgefäss Jenn-Mo Yin und Gouverneur Yang Tou-Mo

Abb. 4 (Grafik: Catherine Aegerter)

184

dern nur noch die Decke eines Kämmerleins oder des Heimes, wo vielleicht erstmalig wirklich für sie gesorgt wurde. Erstaunlich, dass manche von ihnen weder den Humor noch ihre Selbstachtung verloren haben. Andere aber waren gebrochen und verbittert, eine Plage für sich und ihre Umgebung. Darin verborgen liegen bestimmt die Erfahrungen ihres Lebens, denn das Übermass an Arbeit allein ist es nicht. Es gab und gibt aber Landwirte, natürlich auch andere Arbeitgeber, die ihre Nutztiere besser behandelten als Angestellte und sogar Frau und Kind, ganz einfach, weil die Tiere Geld einbringen und nicht mucksen. Da wird die Entwicklung von Selbstvertrauen und Selbstachtung sehr erschwert.

Umgekehrt kann auch in einer solchen Umgebung ein einziger Mensch wie ein Lichtblick sein und einen Samen legen zum Urvertrauen ins Gute im Menschen, was oft mit einer Urverbindung zum Göttlichen einhergeht. Solche Erfahrungen wirken sich auch körperlich aus: Ein aufrechter Gang und eine schöne Kopfhaltung mit entsprechender Ausstrahlung sind die Folgen.

Das ist zum Glück in allen Kreisen unserer Gesellschaft möglich. Märchen und jede Menge Romane und Filme erzählen davon. Eigentlich ist es offenbar unser tiefster Wunsch, trotz der Demütigungen und unter schwierigen Umständen über uns hinauszuwachsen. Das heisst: objektiv aus einer höheren Dimension mit den Anforderungen unseres Lebens umgehen zu können.

Die Geschichte:
Ich habe vor vielen Jahren an den Füssen eines alten Mannes, eines ehemaligen Verdingbuben, gearbeitet und da die Füsse Geschichten erzählen, kommt nun seine ganz spezielle. Samuel konnte nur auf den Innenseiten der Knöchel gehen (in Bezug auf die Wirbelsäule, die ja auf den Innenseiten der Füsse verläuft). Alles war entsetzlich verkrümmt, die schlimmsten Plattfüsse, die ich je gesehen habe! Ich fragte ganz entsetzt, was denn passiert wäre.

In aller Ruhe erzählte er mir, dass er schon mit vier, fünf Jahren an jedem Morgen und Abend den Mist von vielen Kühen mit der Schubkarre über ein glattes Holzbrett auf den Misthaufen schieben musste. Das ging nur mit ganzer Kraft und eben auf seinen inneren

Knöcheln, um nicht abzurutschen. So verformten sich seine Füsse für ein ganzes Leben!

Aber das Schönste kommt erst noch. Ich konnte meine Augen fast nicht von seinem Gesicht lassen. Das strahlte in innerem Frieden. Glücklich erzählte er mir, wie sehr ihm die Tiere geholfen hätten. Immer hätten sie ihm Trost gespendet. Manchmal hätte er bei ihnen im Stall geschlafen. So konnte er sie streicheln und sowohl Liebe geben wie auch empfangen. Das berichtete er, obwohl er zu allem noch eine für mich wenig liebenswerte Frau gefunden hatte, die er mit grosser Geduld trug.

Erstaunlicherweise waren seine Beschwerden gering, nach meinem normalen Sichtbefund kaum zu glauben! Da leuchtet für mich ein grosser Engelsanteil durch, wie ich es bei immer mehr Menschen sehen und fühlen kann. Das macht froh!

Mit Freude möchte ich nun Ost und West in Verbindung bringen, indem ich die Wirbelsäule von unten nach oben sprechen lasse, mit Geschichten dazu, die das Leben schrieb.

Wurzel-Chakra: GG 1 Chang Quiang – Wachsen der Kraft

Unser Steissbein! Wer ist noch nie darauf gefallen? Also wissen Sie auch, wie weh das tun und wie lange es einen behindern kann. Das beginnt schon in der Kindheit, die Treppen, der Schlitten, das Velo, die Eisbahn, sich neben den Stuhl setzen, vielleicht sogar, weil ihn jemand aus Spass wegzieht. Es gibt unendliche Möglichkeiten und es lohnt sich meist, etwas genauer nachzufragen, was denn zu dieser Zeit im Leben so gewesen ist.

Meine Erfahrung geht dahin, dass uns in diesem Moment etwas sehr erschüttert hat und zwar in den Grundfesten. Das wird manchmal erst später so klar. Dann lässt es sich auch zur inneren Wandlung entwickeln.

Nicht so bewusst sind wir uns meistens über die Folgen für den ganzen Körper. Der Stoss erschüttert uns bis in die Halswirbelsäule und den Kopf, meist recht einseitig, da wir uns selten genau in die Mitte der Wirbelsäule setzen. Wenn wir schon vorher irgendwo im Rücken lädiert waren, wird der Schaden dort grösser.

Heute ist das Augenmerk besonders in der alternativen Medizin mehr auf diese Verschiebungen gerichtet und kann über Osteopahatie, Dorn-Breuss, Cranio-Sakral, Atlaslogie[34] und so weiter gelöst werden. Die Reflexzonentherapie bietet eine sehr deutliche Hilfe, wenn genau im Wirbelsäulenbereich am Fuss gearbeitet wird. Voraussetzung ist dabei ebenfalls ein Beckenausgleich, so dass das Ileosakralgelenk auf beiden Seiten gleichmässig belastet wird.

Aus dem Gleichgewicht geraten ist alles, nicht zuletzt über die weiteren fünf Kreuzbeinwirbel. Während des Wachstums kann so etwas leicht eine bleibende Wirbelsäulenverkrümmung auslösen, eine Skoliose und Schlimmeres. Die Sitzbeschwerden können extrem sein, auf einem Bein zu stehen wird unmöglich. Zudem wird der Beckenboden betroffen, was Spannungen bewirkt und sich auf sämtliche Körperöffnungen auswirken kann, also z. B. Hämorrhoiden, Inkontinenz oder schlimmstenfalls sogar Probleme bei einer Geburt. Es lohnt sich also, solche Verletzungen so schnell wie möglich mit den oben genannten Möglichkeiten auszugleichen. Die Meridianlehre spricht vom Wachsen der Kraft aus diesem Bereich, der zugleich das Wurzel- und Sakral-Chakra umfasst.

Wurzel- und Sakral-Chakra: GG 1 + 2 Yao Shu

Das Wurzel- und Sakral-Chakra steht mit dem Atlas, dem obersten Halswirbel, und dem Scheitel-Chakra in Verbindung. Kopfschmerzen, vor allem dumpf grollende, brummende Schmerzen im ganzen Schädel, können dort ihren Anfang nehmen.

Ich selbst habe mich innerhalb von fünf Jahren sehr unfreiwillig zweimal aufs Steissbein gesetzt, einmal rechts und einmal links. Dazu wurde mir später bewusst, dass ich damit den Schock über das Begreifen, dass mein ältester Sohn sterben würde, im Körper verankerte und das zweite Mal wieder einigermassen ausgleichen konnte. Natürlich war das ganze Familiensystem durch so etwas Umwerfendes aus dem Gleichgewicht geraten. Wir Menschen glauben lange nicht, dass uns so etwas Schlimmes selbst passieren könnte.

---

[34] Atlaslogie: Grundgelegt von D. Palmer (1895), entwickelt und benannt von Walter Landis.

Im Bereich des Ileosakralgelenks wirkt das Kreuz selbst wie ein Sammelbecken für alles Unverarbeitete. Es ist uns gleichsam den Buckel hinuntergerutscht, konnte aber nicht entlassen werden, weil diese Einbuchtung im unteren Rücken leicht zurückstaut und zudem viel Kraft für eine aufrechte Haltung erfordert.

Mit Yogaübungen und entsprechender Gymnastik können wir damit umgehen lernen. Aber ohne Seelenhygiene hilft dies auf die Dauer nicht. Von dort kann auch oft die Wut im Bauch herkommen, zunächst die Wut auf die anderen, dann die Wut auf uns selbst, versteckt wohl oft auf Gott. Extrem wirken alle Lendenwirbel dabei mit.

Das Hüftgelenk schmerzt, Ischialgien erfolgen leicht, besonders, wenn der Beckenschiefstand nicht behoben wurde. Das ist sicherlich auch mit ein Grund für spätere Hüftoperationen. Die Unterleibsorgane rebellieren in Form von Menstruationsbeschwerden, Fehlgeburten, Entzündungen, Impotenz, Darmproblemen jeder Art, Blasenentzündungen, Bettnässen und Inkontinenz.

Die Verbindungen in die Beine, Knie und Füsse beginnen hier in diesem Chakrenbereich, das heisst, alle Venenprobleme, also auch Krampfadern, haben hier ihren Ursprung.

Falsche Beinstellungen sind auch hier anzugehen, sonst behindern sie den Meridianfluss zum ganzen Körper hin. X-Beine unterbinden den Meridianfluss im Kniebereich über den Nieren-, Leber- und Milz-Pankreas-Meridian auf den Innenseiten der Knie bis in den Bereich der entsprechenden Organe.

Das ist vor allem für Übergewichtige äusserst wichtig, besonders für die Kinder im Wachstum. Energien, die nicht gut fliessen, verlangsamen den Stoffwechsel, was vermehrt zu Fettansatz führt, nach meinen Beobachtungen manchmal sogar zu Diabetes. Zusätzlich brauchen solche Menschen frühzeitig eine Brille, weil diese Organe über die Meridiane mit den Augen in Verbindung stehen.

O-Beine hingegen führen eher zu überschlanken Menschen, da diese auf den Aussenkanten der Füsse gehen und damit die Darmfunktionen beschleunigen. Sie können entsprechend mehr essen, ohne an Gewicht zuzunehmen.

Milz- und Nabel-Chakra: GG 3 + 4 Ming Men – Lebenstor – Geburtsstern

Die alten Chinesen bezeichneten den 4. Lendenwirbel als Lebenstor. Sie wussten lange vor unserer Zeitrechnung, wie zentral diese Zonen wirken. In unserer Gesellschaft leiden fast alle Menschen in irgendeiner Form mehr oder weniger an Schwächen in diesem Bereich, das können Kreuzschmerzen sein oder Schwächen der Unterleibsorgane.

Psychische Auswirkungen kommen ganz aus unseren Ursprüngen, z. B. unverarbeitete Kindheitserlebnisse oder sich unerwünscht fühlen. nicht an sich selbst glauben können und sich dementsprechend nicht aufzurichten vermögen, weder körperlich noch seelisch.

Leider viel zu oft gehört auch sexueller Missbrauch in diesen Bereich. Er zeigt sich über ein Gefühl von Eiseskälte, auch wenn er verdrängt wurde oder nie bewusst war. Es gibt nun einmal auch Übergriffe im Babyalter. Nicht selten stecken dahinter nicht integrierte Vatergefühle, zum Beispiel bei Pflegekindern, oder der Angst, nicht der echte Vater zu sein. Da wirkt das Zurückholen von Seelenanteilen besonders stark.

Mir wurde durch all die Erfahrungen mit Frauen und auch Männern bewusst, dass es ein wichtiges Mittel gibt, um das scheinbar Unverzeihliche loslassen zu können. Es ist immer ein innerer und äusserer Kampf zwischen Hell und Dunkel. Der Täter versucht, sich unbewusst das Licht des Opfers zu holen. Es sind immer Kinder oder auch Erwachsene mit einer sehr hellen Ausstrahlung, die betroffen sind, vielleicht besonders bei denen, die umgebracht wurden. Das gilt nicht als Entschuldigung.

Im Allgemeinen wurde mit den betroffenen Menschen schon psychotherapeutisch gearbeitet, so dass Vorarbeit geleistet wurde. Nur kommt bei der Arbeit am Körper oft alles wieder hoch, weil dieser nicht damit fertig wurde. Ist das noch nicht geschehen, muss das Ganze in Worte gefasst werden, aus meiner Sicht so kurz wie möglich, weil es zu schmerzhaft ist, dafür aber mit Hilfe der Engel. Dann geht es darum, den Schock visuell anzugehen. Das bedeutet, mit Hilfe der inneren Bilder in der Therapiestunde das gestohlene Licht vom Täter zurückzufordern (egal, wie lange der Vorfall zurückliegt), und ihm dabei klar zu machen, dass ihm das Licht nichts nützt. Er hat sein eigenes Licht, meist eben nicht so hell, das es irgendwann zu finden gilt. Jeder Mensch hat seinen Engel, der sich dem Täter allerdings nicht sehr nahe fühlbar machen kann, weil seine Gedanken nicht rein sind.

Wenn sich die Betroffenen auf diese Energie einlassen, wird es mit Hilfe der Erzengel möglich, die verheerenden Bilder aus dem Körper, aus der Aura hinausfliessen zu lassen. Nachher müssen diese Bilder klar und unmissverständlich zusammen mit dem Täter zu grossem Abstand aufgefordert werden, bis dieser ganz klein wird. Das Unterbewusstsein des Täters weiss um all das, auch wenn er alles verdrängt haben sollte.

Ich kann Ihnen versichern, dass dabei jeder klein wird, denn die Macht des Lichts ist immer grösser, wenn wir nur daran glauben. Das ist vielleicht die grösste Lebensaufgabe.

Diese Arbeit hat sehr viel mit der Aura zu tun, dort halten sich Opfer und Täter über die Erinnerungen und Gedanken weiter fest. Darum wirkt die Körperarbeit, verbunden mit spirituellem Wissen, so aussergewöhnlich gut in solchen Fällen. Der Erzengel Michael ist hierbei meist äusserst hilfreich.

Diese intensive Arbeit geht aber noch weiter. Zuerst muss alles, was je in diesem und anderen Leben falsch, also nicht rein war in Bezug auf die Sexualität, aus der Vagina oder dem Penis ausfliessen. Das gilt auch für Verletzungen bei Geburten, seien sie körperlich oder seelisch über andere Menschen ausgelöst worden.

Für all dies verwende ich sehr bewusst eine Quintessenz von Aura Soma, oft die erlösende Christusenergie oder den transformierenden St. Germain. Eine weitere grosse Hilfe bei der Arbeit an der Aura sind die tibetischen Klangschalen, denn durch den Klang geschieht ein gewaltiger Reinigungsprozess. Im Körper gilt es nun, den Riss, das Loch, die Leere zu finden, die sich vom Patienten erfühlen lässt. Das kann ebenso im Bauchraum sein wie im Bereich des Sonnengeflechtes, im Herzen oder sogar den Augen – was haben sie Entsetzliches gesehen!

Wieder brauchen wir die Engelshilfe, damit dieser verlorene Seelenanteil seinen Platz neu findet. Meist fühlt es sich für den Patienten so an, als würde mit ganz sanften, heilenden Händen ein Raum ausgefüllt, bis ein nahtloser Übergang entstanden ist. Gewöhnlich braucht es noch eine Zeit der Rekonvaleszenz, aber ich habe schon wunderbare Wandlungen erlebt, wonach buchstäblich ein neuer, freier Mensch weiterleben konnte, wirklich leben konnte. Urkraft und Urvertrauen sind wieder gefestigter und können weiter aufgebaut werden.

Warum geschehen solche schrecklichen Dinge? Warum gibt es überhaupt das Dunkle auf dieser Welt? Mein Gefühl geht dahin, dass betroffene Menschen auf ungewöhnlich direktem Weg zur All-Liebe finden möchten oder können. Wenn Menschen aus so schlimmen Erfahrungen, aus dem Hass, vor allem dem Selbsthass, aus Vorwürfen und Selbstmitleid oder kurz gesagt aus dem Dunklen herausfinden, dann haben sie vielleicht das vollbracht, was Jesus in anderer Form vorgelebt hat.

Das grosse Verzeihen ist aus dem Verstand heraus wohl gar nicht möglich, sondern nur aus einem Begreifen des Leids des anderen, der zum Täter, vielleicht sogar zum Mörder wurde.

Es gibt einen Satz zum Verrat des Judas an Jesus, der lautet: »Einer musste das auf sich nehmen, weil es in den Schriften so prophezeit war.« Kennen wir das Leid von Judas? Er erhängte sich!

Solche schrecklichen Dinge geschehen immer wieder in Kriegsgebieten, wo sich zusätzlich verschiedene Völker vereinigen über die Kämpfe, die Vergewaltigungen und viele andere Gräueltaten. Auch dort kann das Wunder geschehen, dass ein solches Kind, das daraus entsteht, geliebt wird. Was wissen wir denn, wenn wir Reinkarnation als Tatsache oder Möglichkeit voraussetzen, was sich da wirklich erfüllt? Das meine ich in keinem Fall als Entschuldigung, sondern als einen Weg, um nicht im Dunkeln, das heisst für mich: bei der Anklage und dem Leid der Welt, stecken zu bleiben.

Die Sexualität, mit Glück vereint in Liebe, ist sicher die grösste Herausforderung, die uns dem Schöpfer näher bringt, denn sie beherrscht alle Menschen vom Ärmsten bis zum Reichsten und damit alle Völker. Eigenartig, aber kein Wunder, ist, dass sie sich dort abspielt, wo alle Ausscheidungen stattfinden – das grosse Loslassen im Verdauen unseres Schicksals, unserer Gefühle und unserer Ängste im Annehmen der Liebe.

Das Wichtigste an diesen Erlebnissen ist für mich die grosse Hoffnung, dass alle Menschen, denen solches geschehen ist, zutiefst begreifen können, dass ihre Seele immer rein geblieben ist und es darum eine Aufgabe und Möglichkeit ist, um heil zu werden. Das vielleicht mehr noch als andere, weil jedes Verdrängen letztlich gerade in diesem Bereich völlig unmöglich ist, weil unsere Seele uns dahin geführt hat, um uns umzuformen. Manchmal werden solche Opfer zu Helfern für andere, wenn sie aus dem Dunkel und Elend herausgefunden haben.

Eltern, die auf diese Weise ein Kind verloren haben, sind noch mehr gefordert. Es kann sein, dass ihr Kind wirklich endgültig in die Engelwelt eingehen konnte und dass dies seine letzte Aufgabe auf unserem Planeten war.

Aus unzähligen Rückführungen mit sehr schwierigen Sterbethemen kam immer das erlösende Bild, dass sich die Seele vor dem körperlichen Tod herauslösen konnte und von oben das Geschehen bereits erlöst miterlebte. Das heisst, dass die Qual weniger gross war, als wir es uns vorstellen. Da helfen die Engel immer, auch wenn sie in das Geschehen selbst nicht eingreifen dürfen.

Ich habe es einmal gewagt, eine betroffene Mutter zu fragen: »Wo war der Engel des Kindes?« Sie sah ihn in dem Moment vor ihren inneren Augen. Er hielt seine Hände etwas entfernt vor die Augen und sagte, er dürfe nicht eingreifen. Für sie war diese Erfahrung sehr wichtig. Später konnte sie vielen Frauen verstehend helfen, weil sie alle Nöte wirklich kannte. So erfüllte sie ihren Lebensplan zum Heil von vielen Menschen.

Es ist wichtig zu wissen, dass unsere Engel nicht willkürlich handeln dürfen, sonst würden auch sie aus der Göttlichkeit fallen, Das ist der Unterschied zu uns Menschen, es gibt bei ihnen kein Helfersyndrom. Trotzdem müssen entsetzliche Bilder gelöscht oder wenigstens gemildert werden. Das geht nur mit der Hilfe aus der geistigen Welt und genau da zeigt sich das wirkliche Problem. Menschen, die ein solches Schicksal erleiden müssen, verlieren meistens ihren Glauben an Gott, bestimmt an einen gütigen Gott. Eigentlich geht ihr Hass dorthin, nur trauen sie sich kaum, das zuzugeben. Dieser Weg ist ein sehr schwieriger Weg zur All-Einheit, den allerdings kann niemand ohne Hilfe gehen. Hilfe kann nur über die Gnade des göttlichen Geistes geschehen. Das ist wie an Pfingsten, wo der heilige Geist Klarheit brachte und das Verzeihen einfach geschah. Es heisst, dass sich die Menschen in allen Sprachen verständigen konnten und sich verstanden.

Nach meiner Erfahrung leben wir heute in einer Zeit, in der solche Wunder möglich sind. Alles ist immer neu nur ein Schrei nach Liebe.

Sicher haben Sie schon einmal erfahren, was für ein Glücksgefühl entsteht, wenn sich negatives Denken oder sogar Hass in Nichts auflösen, weil wir eine Situation völlig anders sehen können oder die neue Wahrnehmung der Situation fast wie vom Himmel fällt. Wenn nicht, dann wünsche ich es Ihnen, bitten Sie darum, wenn es nötig ist! Das bedeutet wahrhaftig Heilung für alle Beteiligten. Auf Schweizerdeutsch heisst das »Ä heilig« und ich bin ganz glücklich, dass es das gleiche Wort wie »heilig« ist.

Ich habe diese Zone entgegen den Chakrenfarben mit hellblau eingetragen. In dieser extrem emotionalen »Bauchwelt« braucht es viel Himmelsenergie, um Erlösungsarbeit leisten zu können. Alle diese in einem gewissen Sinn lebenswichtigen Geschichten geschehen immer über die Reflexzonenarbeit am Fuss. Die »Wurzeln« fordern den ganzen Körper heraus, wirklich seine Belastungen loszulassen.

Ich bleibe bei einem solchen Prozess ganz ruhig auf den entsprechenden Organen am Fuss. Das bringt nicht nur ein hilfreiches Da-Sein, sondern erdet gleichzeitig den Patienten. Solche Erfahrungen sind besonders wichtig bei allen Menschen, die dachten oder noch immer denken, sie würden lieber sterben, als eine solche Bürde mit sich herumzuschleppen. Natürlich betrifft das auch Angehörige!

Damit sind wir im Bereich des Unterleibes eines der schwierigsten Probleme angegangen.

Alles, was mit dem Verdauen unseres Schicksals zu tun hat, gehört in diesen Bereich und bedarf des Zulassens der Gefühle eines Hilfebedürftigen. Der Helfer braucht das »Anlehnen an seinen Engel« oder seine Intuition, um die richtigen Fragen stellen zu können. Kein Wunder, dass die Weisen aus dem Osten den Bereich des 4. Lendenwirbels als »Lebenstor« bezeichnet haben. Nur mit dem Wunsch, unsere Gefühle aufzuräumen, können wir das Beste aus unserem Leben erschaffen. Das kann sehr wohl mit der alltäglichen praktischen Arbeit im eigenen Zuhause beginnen und sich unglaublich befruchtend auf unser seelisches Wohlbefinden auswirken. Feng Shui gegen das Gerümpel im Alltag!

Noch wichtiger ist aber das Ordnen unserer Vergangenheit. Solange wir noch mit allem hadern, was uns zugestossen ist und anderen Schuld zuschieben, bleibt dieses Lebenstor ein Schmerzzentrum und unser Kreuz macht uns Probleme.

Eine Geschichte:
Eine Geschichte von einer Narbenentstörung über die Füsse nach einem Kaiserschnitt. Arielle konnte sich, wie so viele Frauen, nicht damit abfinden, dass sie ihr Kind nicht auf natürlichem Weg zur Welt gebracht hatte. Sie führte die derzeitigen Schwierigkeiten mit der pubertierenden Tochter auch auf dieses Geburtserlebnis zurück und war generell sehr niedergeschlagen.

Bei der ruhigen Betonung der Narben, um den Energiefluss im Beckenraum wieder in Bewegung zu setzen, wurde ihr erneut klar, dass sie als kleines Mädchen von ihrem Grossvater missbraucht worden war. Darauf fragte ich im Nachempfinden des Geburtsgeschehens, ob es für sie denn wirklich wünschenswert gewesen wäre, ihr Kind durch diesen »verletzten Kanal« in diese Welt auszustossen.

Erleichtert fühlte diese Mutter, dass sowohl sie als auch ihr Kind den richtigen Weg gewählt hatten, wenn auch unbewusst.

Die weitere Arbeit galt dann dem Grossvater, der sich vor ihrem inneren Auge sehr betroffen zeigte. Er wurde sehr klein und schämte sich sichtlich, was es Arielle erlaubte, mit Hilfe der Engel die Geschichte loszulassen. Sie hatte sich vorher schon in einer Psychotherapie mentale Hilfe geholt. Es war aber mehr noch der Körper, der weitergelitten hatte und sie nicht froh werden liess, nicht zuletzt über ein gewisses Selbstmitleid. Dieses war verständlich, aber bremsend für ihre Entwicklung.

Zu ihrem Erstaunen zeigte sich der Grossvater in goldenem Licht und versicherte ihr, er würde sie in Liebe durch den Alltag begleiten. Maria zeigte sich hier als Helferin.

Sind solche Fragen nicht gelöst, können die Energien weder nach unten noch nach oben wirklich in Bewegung kommen. Das Loslassen ist wohl bis zu unserem Tod unsere schwierigste Aufgabe, denn es findet im Bauch, im Wasserbereich der Gefühle statt.

GG 5 + 6 Hängender Pfeiler Xuan Shu
Hängender Pfeiler Xuan Shu heisst der erste Lendenwirbel in der Akupunktur. Dort beginnt die Einbuchtung, die letztlich viel Muskelkraft fordert, um die Biegung des Rückens aufzufangen bis ins Kreuz, wo bei unzähligen Menschen oft ein sehr starker Schmerz sitzt.

Zahlreiche Verdauungsstörungen beginnen hier, ausgehend nicht zuletzt von Magen, Bauchspeicheldrüse und Milz mehr linksseitig über den Zufluss der Enzyme, Insulin etc. Rechts spielen die Leber und der Gallenfluss eine Rolle.

Von den Elementen her wirkt hier das Gefühlsleben oft sehr beschwerend. Wenn die Ausscheidungen sowohl vom Darm wie auch von den Nieren her nicht optimal sind, werden negative Gefühle vorherrschen. Alles Unverarbeitete vermischt sich leicht zu Groll gegen sich selbst oder die Nahestehenden. Opfer mit dem entsprechend schwachen Selbstbild und Selbstwert zu sein kann zur Manie werden. Der Schmerz wird gesammelt, er entschuldigt äusserlich jedes weitere Versagen im Alltag, allerdings ohne den Menschen wirklich zu entlasten.

Müdigkeit über die körperlichen gesammelten »Gifte« verhindert ein energisches Herumreissen des Steuers. Damit wird der Alltag zum Chaos und jede Möglichkeit, etwas Positives ereichen zu können, ist zum Scheitern verurteilt, weil kaum das Nötigste erledigt werden kann. Das Element Wasser wird zum Sumpf.

Hier können sich Depressionen richtig einnisten und alles sammeln, was wir an Auflehnung aus der Kindheit und natürlich auch später zusammenbringen. Dann haben wir keine Wut mehr im Bauch, sondern nur noch Ohnmacht und eine tiefe Hilflosigkeit allen Gefühlen gegenüber. Zusätzlich kommen von der linken Seite her, von der Bauchspeicheldrüse, Selbstvorwürfe und völlig hindernde Gedanken.

Ich vergleiche sie mit den Kratzern auf einer CD oder Schallplatte. Diese heissen mit unendlichen Variationen: »Wenn ich damals dieses und jenes anders entschieden oder anders gehandelt hätte, dann wäre jetzt alles besser …« Vor den inneren Augen der Betroffenen ist es grau oder schwarz, was zuerst einmal weggeatmet werden muss und kann.

Im Kopf ist uns allen klar, dass solche Gedankenwürmer keinen Sinn machen. Aber unser Körper mit dem ganzen organischen Chaos im Bauch kann sich nur dann befreien, wenn die Probleme konkret angegangen werden. Notwendig ist also eine sehr gründliche Reinigung von Darm und Nieren, den Harnwegen und der Blase. Sonst kann dieses negative Gedankenrad nicht aufhören, sich nach links und rückwärts zu drehen. Eigentlich hat dieses Rad die Aufgabe, unsere Probleme anzugehen und einen neuen Lebensabschnitt in Bewegung zu setzen, das wäre im Uhrzeigersinn nach rechts, so, wie auch die Darmbewegungen verlaufen. Aus diesem Grund wirken gute Fastenkuren so befreiend und erleichternd.

Als »Fussfrau« kann ich natürlich zusätzlich immer wieder auf die Wunder der Fussreflexzonenmassage hinweisen. Da kann ebenfalls sehr genau mitten in das Problem hineingefasst werden und das in kurzer Zeit. Natürlich kann die Homöopathie wie auch viele andere Körpertherapien diesen Prozess grossartig unterstützen. Homöopathisch werden eben auch die Hintergründe angegangen, welche überhaupt zu solchen Schwierigkeiten geführt haben und das ist im tiefsten Sinne lebenswichtig.

Wenn ich in diesem Bereich der Füsse ankomme, folgt fast von selbst die Frage nach dem hemmenden Erlebnis, dem Beginn der negativen Phase. Meist sind es Kindheitserlebnisse, die sehr tiefgreifend wirken. Das reicht von einem als Kind nicht wahrgenommen werden, unerwünscht oder zweitrangig zu sein nach dem älteren oder jüngeren Geschwisterchen, weniger wert als der Sohn oder was auch immer unser Leben belastet, hier gibt es ein breites Spektrum.

In dieser Phase lasse ich den Menschen mit Hilfe der Engel die Frage stellen: »Was hast du dir in diesem Leben als Aufgabe vorgenommen?« Das geschieht, wie vorher ausführlich besprochen, mit Hilfe der Metamorphose, indem ich mit meinen Mittelfingern die Kuppen der beiden Grosszehen berühre und damit das innere Wissen auf den Plan rufe. Dies ist immer wieder neu möglich, damit etwas klarer wird, was mit der schwierigen Anforderung gemeint war oder ist, die ein Leben belastet, wenn nach dem »Warum« gesucht wird. Zum Beispiel kann das heissen, Demut zu lernen, wenn unserem jetzigen ein machtvolles Leben vorausging. Vielleicht waren sogar dieselben Personen miteinander verquickt, diesmal in umgekehrten Rollen.

Dabei geht es nicht nur um diese Erkenntnis, sondern gleichzeitig wird, wenn die Frage gestellt wird, deutlicher, wie viel Gutes schon aus der Anstrengung heraus entstanden ist, wahrgenommen zu werden, seine Fähigkeiten zu suchen und zu entwickeln, um seinen Platz zu finden. Es ist eine Tatsache, dass sich sehr oft bevorzugte Kinder und spätere Erwachsene niemals soviel Mühe geben, ihre Möglichkeiten auszuleben, weil sie sich sowieso anerkannt fühlen. Meist sind es die früher Benachteiligten, die alte, kranke Eltern betreuen und so bis zuletzt nach Bestätigung suchen, leider oft, ohne sie zu bekommen.

Die nächste Phase entsteht durch die Frage über die inneren Bilder: »Wie sieht es nun im Bauchraum aus?« Dunkelheit herrscht da meistens, Leere, und schon rinnen die Tränen. Es sind viele ungeweinte »Tränen-Seen«, die sich da zu leeren beginnen. Sie sind gefüllt mit dunklen Gedanken, versteckten Aggressionen und dadurch auch Selbsterniedrigung, denn wer möchte nicht gut und lichtvoll sein?

Da braucht es jetzt die liebevolle Hilfe eines Engels, unseres eigenen Engels. Mit der Ausrichtung der Scheitelantenne zu unserem höheren Wissen hin kommt Klarheit und Licht ins Ganze. Ein gleichzeitiges Herausatmen bis in den Unterleib unterstützt den Prozess und schafft Raum für Neues. So wird es möglich, dass neue Farben in den Menschen einfliessen, wenn wir danach fragen, zum Beispiel rot-orange oder was auch immer. Die Farbe ist immer für den jeweiligen Menschen die richtige und bringt damit die entsprechende Kraft in Bewegung.

Violett würde die Transformation begünstigen, aber vielleicht braucht es einfach einmal die Kraft der roten Farbe. Gelb bringt die Sonnen- und Nervenkraft, vielleicht mit Freude verbunden. Grün oder Rosa können Verletzungen heilen, ebenso blau, die heilende Grundfarbe auf unserem Planeten. Immer darf man ruhig kommen lassen, was sich zeigt, das Visualisieren kommt mehr aus dem Verstand und hat darum nicht die gleiche Wirkung.

Bleibt eine Leere oder kommt trotz allem keine wirkliche Erleichterung auf, muss die Frage nach einem verlorenen Seelenteil gestellt werden, Auch hier können heilende Engelshände sanft Wunden wieder schliessen. Das verletzte Kind wird über die klare Wahrnehmung der Ursache erwachsen, ja grösser, als es sich je fühlte. Es kann sich aufrichten, sich den Verursachern des Leids gegenüberstellen und sich neu zeigen.

Wenn sich über diese inneren Bilder Eltern, Lehrer oder wer auch immer zeigen, ist es möglich, dass diese sich selten darüber bewusst waren, was sie angerichtet haben. In der Regel können sie sich das Ausmass, das sich dann im weiteren Leben ergab, nicht vorstellen. Auch diese Erkenntnis kann erlösend wirken, sie hilft dabei, Groll und Vorwürfe abzubauen und das Herz von solchen Gefühlen zu befreien. Das ist das grösste Geschenk an uns selbst. Das eröffnet dem Patienten zudem die Chance zur Erkenntnis, nicht dasselbe zu verursachen.

Die grosse Angst, unerwünscht gewesen zu sein und zu bleiben über Schicksalsschläge mancher Art, fordert neue Fragen an das innere Wissen. Heute kommt sicher gerade bei jungen Menschen die Schwierigkeit dazu, beruflich einen Platz auf dieser Welt zu finden.

Wichtig ist wohl in jedem Fall, realisieren zu dürfen, dass nicht nur ein böses Schicksal, schlimme Eltern oder gar ein weniger »guter Schutzengel« an einem schwierigen Start auf dieser Welt schuld sind. Dies bedeutet immer eine Möglichkeit zu lernen, was uns noch fehlt, um weiser oder trotz allem liebevoller zu werden. Das ist natürlich leicht gesagt, es ist ein langer Prozess und auch ein Übungsweg.

Es könnte sein, dass wir nur so das Christusbewusstsein zulassen können und damit irgendwann eintauchen in den Ursprung des All-Eins-Seins. Vielleicht ist das nur ein anderer Begriff, um nicht mehr wiedergeboren zu werden, was sich heute so viele wünschen und sich darum bemühen, gerade aus esoterischer Sicht. Dazu möchte ich nochmals erwähnen, wie einmalig offenbar unsere Erfahrungen auf diesem Planeten sind, was sich viele Seelen im Universum wünschen. Ausserdem wird gesagt, dass wir auch in anderen Dimensionen weiter lernen werden. Ich weiss nicht, ob das leichter ist. Vielleicht?

Beginnen könnte das mit der Tatsache, dass es immerhin Menschen gibt, welche sehr bewusst nicht mehr die gleichen Fehler machen wollen, unter denen sie selbst gelitten haben. Sie wollen also nicht mehr nur »züchtigen«, wie es im Alten Testament steht, sondern mit den Kindern reden und versuchen, sie zu verstehen, auch wenn das nicht immer zum erhofften Erfolg führt. Es soll nie mehr passieren, dass ein Mann am Sarg seines Vaters sagen musste: »Du wirst mich nie mehr schlagen!« Wie viel Verzweiflung auf beiden Seiten schreit da zum Himmel.

Sobald es möglich wird, zu verstehen, dass wir selbst dafür zuständig sind, uns einen neuen Weg zu suchen und unsere Erfahrungen und Leiden nicht mehr auf Schuldige abzuschieben, was uns schwer fällt, haben wir das Wichtigste begriffen. Es wäre vermessen, zu meinen, dass dann alles von selbst positiv weitergeht. Es muss immer neu gelebt werden in unserem Leben, das ist aber nach meiner Erfahrung die zentrale Aufgabe. Zudem wirkt im Alltag das Wort hilfreich, dass es keine Zufälle gibt, irgendwo muss ein Grund dafür zu finden sein, dass mir gerade jetzt genau dieses passiert. Ich mache die erfreuliche Erfahrung, dass es in meiner Umgebung immer mehr Menschen gibt, die das fleissig üben. Eine grosse Hilfe ist dabei immer wieder, dass viele Menschen deutlicher zu unserem inneren Wissen gelangen und damit wach dafür werden, unseren ureigenen Weg immer schneller selbst zu finden.

Eine gute Hilfe sind mir dabei Engelkarten, welche aktuelle Fragen beleuchten, wenn wir das zulassen. Weiter wirken alle Essenzen der Bachblüten, ein Hoch auf Dr. Bach, der diese Möglichkeiten in unsere Welt brachte. Heute wimmelt es von Tröpfchen jeder Art, seien es welche aus Edelsteinen, Pflanzen und Blüten aus der ganzen Welt, aus den Meeren, von den der Sternen und in Farben in jeder Komposition. Ich finde es wunderbar, dass uns damit der Wunsch nach Einheit mit der Natur, dem Universum verbindet. Wer es je versucht hat, weiss auch, wie wirkungsvoll diese feinsten Essenzen sowohl bei uns Menschen wie bei Tieren und Pflanzen sein können, so dass sich der Kreis schliessen kann.

Wichtig ist mir, dass sich jeder »Patient« selbst seine Fläschchen intuitiv auswählt und damit sein inneres Wissen bestätigen lernt. Nur so werden wir alle mündig, und dafür ist die Zeit reif geworden wie vielleicht nie zuvor auf diesem Planeten. Zugleich ist die Gefahr kleiner, dass wir Therapeuten übermächtig werden.

Ich bin von der Schallplatte mit dem Kratzer in uns ausgegangen, der da permanent wiederholt: »Wenn ich nicht hätte, dann wäre …«. Eine sehr aktuelle Situation ist durch die vielen Scheidungen mit den entsprechenden Verletzungen entstanden. Wie leicht kommen wir da zu dem Gefühl: »Wenn ich diesen Mann, diese Frau nur nie geheiratet hätte, dann wäre alles viel einfacher!«

Es kann sehr hilfreich sein, wieder mit der Engelskraft in uns nachzufragen, was der Sinn dieses Debakels, dieses Leides, auch für die Kinder, sein kann. Was hat das Unvermögen, etwas Positives aus unserer Verbindung zu gestalten, für einen Sinn? War die Entscheidung damals so falsch gewesen?

Vielleicht gab es damals ein Unbehagen, das wir unterdrückten, eine Warnung, aber wir setzten aus irgendwelchen Gründen unseren Kopf durch? Das könnte heissen, dass es nicht darum geht, Schuldige zu suchen, sondern die Frage anzuschauen: »Wie mache ich nun das Beste daraus?«

Die Geschichte:
Annabelle erlebte ich mit diesem Thema. Die Stimme klang klagend, weinerlich nach Jahren des Leidens auch noch nach der Scheidung. Immer wieder tauchte das Bedauern über die verlorenen Jahre auf.

Ich liess Annabelle fragen, ob denn die Jahre wirklich so umsonst gewesen waren. Da wurde ihr bewusst, was sie trotz allem aus sich gemacht hatte, beruflich und menschlich, wie viel sie durch einen Mann verändern konnte, dem sie letztlich zeigen wollte, dass sie jemand war.

Leider hatte sie das Muster der weinerlichen Unterlegenheit noch nicht gelöscht. Es war unglaublich, was sich danach an Selbstsicherheit in Bewegung setzte! Eine neue Frau zeigte sich, jünger anzusehen und mit sehr viel mehr Freude am Leben.

Solche Fragen reichen in die unteren, also den 7. bis 12. Brustwirbel hinein. Rheumatismus, Blähungen, Hautkrankheiten, Allergien, Hepatitis, Immunschwäche, ja, die Akupunktur sieht sogar einen Zusammenhang zur Epilepsie, was ich nur bestätigen kann.

Das Sonnengeflecht GG 6 + 9
Von den Chakren her ist das Sonnengeflecht betroffen, das besonders empfindlich auf Emotionen reagiert, vielleicht mit Erröten bei Verlegenheit oder Zorn oder mit Erblassen nach einem Schreck. Der Atem verändert sich, er versucht, über die anatomischen Verbindungen den Angriff auf den Körper zu neutralisieren. Das ist auch medizinisch absolut nachvollziehbar, wenn wir uns darüber klar werden, dass hier Sympathikus und Parasympathikus, also beeinflussbare und vegetative, willentlich unbeeinflussbare Energien wirken. Das ausgeprägte Nervensystem in diesem Bereich wird darum auch als Sonnengeflecht bezeichnet.

Es ist bewundernswert, was der Körper in Verbindung über die Hypophyse und damit sämtlichen endokrinen Drüsen im Körper und ergo auch in unseren Gefühlen auszugleichen versucht.

Die Schilddrüse mit ihrer Schildform hat wohl eine entscheidende Funktion, damit das Gehirn von unseren Emotionen nicht absolut überrollt wird. Sonst würde es eher zu einem hysterischen Anfall oder eben bei entsprechender Konstitution zu einem Anfall von Epilepsie kommen.

Das Sonnengeflecht hat entsprechend viel mit unseren Beziehungen zu tun.

Wie abhängig sind wir in unserem Umkreis von Partnern, Familie, Freunden, Berufskollegen, dem Vaterland, dem Weltgeschehen?

Wichtig ist für mich in diesem Bereich eine alte Wahrheit, die immer neu erprobt werden muss. Das ist die Unabhängigkeit im richtigen Masse. Das beginnt bei Liebenden mit der Vorstellung: »Du gehörst nun mir!« Die Umarmung ist der äussere Ausdruck davon und wichtig. Es kann aber rasch auch einmal zu eng werden.

Das geht weiter bei Eltern mit heranwachsenden Kindern, wenn wir Alten es doch so gut meinen und uns so sorgen! Ganz schwierig wird es bei Lehrern oder Gurus, denn wir wünschten uns wohl in gewisser Weise alle jemanden, der weiss, wo es langgeht und uns so hilft. Es gibt ein wichtiges inneres Bild dazu. Das zeigt eine Achterform um zwei Personen, die sehr verbunden sind, so hat jeder seinen eigenen Schutzkreis und trotzdem ist eine gute Verbindung da. Beziehungen sind für uns alle sehr wichtig, sie bringen von Anfang an Sonne in unser Leben.

Auf meiner Tafel von der Wirbelsäule, den Fingern und den Elementen gibt es beidseits den Akupunkturpunkt B 47, »Tore der Geistseele«, sie sind auf dem Blasenmeridian zu finden und für mich sehr entscheidend. Der Auslöser von der Mitte her ist GG 7. Sie verbinden in diesem emotionalen Bereich oben mit unten. Also: wie oben so unten. Alle Menschen, die Mühe mit der Erdung haben, sind da blockiert. Erdung kann auch Beziehung heissen.

Das beginnt mit dem schreienden Säugling, der sich zurückbäumt, wenn das Bäuchlein schmerzt und damit diese Verbindung blockiert. Das ist vielleicht die erste Form, das Erdendasein nicht zu akzeptieren. Vielleicht war es sogar umgekehrt und die Schmerzen kamen erst hinterher.

Immer, wenn wir verletzt werden, trennt sich das Herz leicht vom Bauchwissen. Die asiatischen Völker sagen nichts zu solchen Namen. Aber mich hat der Ausdruck gefangen genommen. Als vor vielen Jahren Menschen mit dem Gefühl zu mir kamen, sie hätten in diesem Bereich eine Leere, wurde ich noch hellhöriger.

Die Geschichte:
Da war Marianne, deren Freund einen schweren Unfall gehabt hatte und längere Zeit zwischen Leben und Tod geschwebt war. Sie erzählte mir, dass sie sich schon seit zwei Monaten »nicht ganz da« fühle und »so irgendwie« lebe. Auf meine Frage, wo sie denn sei, zeigte sie links neben sich in die Höhe und sagte ganz einfach: »Da!«

Ohne viel zu überlegen, bat ich sie, diesen Teil wieder hereinzuholen, das ging ganz einfach! Sofort hatte sie wieder Glanz in den Augen und fühlte sich bedeutend besser. Erst nachher wurde mir zusätzlich klar, dass sie die Füsse nur sehr schwach wirklich am Boden fühlen konnte. Wahrscheinlich war sie durch den Schock etwas aus dem Körper ausgetreten mit dem Hintergrund: »Wenn er stirbt, will ich auch nicht mehr leben.«

Das liess sich dann mit Hilfe des Engels klären, so dass sie ganz neu heimkehren konnte zu ihrem Freund, mit dem sie weiterleben durfte.

Der Erzengel Raphael wirkte heilend.

Offenbar ist es für gewisse Seelenteile leicht, an dieser Stelle auszutreten. Das kann nach meinen Erfahrungen auch bei tödlichen Unfällen oder Selbstmorden geschehen. Da braucht es dann die Hilfe über die Engelwelt, ob in diesem Leben oder einem nächsten. Es ist der ätherische Spalt auf der linken Seite, von dem hellsichtige Menschen sprechen, eben das Tor der Geistseele.

Zusätzlich ist die vorher erwähnte Acht in Beziehungen wichtig. Wie oft hören wir: »Ein Teil von mir ist auch gestorben, als mein Partner, meine Eltern oder ein Kind gestorben sind.« Das ist gefährlich, weil es dadurch sehr schwierig wird, unser eigenes Leben wirklich zu leben. Damit kommen notgedrungen die Menschen um uns herum auch zu kurz, was sehr schmerzlich sein kann. Das betrifft wohl am ehesten die Geschwister von Frühverstorbenen. Für mich betonen diese Tore der Geistseele die Wichtigkeit der Milz als Ich, als unsere Selbstakzeptanz.

Eine weitere Geschichte:

Amalie sah sich als Nonne, welche ein Kind erwartete und sich umbrachte, weil sie keinen Rat mehr wusste und sich zutiefst schuldig fühlte. In den letzten Jahrhunderten war es unmöglich, solche Frauen auf dem Friedhof zu begraben. Damit wurde Amalies Leid noch vertieft, weil sie mitsamt ihrem Ungeborenen ausserhalb der Friedhofsmauer lag und damit ihre Seele die Erde nicht wirklich verlassen konnte. Das war religiös vorprogrammiert, Gott hat damit wohl kaum etwas zu tun. Ihr heutiges Leben hat Amalie dem Helfen geweiht, sowohl im Beruf wie in der Familie.

Diese Geschichte tauchte unvermutet in einem Fussreflexzonen-Seminar auf. Amalie lag weinend da und fühlte das Loch auf ihrer linken Seite im Bereich von Bauchspeicheldrüse und Milz. Mir wurde damals das erste Mal klar, dass etwas Wichtiges verloren gegangen war. Grundlegend war die Erbarmungslosigkeit der Kirche, die aber ebenso mit der eigenen Verurteilung ihrer »Sünde« zusammenhing. Zusätzlich begriff ich, wie schwer ein nachfolgendes Leben sein kann, wenn solche Gefühle von Anfang an ein Leben bestimmen.

Amalies Verunsicherung hatte sich natürlich in ihrem Elternhaus mit Strafen im dunklen Keller etc. neu aufgerollt. Sie war sehr leicht zu erschüttern, sehr hektisch und glaubte, alles falsch zu machen.

Es ist für mich immer wieder erstaunlich, wie mit der einfachen Bitte an den Engel, den Seelenteil zurückzubringen, sofort alles leichter wird und ein Ganzheitsgefühl entstehen kann. Offenbar braucht es das Bewusstsein und den Wunsch zum Heilwerden dazu.

Maria, die verstehende Mutter, konnte beistehen, was auch zu Amalias katholischer Erziehung passte. Es ist immer nur das Nächstmögliche, was sich anbietet und mit dem Denken eines jeden in Verbindung steht.

Nie war in meiner Arbeit bis jetzt so etwas auf der rechten Seite wahrzunehmen. Die Linke symbolisiert für mich im Emotionalen die Verbindung der Milz-Pankreas-Energie mit der Seelen- oder Sonnenkraft der Hüterin des Herzens.

GG 10 Monument des Geistes

Vom Krankheitsbild her heisst es da: Asthma, Bronchitis, Husten, Magenschmerzen, die manchmal das Herz bedrängen, besonders, wenn uns etwas auf dem Magen liegt, Rückenschmerzen, unter anderem der Auslöser des Ischiasproblems, ist eventuell auch vom 6. Brustwirbel abhängig.

Nebennieren, Nieren, Milz, Magen und Leber-Galle sind mit diesem Akupunkturpunkt verbunden. Er hat dadurch ein riesiges Potenzial und so erklärt sich vielleicht dieser Name. Mir kommt der Satz entgegen: Der Geist ist willig, das Fleisch ist schwach

Die Mönche haben damit wohl die sexuellen Wünsche gemeint. Ich weite ihn aus auf all unser Unvermögen, so supergut zu sein, wie wir das doch im Allgemeinen sein möchten. Dazu brauchen wir nämlich die Hilfe eines kraftvollen, freien Körpers. Wir können nichts von dem ausführen, was wir gerne möchten, wenn wir kraftlos und müde sind. Das chronische Müdigkeitssyndrom oder auch der Burnout haben sehr viel mit all diesen Organen zu tun. Sie werden vom Sonnengeflecht beeinflusst und damit vom Nervensystem. Wenn ich mir vorstelle, wie viele Menschen weltweit an diesem Müdigkeitssyndrom leiden! Kennen wir es nicht alle mindestens ansatzweise? Milliarden werden ausgegeben, um den auslösenden Virus zu finden.

Nach meinen Erfahrungen ist die Ursache oft ganz einfach eine Selbstvergiftung durch die mangelnde Reinigung all dieser Organe durch Überforderung in irgendeiner Weise. Dahinter stehen unverarbeitete Konflikte, Selbstvorwürfe und vor allem Ängste jeder Art. Die Angst, nicht gut genug zu sein, sei es persönlich oder beruflich oder sogar dem Göttlichen gegenüber, unser Gefühl, versagt zu haben, ist wohl am grössten.

Die Kirche hat das besonders geschürt und vielleicht war es wenigstens für manche Menschen gut, dass es die Beichte gibt, um einigen Druck wegzunehmen. Die zunehmenden Depressionen zeugen davon, dass das nicht mehr genügt.

Suizide in allen Altersklassen sind erschreckend häufig und richten neues Chaos an. Die Zurückgebliebenen stehen oft vor einem

Rätsel, sie sind aber sicher immer mit Schuldgefühlen belastet, denn irgendwo ist auch beim besten Willen sicher etwas falsch gelaufen. Wir sind alle Menschen mit Fehlern und bringen oft das entscheidende Wort oder die richtige Handlung nicht aus uns heraus.

Wichtig ist nun, wirklich zu wissen, dass wir miteinander noch Ordnung machen können, auch nach einem Todesfall. Statt sich jahrelang mit Fragen zu quälen, die scheinbar nicht zu beantworten sind, können wir in einfacher Form über die Engel mit den Seelen Kontakt aufnehmen. Ich habe noch nie etwas Negatives oder gar eine Anklage gehört, wenn sich Verstorbene ihren Liebsten zeigten. Das hat nichts mit Geisterbeschwörung zu tun und verletzt auch nicht die Ruhe der Toten. Es ist auf beiden Seiten nur der grosse Wunsch da, sich seiner Liebe zu versichern und Missverständnisse zu beseitigen.

So wie es die Menschen bei mir erleben und damit auch ich, sind sie ganz einfach auf ihre Familie oder Freunde ausgerichtet und damit der Erde zugewandt. Vielleicht haben sie nie so recht geglaubt, dass es ein Weiterleben in irgendeiner Form gibt.

Uns Christen wird erzählt, wir müssten bis zum Jüngsten Tag warten, an dem alle mit Hilfe der Erlösung von Christus aus den Gräbern steigen, falls wir nicht in der Hölle landen. Ist ein Leben, das mit Selbstmord endet, nicht schon Hölle genug? Das sind Suggestionen, die ihre Wirkung haben.

Meine Erfahrungen sind in diesem Bereich komplett anders und die Kraft, welche nach einer Befreiung aus der grauen Zone auf die auslösende Person einströmt, ist so fraglos wunderbar, dass es für mich keinen Zweifel gibt. Das geschieht mit Hilfe der geistigen Welt über den Verstorbenen. Nicht selten sind Jesus, Maria und die Engel sicht- oder fühlbar. »Die Liebe aber ist das Höchste«, sagte Jesus.

Ich sehe es ganz im Gegenteil als vordringlich an, überall, wo es möglich ist, diese Hilfe leisten zu können.

Dies gilt sicher besonders für Selbstmörder, ein schlimmes Wort. Denken wir an die Stunden, Tage und vielleicht Jahre der Qual mit dieser Anziehungskraft in das vermeintliche Vergessen, den Frieden oder was immer sie sich vorstellten, sicher dem Auslöschen von allem Beschwerenden, dann ist es äusserst wichtig, nicht auch noch zu verurteilen. Immer brauchen die Angehörigen Hilfe.

Was wissen wir denn vom ganzen Lebens- oder vielleicht Welten-plan und all den Vernetzungen untereinander? Was es braucht, ist, immer bewusster bis an unser Lebensende Liebe und Vertrauen auf-zubauen.

Unfallopfer sind ebenso wichtig. Auch da bleiben schwierige Fra-gen offen. Immer gibt es irgendetwas, das wir anders machen wür-den, wenn wir die Möglichkeit dazu hätten. Das erleben wir ja schon bei weniger gravierenden Ereignissen.

Die Geschichte:
Kürzlich stand ich einer Kursteilnehmerin bei, bei der sich während des Seminars plötzlich zeigte, dass sie in ihrem letzten Leben als Kind unter ein Auto kam und starb. Tränen flossen über den Schmerz, nicht nur wegen sich selbst, sondern auch über ihre Mutter, die sie vor ihren inneren Augen für den Rest ihres Lebens trauern sah.

Dieser Film heilte in gewisser Weise die jetzige Beziehung zur Mutter, welche eher kühl und distanziert verläuft. Mindestens wusste sie damit, dass es auch schon andere Gefühle zu einer Mutter gege-ben hatte. Es kann sein, dass diese Frau nie mehr so sehr lieben wollte, um kein solches Leid mehr zu erleben.

Es ist so wichtig zu erfahren, dass sich unsere Seelen nicht ver-lieren können. Wir brauchen nicht ein Leben lang zu trauern und uns der Welt zu verschliessen. Alles ist Aufgabe, auch das, jemand Be-sonderen zu verlieren.

Viele Menschen spüren das auch. Wenn der Schmerz aber so gross ist, wird jede tröstliche Zuwendung aus dieser oder jener Welt ein-fach nicht wahrgenommen. Solche Menschen versteinern regelrecht.

Das Bild zeigt sich so, als würden die Engel vergeblich auf die Wahrheit aufmerksam machen. Der Mantel der Trauer ist viel zu dick, als dass Licht durchdringen könnte. Dass alles aus Liebe ge-schah, wenn auch falsch verstanden, ist doch auch heilend! Die Auf-lösung gelingt höchstens, wenn in gezielter Form am Körper gear-beitet wird und damit der Panzer durchdrungen werden kann. Manch-mal ist es Bildhauerarbeit. Die Engel helfen dabei gerne mit.

Auch in diesem Fall fehlte ein Seelenteil, der aus Mitleid mit der Not der damaligen Mutter verbunden war. Beide hielten ihn, ohne es zu wissen, fest. Welche Erlösung, als die Heilung erfolgen konnte! Die betroffene Person hat nun jede Chance, nicht mehr so traurig und abgezehrt durch ihr restliches Leben zu gehen. Ich hoffe sehr, dass diese Tatsache auch andere Menschen hoffen lässt. Der Erzengel Metatron half in diesem Prozess weiter.

Herz-Chakra GG 10 + 11 Göttlicher Weg

Damit erreichen wir die Herzgegend, welche über den 5. Brustwirbel nach Anatomie angesprochen wird. Dem Herzen geben wir zu Recht einen grossen Platz in unserem Denken und Fühlen. Mit dem ersten Atemzug und Herzschlag beginnt unser Leben nach aussen und ebenso endet es.

Nicht alle Menschen wissen, dass sich erst bei der Geburt die Scheidewand zwischen der rechten und linken Herzkammer schliesst und wir dadurch, körperlich gesehen, in die Dualität hineingeführt werden. Geschieht dies nicht, hat das Kind einen Herzfehler, ist also nicht ganz sicher auf dieser Erde gelandet, sondern hat ein Türchen offen gelassen, um sich relativ leicht wieder zu verabschieden. Heute ist die Schulmedizin so weit, dass sie mit all ihrem Können solche Kinder rettet. Dabei ist in Bezug auf die geistig-seelischen Zusammenhänge erfreulich viel Verständnis entwickelt worden.

Da ich aus nächster Nähe den Weg zu einer Herztransplantation bei einer 20-jährigen jungen Frau miterleben konnte, habe ich dankbar Einblicke in die Gedankenwelt eines erfolgreichen Teams von Herzspezialisten erfahren dürfen. Dies ist eine andere Seite der Bewusstseinsentwicklung, welche auch über wissenschaftliche und technische Fortschritte entstehen können. Immer zählt der Mensch, der sich öffnet und keine Vorurteile und Ängste mehr vor neuen Erfahrungen hat. Das braucht Zeit und sehr viel Mut.

So tut es gut zu wissen, dass hoch angesehene Professoren von der Symbolkraft des Herzens sprechen und es als Urkraft des Lebens bezeichnen.

Es gab bei dieser Transplantation absolut den nötigen Respekt vor dem Menschen, der durch seinen Tod sein Herz zur Verfügung stellte. Es brauchte eine andere Form der Bewusstheit von der Einheit allen Seins. Die Familie, die eine neue Chance bekam, machte Rituale für diesen Übergang und es wurden viele entscheidende Erfahrungen gemacht. So änderte das neue Herz gewisse Vorlieben und Gefühle. Auch das kann eine Aufgabe sein!

Wir leben in einer neuen Zeit und haben unsere Entscheidungen zu verantworten, so oder so. Mehr denn je wird klar, dass es nie nur ein Ja oder Nein gibt zu einer Frage. Es gilt immer nur, den eingeschlagenen Weg mit allen Konsequenzen wirklich zu gehen, so, wie es dieser Mensch in seiner Einmaligkeit eben erfüllen kann.

Wir wissen, wie verschieden sich unser Herz anfühlen kann, und sprechen von einem beflügelten oder einem schweren Herzen, von einem grossen Herzen, das in einer Brust schlägt, oder von einem Herz aus Stein. Es gibt gebrochene Herzen und von Glück erfüllte, die beinahe die Brust zersprengen. Früher sprach man öfters von einem Menschen, der an einem gebrochenen Herzen starb, das waren meist Frauen. Heute ist es ein Schlaganfall oder Infarkt und man gibt meist der Überarbeitung die Schuld, da sind es die Männer. Ein Herz kommt uns entgegen oder zieht sich in sich selbst zurück …

Wir können sicher davon sprechen, dass das Herz ein Sitz der Seele ist. Doch wenn wir Herzen auswechseln können, wie es in unserer Zeit geschieht, kann das nicht so eindeutig sein, sonst würde sich nach einer Transplantation ein völlig anderer Mensch zeigen. Offenbar gibt es gefühlsmässige Veränderungen des Charakters, aber keine grundsätzlichen. Wahrscheinlich entstehen durch andere Organverpflanzungen ebenfalls Veränderungen, vielleicht weniger stark, oder es wird nicht so deutlich beobachtet.

Mir scheint es nach meinen Erfahrungen wichtig, dass ganz klar alle Organe mit dem Herzen zusammenarbeiten, was über die Fussreflexzonenarbeit sehr deutlich wird. Die Nieren gelten als »Motor des Herzens«, das heisst, wenn sie über die Blase nicht gut ausleiten, staut erfahrungsgemäss das Wasser im Körper und erschwert nicht nur den Kreislauf, sondern führt zu schweren Beinen, zu Müdigkeit, Traurigkeit, Angst, Atemnot sowie Herz-Rhythmus-Störungen usw.

Die Leber kann bei zuviel Gallenstau, vom Nervensystem ausgelöst durch das ständige sich Zusammennehmen, weil wir so anständig sind, das Herz recht bedrängen mit der Kraft der Wut, die wir beherrschen wollen. Sehr viele Herzinfarkte geschehen in der Organzeit von Leber und Galle, also zwischen 23.00 Uhr und 3.00 Uhr nachts. Das geschieht besonders leicht, wenn das Essen zu reichlich war oder ein grosser Ärger beherrschend dazu kommt.

Auch der Magen kann das Herz bedrücken, das wird als Roehmheld-Syndrom bezeichnet. Hier gibt es wohl eher einen sehr unangenehmen Druck aufs Herz, das ist aber sehr beschwerend. Es liegt eben etwas auf dem Magen, das Herz tut weh.

Von der Bauchspeicheldrüse und der Milz her, die ich gerne als Hüterin des Herzens bezeichne, gehen wohl eher Warnungen durch Stiche in dieser Zone aus, welche oft als Angriffe auf das Herz und die ganze linke Seite empfunden werden. Sie betreffen den gefühlsmässigen Bereich und wirken nicht so schnell lebensbedrohend wie die Wut oder der Ärger, sie sind aber auf längere Zeit ebenso gefährlich.
    Ihre Verletzlichkeit zeigt sich am Vormittag von 9.00 bis 11.00 Uhr. Daraus wird ersichtlich, wie wichtig diese Organzeit ist. Bei einem Schwächegefühl fordert sie über einen Blutzuckeraufbau, z. B. Obst, Kraft für die nachfolgende Herzzeit von 11.00 bis 13.00.

Die Lungen füllen bei guter Atmung das Blut mit dem notwendigen Sauerstoff. Geschieht dies nur oberflächlich, ohne dass der Bauchraum mit einbezogen wird, fehlt es ebenfalls an Kraft. Ausserdem kann das Zwerchfell über die mangelnden Atembewegungen den Darm nicht genügend bewegen und damit wird die Reinigung des Körpers nicht optimal gewährleistet. Lungen und Darm sind nach östlicher Lehre eng verknüpft. Sie folgen sich auch in den Organzeiten von morgens 3.00 bis 5.00, dann bis 7.00, in der die Darmreinigung optimal erfolgt.

Die östliche Medizin bringt Kreislauf und Sexualkraft auf den gleichen Nenner, und wer wollte bestreiten, dass die Liebe das Herz sehr beschwingt!

»Göttlicher Weg« ist für mich ein Hinweis, alle diese Emotionen ernst zu nehmen und zu lernen, dass sie uns helfen, die Essenz unseres Lebens herauszukristallisieren. Das bedingt eine grosse Transformation aller unserer Erfahrungen, um nicht in der Vergangenheit, in Angst, Schuldgefühlen, Groll und Hass stecken zu bleiben, aber auch nicht an unrealistisch rosigen Zeiten, die sich meist auf längere Sicht nicht halten lassen.

Das Herz ist ein Transformator und sein Ziel ist es, ein grosses, liebevolles Herz für sich und andere zu erlangen. Die meisten Schocks und Traumata haben das Herz zumindest mitverletzt.

Die junge Frau mit dem transplantierten Herzen wird von ihrer Mutter wöchentlich an den Füssen behandelt und gilt als Vorzeigefall! Es kann den Ärzten nicht völlig klar sein, was mit der Reinigung und Anregung sämtlicher Organe an Lebenskraft in Bewegung gesetzt wird. Niemand spricht von der riesigen Menge von Medikamenten, welche täglich genommen werden müssen, um das Immunsystem bei »Laune« zu halten.

Die Geschichte:
Ich arbeite mit Ursina, bald 40 Jahre verheiratet mit allem Auf und Ab eines Lebens zu zweit, mit Kindern und Enkeln. Sie erzählt eher beiläufig, dass sie gerade etwas über Araber lese und oft das Gefühl habe, auch einmal in einem Harem gelebt zu haben. Zudem würde sie ihren Mann manchmal gerne mit Ibrahim ansprechen. Am Morgen aber habe sie einen gewaltigen, eigentlich unverständlichen Streit mit ihrem Mann gehabt, der noch sehr nachwirke.

Ursina hat für mich ein Lachen, das ich als eine Gottesgabe empfinde. Es perlt in allen möglichen Lebenslagen aus ihr heraus, entspannt schwierige Situationen und überbrückt auch bei Kindern Trotz oder Widerstand, es erhellt ganz einfach das Leben. Aber genau dieses Lachen brachte in ihrem Mann eine unbeschreibliche Wut zum Ausbruch.

Ich wurde hellhörig und bat sie, bei ihrem höheren Wissen anzufragen, was dahinter stecken könnte. Sehr schnell fand sie sich wirklich in einem Harem als Lieblingsfrau ihres damaligen und heutigen

Mannes. Da überbrückte sie ohne böse Absicht sein Potenzproblem mit eben diesem Lachen.

Er verprügelte sie so, dass sie nach schlimmem Leiden starb. Aber er begrub sie damals selbst in einem speziellen Grab, was in diesem Land sicher nicht üblich war, denn er hatte sie sehr geliebt.

Sein Herz aber verhärtete sich gegenüber allen anderen Menschen seiner Umgebung. Er wurde halsstarrig, blieb an Groll und Schuld hängen. Schliesslich musste er beweisen, dass er ein starker Mann war, der sich von seinen Gefühlen nicht umwerfen liess!

Es ist das Wunder der Schöpfung, dass wir uns auf dieser Welt nicht verfehlen können, und immer ist genug Zeit, Altes wieder in Ordnung zu bringen.

Die Engel schenkten weisses Licht für beide. Das durchstrahlte die alten Geschichten und das Muster von beiden. Sicher hatte gerade dieses Lachen dafür gesorgt, dass sich die beiden in diesem Leben wiederfanden. Trotzdem war es eine Gefahrenquelle, sobald es für den Mann wie ein Auslachen wirkte.

Das Beste ist natürlich, wenn über so eine Erfahrung gesprochen werden kann, was sicher nicht überall möglich ist. Zugleich fordert es Ursina heraus, noch besser formulieren zu lernen, sobald sie merkt, dass etwas missverstanden werden könnte.

Serapis Bay, ein aufgestiegener Meister, verhalf zur Klärung und Reinigung.

Fast zeitgleich wurde mir über ein Buch von Silvia Wallimann[35] bewusst, warum gewisse Menschen dieses Lachen leben können: Das ist ihr Auftrag. Die Autorin sah einen grossen »Jokerengel«, wie er sich nannte, vor sich. Er sagte ihr, er und viele kleine »Jokerlein« würden das Lachen über den Nacken der Menschen eingeben, damit eben das Leben leichter würde. Manchmal haben solche Menschen das Gefühl, sie werden als oberflächlich angesehen, was sie verletzt. Das zeigt einmal mehr auf, dass jede Gabe zwei Seiten haben kann, also niemals ein Grund dafür besteht, eifersüchtig zu werden auf etwas, das einem fehlt.

---

[35] Silvia Wallimann. Erwache in Gott, a.a.O., S. 97.

Zusätzlich wurde mir noch deutlicher bewusst, dass wir offenbar in vielen Leben, vielleicht allen, immer mit den gleiche Energien weiterlernen. Es ist unser »Markenzeichen«. Ich selbst bin offenbar der Zeit immer wieder voraus, weil es mir nicht schnell genug damit gehen kann, zu neuen Erkenntnissen zu gelangen. Auch das hat zwei Seiten, ebenso im Alltag oder den Erfahrungen in vielen vergangenen Leben. Wie oft habe ich mir den Kopf eingerannt!

Die ersten fünf Brustwirbel zeigen sich am Körper leicht als Buckel. Manchmal spricht man von einem Witwenbuckel, also verbogen von zuviel Verantwortung, körperlicher oder seelischer Überforderung.

Der Satz, »Du kannst/das könnte mir mal den Buckel hinunterrutschen« wäre eine grossartige Möglichkeit, sich zu entlasten. Versuchen Sie das zu fühlen, wenn Sie sich strecken und dem nachgeben, was da rutscht. Es ist erstaunlich, was wir auch so meinen, festhalten zu müssen.

Die westliche Version heisst in diesem Bereich Verbitterung, Chaos im Inneren, Schmerz, Verletztheit, Angst vor dem Leben, Kommunikationsprobleme, eine Schlammgrube, um nicht zu sagen Mördergrube, denn auch Hass hat darin Platz, schön eingesperrt, manchmal auch vor dem »Besitzer dieses Zustandes«! So sind die Sterne nicht mehr zu sehen. Der Horizont ist eingeschränkt. Der Kopf lässt sich nicht mehr aus dem Sumpf strecken. Husten, Unruhe, Schmerzen, Angstzustände, Herzbeschwerden, Kurzatmigkeit usw. erschweren den Alltag. Hier wird es allerhöchste Zeit, eine Transformation zuzulassen.

Herz-Chakra – Thymusdrüse GG 12 + 13 Körpersäule – Wandlungsweg

Mit dem Gouverneur-Gefäss 12 im Bereich des 1. bis 3.Brustwirbels folgt die Hoffnung, sich endlich aufrichten zu können, Mut zu fassen für eine neue Lebensrichtung. In diesem Bereich entstehen Brust-, Rippfell- und Lungenentzündungen sowie Asthma. Die Akupunktur spricht auch von Epilepsie, die hier ausgelöst werden kann. Das alles muss das Herz aushalten können.

Wenn wir konkret an der Wirbelsäule oder natürlich in diesen Zonen am Fuss arbeiten, kann Erstaunliches geschehen. Es gibt Freiraum, der Brust- und Herzraum weitet sich aus. Es gibt Luft!

Ich bitte diese Menschen, das Schwierige, was immer es sein mag, hinauszuatmen und zwar nicht »brav«, sondern vehement mit dem Wunsch, Altes loszuwerden.

Vom Fuss her gesehen spreche ich bei dem Grübchen zwischen dem grossen und den danebenliegende Zehen vom Kummergrübchen. Da lagern wir alles Schwere, tragen es fühlbar auf dem Herzen. Gelingt es uns, da »frischen Wind hineinzublasen«, sieht alles bald schon besser aus. Dann kommen durch intensives Atmen Farben herein statt des grauen Nebels vor den Augen, verbunden mit dem Gefühl von »Veränderung ist vielleicht wirklich möglich!«

Die Geschichte:

Angelika, die sich so belastet fühlte, litt seit langer Zeit an Asthma. Sie war katholisch erzogen worden und wollte einen Pilgerstationsweg besuchen, den sie seit ihrer Kindheit kannte. Eigentlich war ihr Ziel eine Grotte, zu der dieser Weg führte. Ein starker Asthmaanfall machte es ihr unmöglich, wirklich oben anzukommen, so dass sie trotz der Medikamente nur mit grosser Willensanstrengung wieder im Tal anlangte.

Natürlich arbeiteten wir sofort mit diesem Thema, als sie zu mir kam. Ich bat sie, zu spüren, was denn da ablief. Da wir schon mehrmals zusammen gearbeitet hatten, war ihr bereits klar, dass sich verlorene Seelenteile von anderen Seelen an sie angehängt hatten. Sie kannte dies halb bewusst seit ihrer Kindheit. Nun muss man sich einmal vorstellen, was auf diesen Wegen über Jahrhunderte geschehen ist! Alle Menschen, die unter ihrem schweren Schicksal litten, pilgerten da hinauf und versuchten, ihre Lasten loszuwerden und so mancher von ihnen kam auch befreit wieder nach Hause. Aber da im Universum nichts verloren geht, blieb eben vieles zurück und häufte sich an. Zudem fühlten sich diese Menschen auf dem Pilgerweg schuldig. Das waren sicher bei den meisten keine grossen Vergehen, aber da wir von der Kirche als Sünder abgestempelt wurden, liess sich immer etwas finden: Lügen, Stehlen, Sexualität mit allen Konsequenzen … Eigentlich waren diese Dinge doch gebeichtet, aber dennoch?

Offensichtlich warteten diese »Seelen« auf jemanden, der sie wahrnehmen konnte und hängten sich an Angelika. Sicherlich auch an andere sensible Menschen, aber die konnten wohl selten orten, was da geschah. Wahrscheinlich war das bei Angelika schon immer so und ein Grund für ihre Asthmaanfälle seit ihrer Kindheit.

Deshalb fragten wir nach einem Erzengel um Hilfe. Es war klar, dass wir starke Kräfte brauchten. Angelika ging in ihrer Vorstellung nochmals diesen Weg in Begleitung des Erzengels Michael.

Da bekam sie ein grosses, helles Rohr in ihre Arme und konnte damit alle wartenden Seelen durch dieses Rohr zur Lichtstrasse saugen lassen und sie sah, wie Hunderte und Aberhunderte einfach mitgezogen wurden, so dass es immer heller wurde. Der Druck auf ihrer Brust liess immer mehr nach und schliesslich wurde ihr Herzraum weit und licht, so dass eine grosse Freude und Staunen den ganzen Raum erfüllte.

Viele Engel teilten die Freude!

Was geschieht da? Mein Gefühl und meine Erfahrung sagen mir, dass sehr viele, vielleicht sogar die meisten Menschen nicht glauben können, dass sie das Recht haben, erlöst zu werden. Sie haben sich auf die Kirche verlassen und doch nicht genügend glauben können, oder sich nie wirklich mit dem Tod auseinandergesetzt. Wenn wir wahrnehmen, wie wenig Selbstwert die meisten Menschen haben, wie sollten sie glauben können, dass alle Fehler eines Lebens erlöst werden können? Und wir machen alle Fehler und sei es »nur« aus Lieblosigkeit, aus Unvermögen, aus vielen, vielen Missverständnissen. Allein schon deshalb, weil wir immer wieder glauben, dass unser Gegenüber gleich fühlen oder denken müsste wie wir selbst.

Die meisten dieser Seelen sind auch nach dem Tod auf andere Menschen ausgerichtet. Darum führt der Heimweg ins Paradies, die Lichtwelt oder das Jenseits über jemanden, der sie wahrnehmen kann. So wird eine solche Sensibilität, wie sie Angelika hat, zur Aufgabe im Leben und ich bin sicher, dass das sehr wichtig ist. Es hat mit der Reinigung unseres Planeten zu tun. Ich kenne ein paar wundervolle alte Seelen, welche dazu berufen sind. Es ist aber äusserst wichtig, dass sie sich bewusst mit Lichtwesen verbinden, sonst nehmen sie selbst Schaden.

Weiter ist es bestimmt noch wichtig zu sagen, dass es nicht nur derart belastete Prozessionswege gibt. Solche Wegen können hell sein und die Erleichterung bringen, die erhofft wird, besonders dann, wenn sich die Menschen mit Heiligen, mit Maria oder Jesus verbinden.

Das Gleiche geschieht in Kirchen. Es ist sehr wichtig, zu fühlen, ob sie für mich stimmen. Ich kenne Menschen, die nach einer gutgemeinten rituellen Reinigung einer Kirche sehr krank wurden. Es gibt Seelen, die nicht einfach ins Licht wollen, weil sie sich vor zu viel Helligkeit fürchten. Diese hängen sich dann an die Menschen. Das ist nicht böse gemeint, sie hängen sich an die gleichen Schatten, zum Beispiel religiösen Übereifer oder das Gefühl, besser zu sein als die gewöhnlichen Menschen, die sich nicht für Spirituelles interessieren, auch Helfersyndrome, ohne sich völlig klar zu sein, was sie tun.

Trotzdem ist es auch da möglich, dass Erlösung geschieht, weil sich entsprechende Energien verbinden. Unsere Kirchen sind so gebaut, dass sich die Turmspitze oder Kuppel zum Himmel ausrichtet. Die Säulen und die Krypta verbinden zur Erde. Die Kirchenfenster haben die sieben Chakren in sich verborgen, einfach deshalb, weil das auch dem Goldenen Schnitt entspricht.

Sicher haben das viele Künstler gesehen, ebenso wie die Heiligenscheine der Aura, welche bei hoch entwickelten Menschen deutlicher wahrzunehmen ist. Das heisst im Klartext, dass wir spüren lernen können, welcher Weg, Kirche, Tempel oder Kraftort für uns richtig ist.

Eine weitere Geschichte:
Diese Geschichte zeigt, wie sehr die ganze Welt jederzeit mit allem verbunden ist und dazu noch einmal mehr, dass Zeit wirklich eine Illusion ist.

In einem Seminar, so kurz vor dem Abschluss, fügte sich dies starke Erleben von Aurelia ein.

Sie bekam einen entsetzlichen Herzschmerz während der Behandlung an den Füssen und konnte nur noch mit Schwierigkeiten atmen. Mir wurde klar, dass es sich um ein psychisches Problem handelte, das sich beängstigend anfühlte, denn sie bedeckte verzweifelt ihren Brustraum mit beiden Händen.

Ihre inneren Bilder zeigten sie bei den Mayas und einmal mehr kam der Moment, wo ein Priester ihr das Herz bei lebendigem Leib herausriss, um es zum Wohle des Volkes den Göttern zu opfern.

Auf meine Fragen hin wurde deutlich, dass sie nicht irgendeine Jungfrau von vielen war, sondern die Prinzessin des damaligen Volkes. Sie sah die trauernden Menschen, die sie liebten, aber durch ihren Tod Rettung erwarteten. Es war sehr dunkel um sie und das Volk, verstehen konnte sie nicht, was da passieren sollte. Es brauchte Licht in dieses Bild, und ich bat sie spontan, die Sonne anzurufen, um all diesen Menschen Licht zu bringen.

Das geschah augenblicklich, so dass die trauernde Menge aufsah und vereint die Stufen zu ihrem Tempel hinaufstiegen, um von dorther auf einer Lichtstrasse weiterzufliegen, fast wie ein Vogelschwarm!

Es war ein erlösendes Bild, dass den Schmerz im Brustraum von Aurelia auflöste und ihr Antlitz wurde frei und glücklich nach diesem Albtraum aus vergangenen Zeiten. Diese wunderbar helle Energie wurde für alle Umstehenden deutlich und unvergesslich.

Vorausgegangen war eine Bemerkung, welche sie beim Sichtbefund ihrer Füsse gemacht hatte. Ich hatte bemerkt, dass sie sich offenbar meist sehr zurückgehalten hatte, wenn es Ärger in ihrem Leben gab. Sie bestätigte, dass ihr schon im Alter von zwölf Jahren bewusst geworden war, was für gravierende Folgen es brachte, wenn sie in Wut an jemanden dachte. Es folgt unweigerlich irgendein Unglück für diese Person, auch wenn das in diesem Alter vielleicht nur eine körperliche Verletzung war. Entsprechend lernte sie sich im Zaum zu halten!

Alle alten Völker glaubten, dass ihre Herrscher »Götter« waren. Die Mayas, Azteken, Ägypter, Chinesen, Japaner, Griechen, Germanen und viele andere verehrten ihre Herrscher entsprechend. Lange Zeit führten diese auch ihre Völker zu erstaunlichem Wissen, das sich ja noch heute in den monumentalen Bauten äussert. Offenbar hatten sie auch wirklich göttliche Kräfte!

Aurelia fühlte noch Reste davon in sich, ohne den Ursprung zu kennen, nahm aber gleichzeitig ihre Verantwortung war, sie nicht zu missbrauchen, obwohl sie damals noch ein Kind war.

Über diese Geschichte konnte sich sowohl bei ihr wie offenbar bei vielen alten Seelen aus dieser Zeit das Trauma des Nichtverstehens dieses gewaltsamen Todes auflösen.

Ich bin sicher, dass dies wesentliche Veränderungen im Weltgeschehen möglich macht, weil ein klein wenig Dunkles aufgelöst wurde. Das tönt sicher anmassend, aber hoffen können wir immer. Interessant ist, dass sich genau an diesem Tag ein Kornkreis in England formte. Der Kommentar der Forscher lautete, er würde an ein Mayasymbol erinnern! Es ähnelte einem stilisierten Vogel. Warum sollen wir so etwas nicht dankbar als Hilfe aus dem Unnennbaren annehmen?

Was sind denn eigentlich Kornkreise? Ich sehe sie als ein Zusammenwirken von universalen und Erdkräften mit Hilfe von Licht- und Elementarwesen auf Kraftorte, die mit Sternenkräften verbunden sind. Für mich sind sie ein Zeichen, dass wir uns auf diesem Planeten überhaupt nicht alleine abmühen müssen. Alles, was in unserem Leben unter »zufällige Begegnungen« fällt, möchte ich auch darunter einreihen. Stark berührt haben mich die Kornkreise vom 08. 08. 08, eine wunderschöne 8 in Südengland in Wiltshire. Es müssen sehr liebevolle Lichtwesen sein, die sich mit unseren Zeitvorstellungen identifizieren.

Eckhard Weber schildert es so: »Mit dem Erzengel Michael wurde ein gemeinsamer Plan entworfen – nach Absprache mit den kosmischen Intelligenzen und geistigen Hierarchien, Erzengel genannt – auf die Erde seine Legionen von Lichtarbeitern zu inkarnieren. Er wird unterstützt von Freiwilligen höher entwickelter Wesenheiten von allen Planeten – Hierarchien unserer Milchstrasse, um die Erde durch Freisetzung von neuem Bewusstsein zu heilen und zurückzuführen in die erweiterte Bewusstheit des planetarischen Christus oder Buddha-Bewusstseins.«[36]

---

[36] Eckhard Weber im Juni 2007.

Wie tröstlich. Offenbar sind die düsteren Prophezeiungen von Nostradamus und anderen eher Warnungen und die erhöhte Schwingung der jetzigen Zeit lässt sehr sinnvoll völlig neue Hoffnungen zu. Kürzlich las ich, dass Buddha vor 2500 Jahren die Weisheit zum Herzen hinzuführen half. Vor 2000 Jahren begann über Christus, dass die Herzensenergie zu Weisheit führen kann! Ist das nicht schön und tröstlich und verhilft den Unsicheren zur Verbindung mit allem Göttlichen, so, wie es seit Urzeiten gemeint war.

GG 13 Wandlungsweg 14 Grosser Wirbel 7
Unsere Halswirbel sind sehr wichtig bei unserer Aufrichtung im Laufe des Lebens. Kinder berühren mich immer wieder durch die Haltung ihres Kopfes. Da ist die Verbindung klar zu sehen, die viele noch vom Himmel zur Erde hin selbstverständlich leben. Es ist nichts Verbogenes drinnen. Darum können sie uns manchmal auch so umwerfende Kommentare geben, die sie einfach intuitiv wissen. Das dauert mindestens bis zur Schulzeit, taucht aber oft in der Pubertät noch einmal deutlich auf. Viele junge Menschen sind in dieser Zeit nochmals hellsichtig, was aber in unserer Kultur noch nicht genügend bejaht wird. Die Indigokinder bringen die Chance, dass es notgedrungen durch ihre Forderungen immer mehr Menschen gibt, die aufmerksam werden und entsprechende Unterstützung geben können.

Mir ist es eine grosse Hilfe, zu wissen, dass offenbar jeder Mensch alle sieben Jahre gesegnet wird, um in einer neuen Zeit in seinem Leben neue Hilfen zu bekommen. Das ergänzt sich wunderbar damit, dass auch die medizinische Wissenschaft festgestellt hat, dass sich alle unsere Zellen nach diesen sieben Jahren neu geformt haben. Ist es nicht wohltuend, dass wir in einer Zeit leben, wo die Chance, Wissen und Glauben zusammenzubringen, so gross ist?

Die sieben Halswirbel haben es in sich. Sie geben ihre Ausrichtung in den ganzen Körper und tragen damit eine gewaltige Kraft in sich. Darum entstehen im negativen Sinne die verheerenden Auswirkungen bei einem Schleudertrauma, das immer noch oft unterschätzt wird, weil die kleinsten Abweichungen der Wirbelkörper immense

Auswirkungen auf die ganze Wirbelsäule und damit den ganzen Körper und alle Organe auslösen.[37]

Nun gibt es auch eine farbige Tafel dazu, um einen besseren Überblick zu bekommen.[38]

An den Füssen kann gefahrlos gearbeitet werden, manchmal in sorgfältiger Begleitung von Osteophatie oder der Dorn-Methode. Die Wichtigkeit besteht darin, sofort die ganze Wirbelsäule und somit den ganzen Körper zusammen neu auszurichten. Optimal wird das natürlich, wenn auch der Schock, der unweigerlich in einer solchen Erfahrung steckt, mit aufgelöst wird. Es ist also wichtig, Emotionen zuzulassen, unter Umständen das Geschehen nochmals erfahren zu lassen, um dabei die belastenden Bilder mit Hilfe der Engel aufzulösen.

Immer lasse ich fragen, warum das geschah, zum Beispiel eine Auffahrkollission. Was sollte dieser Stoss von hinten, der einen »Unschuldigen« traf? Könnte es sein, dass wir in einer Lebensphase steckengeblieben sind und uns nicht selbst weiter voranwagen?

Dem steht gegenüber, dass wir nun erst recht blockiert sind und Hilfe brauchen, die gar nicht leicht zu bekommen ist. Wie viele Menschen haben nach einer solchen Situation noch hören müssen, sie seien Simulanten! Das trifft sicher sehr selten zu. Das absolut genaue Einrichten an den Halswirbeln und der ganzen Wirbelsäule durch die Füsse ist ungefährlich und meistens erfolgreich. Was folgen kann, ist im ersten Moment ein Schwindelgefühl, besonders wenn der Unfall schon länger zurückliegt. Er bewirkt in allen Gehirnzellen über die neue Durchblutung eine Umpolung. Das betrifft nicht nur organisches Verändern, sondern kann auch Denkmuster erneuern.

Bei der Behandlung einer solch schwierigen Situation ist es noch wichtiger als sonst, die innere Ausrichtung wieder ins Lot zu bringen. Das heisst, die Wirbelsäule über die Halswirbel und den Scheitel zu verlängern. Das ist nur möglich, wenn wir das bewusst versuchen und dabei das Kinn leicht zur Brust senken.

---

[37] S. auch: Ingeborg Steiner: So spricht die Seele durch die Füsse, Neuauflage, Verlag Haag + Herchen Frankfurt/Main 2009.

[38] In der Abbildung ist der Bezug der Halswirbelsäule zur Wirbelsäule, den Fingern und Elementen dargestellt.

Das wiederum heisst, unser Becken erfühlen und uns unserer Mitte, aber auch unserer Wurzeln, der Füsse und der Erde bewusst zu werden. So kann sich unser Scheitel wieder wie eine Antenne erweitern und Licht und Klarheit zulassen. Diese Haltung gilt im Alltag, im Stehen oder Sitzen, auch in der Meditation, was oft zu wenig beachtet wird. Wie oft wird geduldig jahrelang meditiert, ohne von dieser Verlängerung des Scheitels in die Wirbelsäule und damit in unsere Mitte, den Beckenraum zu wissen.

Aber besonders bei den Behandlungen im Liegen an den Füssen wird dies entscheidend. Sobald wir das Kinn in die Höhe strecken, entfernen wir uns von unserem inneren Wissen. Das hat sehr viel mit Angst zu tun, komischerweise vor dem Grosssein unserer Macht, unserem Bauch-Wissen, das mit dem göttlichen Kern in uns stark zusammenhängt.

Das Kinn zu senken löst Demut aus und wird so oft missverstanden. Eigentlich heisst es, sich in den Dienst unseres höheren Wissens zu stellen und es ist weit weniger anstrengend, als alles selbst entscheiden zu wollen. Heute wird in viel weiteren Kreisen mehr meditiert als wohl je zu vor, nicht nur in Klöstern und von Eremiten, wo über viele Jahrhunderte diese hilfreichen Energien ausgesandt wurden. Es sind nun viele kleine Inseln, die wirken.

Aus dem Mittelalter sehen wir Wandgemälde oder Heiligenstatuen, die ihre Arme hilfesuchend zum Himmel erheben, den Kopf erwartungsvoll erhoben. Alle diese Suchenden wurden noch von dem Gefühl beherrscht: »Ich bin nicht wert, dass du in mich eingehst, ich bin behaftet mit der Erbsünde.« Sie hofften auf eine äusserliche Erscheinung der Gnade oder wenigstens Licht als Hilfe und konnten nicht mehr glauben, dass in unserem Körper schon Göttliches bereit ist, das vom heiligen Geist berührt werden möchte.

Heute dürfen wir uns trauen, Licht und Kraft über den Scheitel, die Antennen, wie ich das gerne nenne, in den Körper hineinzuleiten. Es wird davon gesprochen, dass unser Körper so durchleuchtet werden kann, dass er sich irgendwann im Licht auflösen wird.

Es gibt Menschen wie Lamas in Tibet zum Beispiel, welche in der Meditationshaltung gestorben und noch Tage, manchmal Wochen so sitzen geblieben sind, ohne dass die Verwesung eintrat.

Vorerst aber haben wir Durchschnittsmenschen es mit Reinigungs-
arbeit zu tun, mit dem Klären von Blockaden, mit Lösen von Schocks
und Traumata, mit dem Heimholen von Seelenteilen, damit wir wieder ganz werden.

Nelson Mandela hat uns das wunderbar erläutert mit seinem Ge-
dicht über den Mut, gross zu sein, damit auch andere gross sein können.[39] Um das erreichen zu können, sollen wir werden wie die Kinder, steht in der Bibel. Ich glaube, diese innere Aufrichtung mit der
Ausrichtung des Scheitels zum Himmel, damit die Inspiration ihren
Platz bekommt, ist eine Möglichkeit dazu. Das heisst als Erwachse-
ner, sich in den Dienst des Universums stellen mit den Gaben, die
ein jeder erhalten hat!

Für mich hat damit die Zahl 9 einen wichtigen Zusammenhang.
Lilla Bek, Heilerin und Farbtherapeutin, hat vor vielen Jahren Hinweise zu den Zahlenreihen gegeben.[40] Sie sprach davon, dass wir bis
zum 45. Lebensjahr das Recht und die Aufgabe haben, mit Hilfe
unseres Egos unser Potenzial aufzubauen. Wunderbar, wenn wir spätestens dann spüren können, dass bis dahin alles nur geschah, damit
wir uns in den Dienst des universalen Gesetzes stellen können, jeder
Mensch an seinen Platz, damit jeder sein Gabe leben kann.

Wir sind heute an einer gefährlichen Überlebensgrenze für unseren Planeten angelangt. Es scheint fast aussichtslos, gegen den Nie-
dergang anzukommen. Was fehlt, sind nicht nur die Rufer in der
Wüste, die warnen. Was fehlt, sind Politiker mit sehr grossem Überblick, welche ihre Macht zur Hilfe für alle nutzen und nicht egoistisch und damit engstirnig handeln. Genau dazu braucht es diese
innere Ausrichtung, das Erkennen, wie sie breitflächig verschiedene
Wichtigkeiten zusammen erfassen können. Es braucht wohl »Heilige« dazu!

Was wir gewöhnliche Bürger dazutun können, ist die Erziehung
unserer Kinder zu umfassenderem Denken und zur meditativen Aus-

---

[39] Nelson Mandela, Antrittsrede 1994, abgerufen am 15. 12. 2008 unter http://
www.kapstadt.org/suedafrika/geschichte/mandela/
[40] Annie Wilson/Lilla Bek: Farbtherapie, Scherz Verlag 1998.

richtung, damit befähigte Menschen an den richtigen Platz gelangen, wo sie ihre Möglichkeiten leben können. Vielleicht wirkt es komisch, dass ich diese Gedanken in die Arbeit am Körper einbringe. Meine Erfahrung ist einfach, dass ich selbst nur gut lebe und arbeite, wenn ich Ordnung in meinem Körper fühle. Meine Gedanken sind nicht zu Höhenflügen fähig, wenn ich mich müde und damit meist entmutigt fühle, irgendetwas Konstruktives anzugehen. So wird es überall sein.

Damit gehe ich weiter zu den obersten Halswirbeln, der Axis und dem Atlas, die von den griechischen Göttern her gesehen die Welt tragen. Unsere Welt in uns selbst ist unser Kopf mit all seinen Möglichkeiten samt dem Wissen, dass da noch sehr viel grössere Kapazitäten in uns warten. Wie weise waren die Griechen mit all den Zuordnungen, die sie den Körperteilen gaben. Sie bezogen die Götter mit ein und gaben damit kund, dass sie sich durch die universellen Gesetze inspirieren liessen mit den entsprechenden Mythen, die wir auch in anderen Kulturen finden.

Wir wissen: Wenn im Halswirbelbereich die kleinste Abweichung wirkt, hat das verheerende Auswirkungen auf den Menschen. Er ist nicht im Lot und damit läuft alles falsch, weil die Verbindung von Weisheit – Wissen zum Handeln hin gestört ist.
   Es ist sicher kein Zufall, dass sich in den letzten Jahren verschiedenste Arten von Therapien entwickelt haben, die versuchen, diese wichtige Verbindung wieder zu ordnen. Die Asiaten gaben diesem Übergang an der Schädelbasis, dem Gouverneur-Gefäss GG 16, den Namen Kaiserliches Amt des Windes.
   Ich möchte hier nicht nur Kopfschmerzen, Migräne, Bluthochdruck, Hirnschlag und psychische Ausfallerscheinungen, Schwindel, Angst, Verwirrung und Müdigkeit erwähnen, sondern auch Alzheimer und jede Art von Demenz. Dort sitzt unsere Angst, zu klein zu sein, als dass wir unser Menschsein erfüllen könnten. Warum sind unsere Senioren in so grossem Masse nicht mehr zurechnungsfähig und absolut pflegebedürftig? Von aussen gesehen ist es das zunehmende Alter, die Umweltbelastungen über Metalle wie

Amalgam und Blei etc., mangelnde Bewegung, zu wenig mineral-
stoffreiche Nahrung usw.

In Wahrheit ist es wohl eher die Frage: »Habe ich meinen Sinn
des Lebens gefunden, kann ich etwas hinterlassen, wenn ich sterbe,
das über die tägliche Arbeit und Geld hinausgeht?«

Es sind viele Frauen betroffen, viele »Nur-Hausfrauen«, die nicht
genügend Anerkennung bekamen, und sich ihre Bedürfnisse und
Fähigkeiten nicht einmal selbst bewusst machten. Ich kannte vor 50
Jahren einen Professor, der in diesem Zustand war. Der geförderte
Verstand allein genügt eben auch nicht!

Ich hatte vor vielen Jahren, als man noch nicht von Alzheimer
sprach, ein Ehepaar in Behandlung. Er war sehr erfolgreich gewesen
und hatte verschiedene soziale Projekte auch im Ausland aufgebaut.
Es ging ihm gut. Eigentlich brachte er seine Frau zu mir, die bereits
pflegebedürftig war. Sie konnte mir noch erzählen, dass sie all die
Jahre einfach in all die Projekte, die ihrem Manne Ehre einbrachten,
mitgegangen war. Lieber wäre sie zu Hause geblieben, sie fühlte
sich unwohl, zweitrangig. Mir kam es vor, als würde sie, ohne es zu
wissen, dies nun ihren Mann entgelten lassen, indem er für sie sorgen musste. So war er eingeschränkt in seinen Möglichkeiten, sich
weiter so erfolgreich zu betätigen. Sein Alltag wurde von ihrem Zustand beherrscht, der Horizont war beengt.

Diese Generation hat nicht gelernt, wie wichtig jeder Posten ist,
den wir einnehmen. Was passiert mit einem Haushalt, der nicht bis
in alle Einzelheiten liebevoll gepflegt wird? Was passiert aber auch,
wenn nicht erkannt wird, wie wir den Partner innerlich mitnehmen
können und die entsprechende Anerkennung auf beiden Seiten aus-
bleibt? Die grosse Vereinsamung erfolgt, von der so viele Menschen
betroffen sind. Dahinter steckt ein mehr oder minder bewusster Groll
um alle verpassten Möglichkeiten. Vorwürfe, die wir uns selbst und
meist vor allem anderen machen, manchmal auch Bequemlichkeit.

Ich war selbst »Hausfrau«, 18 Jahre lang bis zu meiner Scheidung,
und empfand dies als grosse Chance. Meine vier Kinder brauchten
mich und ich liebte es, meinen Haushalt zu pflegen mit allem Drum
und Dran. Ich nahm aber auch dankbar wahr, dass mir Zeit blieb,

mich in all meinen Fähigkeiten auszuleben, zu kochen, zu nähen, zu stricken, zu gärtnern, zu malen, mein Heim zu schmücken, zu lesen. Mein Wissen über alte Kulturen, die mich interessierten, verhilft mir heute oft bei meinen Rückführungen zu den richtigen Fragen, rituelle Handlungen etc. betreffend. Ich hatte die Gnade, zu begreifen, dass jeder Platz, den wir nach bestem Wissen und Können ausfüllen, seinen Sinn in sich trägt. Natürlich ist mir das heute deutlicher bewusst als damals. Trotzdem »wusste« ich es, ebenso wie Sie es wissen. Darin liegen die Zufriedenheit, die Dankbarkeit und die Freude, die Kraft spenden für den Alltag.

Natürlich war auch ich nicht immer in diesem Zustand, das ist kein Mensch. Ich musste mich zu meiner Berufung hinfinden wie andere auch. Aber ich wusste tief innen, auch als ich nach meiner Scheidung eine ganz einfache Arbeit ausführte, um Geld zu verdienen, dass es ganz wichtig war, diese Arbeit gut zu tun. Mein Gefühl sagte mir, dass ich erst weitergehen konnte, wenn das geschehen war, und so war es.

Im Bereich der Schädelbasis sind wir oft blockiert, weil wir die »Nase« zu hoch tragen oder es jedenfalls so aussieht. Eigentlich haben wir Angst, in unsere Tiefen hineinzusehen, in der Annahme, dort wäre zu viel Negatives, Trauriges, Unverarbeitetes, wir könnten darin ertrinken. Es erweckt den Anschein, als wären wir hochmütig, oberflächlich gesehen. Wieder so ein Irrtum, den wir oft nicht einmal selbst klar erkennen. Wenn wir Hilfe bekommen, z.B. schon über eine gute Massage im Hals-Schulterbereich mit Einbeziehung des Beckenraumes, können sich solche Blockaden lösen. Das Lichtdreieck im Raum des Kleinhirns, das die Verbindung zum Scheitel-Chakra erleichtert, kann so seine Wirkung tun. Da verbirgt sich unser Lebensplan, sicher zusätzlich natürlich auch in allen Zellen, da eine Eizelle mit der Samenzelle zusammen den Lebensprozess in Gang setzt.

Ich kann nur ahnen, was für universelle Gesetze da in Bewegung kommen. Dies muss mit dem Geheimnis der Pyramiden in Verbindung stehen. Es heisst doch, in der Sphinx und in den Pyramiden sei altes Wissen verborgen, das in diesem Jahrtausend ans Licht kommen könne. Wir haben diese spirituelle Geometrie in unseren Körpern. Also haben wir auch die Geheimnisse der Pyramide in uns. Sie wurde einfach nach uraltem Wissen im Aussen dargestellt.

Alle alten Kulturen suchten die Verbindung zu den Sternen, zum universellen Wissen, zu den Göttern, später in unserer Kultur zu den Engeln. Die Engel sind eigenartigerweise zum Teil von den Kirchen wieder abgelehnt worden. Ich kenne die katholische Ava, die von Kind an hellsichtig war. Der Priester erklärte ihr und ihrer Familie, wenn sie zum Beispiel als Kind schon wusste, dass jemand in der Umgebung sterben würde, dass sie vom Teufel besessen sei. Wie oft wirkt da die Eifersucht der ernannten Geistlichen gegenüber den Wissenden, die zu allen Zeiten sehr oft Frauen waren!

Ava wollte sich später verzweifelt von einem Hochhaus stürzen, doch da stand »jemand« vor ihr mit hocherhobenen Händen mit einem »Halt!« Das erzählte sie in unserer Gruppe und berührte damit alle tief.

Engel haben nach unserer Vorstellung Flügel, Schwingen – Schwingungen! Schwingungen aber sind auch verschiedene Dimensionen und beschwingt können wir leben, wenn wir uns in diese Dimensionen hineinwagen. Dieses Lichtdreieck in uns ermöglicht uns das Verbinden von Geist, Seele und Körper. Ist das nicht wunderbar?

Die Geschichte:

Angelika fühlte immer wieder eine grosse Angst, sich in ihrer therapeutischen Tätigkeit voll auszuleben. Oft schmerzten auch ihre Arme, besonders der linke, wenn sie Menschen berührte.

Als ich sie an diesem Lichtdreieck berührte, nahm sie eine Eisentüre wahr, die sich langsam öffnen liess. Dahinter lag ein wunderbarer Garten, der ihr eine grosse Geborgenheit vermittelte.

»Dieser Garten ist aber nicht auf der Erde«, sagte sie nach kurzer Zeit. »Der ist auf der Venus!« Das fühlte sie auf meine Frage. Von dort kann sie nun Hilfe holen, wenn ihr diese irdischen Irrwege zu viel werden, also immer dann, wenn ihre Arme zu schmerzen beginnen!

Weisses Licht von Serapis Bay und dem Erzengel Metatron leuchteten auf ihre Weise in diesen Prozess hinein.

GG 16 Kaiserliches Amt des Windes. Der Geist weht wo er will
Körperlich heisst es zu GG 16: Kopfschmerzen, Zervikalsyndrom, Hirnschlag, psychische Ausfallerscheinungen etc. Es sind die wichtigen Zugänge zum Gehirn und auch zurück in den Körper. Sie wollen durch ein Lösen der Blockaden befreit werden. Das kann direkt am Kopf geschehen, ebenso kombiniert am Grosszehen, wenn wir an den Füssen arbeiten. Kopfschmerzen sind nie nur Spannungen im Kopfbereich, sondern immer auch Ausdruck von Organen, die überfordert oder blockiert sind, sei das physisch oder psychisch.

GG 19 im Bereich des Kleinhirns
Körperlich: Migräne, Kopfschmerzen, Zervikalsyndrom, Schlaflosigkeit, Schwindel und Unruhe. In diesem Bereich beginnen der Hypothalamus, die Hypo- und die Epiphyse zu wirken. Alle Stationen vom Steissbein und dem Wurzel-Chakra her haben damit zu tun.

Die östlichen Völker sprechen von der Kundalinikraft, die sich spiralig um die Wirbelsäule nach oben entwickelt. Westliche Mediziner und Apotheker führen sie als Berufszeichen durch ihr Leben. Was bedeutet diese wirklich? So, wie ich es verstehe, hat sie sehr viel mit unserer spirituellen Entwicklung zu tun. Bleibt diese Kraft im Wurzel-Chakra stecken, was vielleicht am Anfang der Menschheitsgeschichte normal war, heisst das, ein ganz einfaches Leben führen. Essen, arbeiten, schlafen, Nachkommen zeugen, sterben im Einklang mit der Natur, so wie es auch die Tiere tun. Die Liebe aber brachte dann die nötigen Verwicklungen. Sie erreichte über die unteren Chakren das Herz, wenn es nicht mehr gleichgültig war, mit wem uns die sexuelle Kraft zusammenführte. Es entwickelte sich die ganze Palette von Wünschen, Kampf um die Erwählte oder den Erwählten mit allen Emotionen, mit Eifersucht und Enttäuschung. Die Spiele der Menschheit, die sich immer neu wiederholen, haben mit der Entwicklung dieser Spirale in uns zu tun. Der Kampf um die Geliebte führte zu Wettkämpfen, ursprünglich um die Kraft oder Geschicklichkeit des Stärksten. Dann ging es weiter mit dem wachsenden Einfluss des Denkenkönnens hin zu den anderen Machtpositionen. Da spielten Rang, Macht und Geld eine immer grössere Rolle. Wir sehen noch heute alle Variationen mehr oder weniger verfeinert rund um uns. »Die Liebe aber ist das Grösste«, steht in der Bibel. Da wartet die Veränderung.

Wenn wir wirklich lieben, auch körperlich, dann erreicht diese Kraft nicht nur den Herzbereich, sondern führt in die Hypophyse und Epiphyse durch dieses Lichtdreieck beim Kleinhirn hindurch weiter ins siebte Chakra himmelwärts. »Wir sind im siebten Himmel«, sagen wir und genau das suchen wir, wenn wir lieben. Wir meinen dann: »Ich könnte die ganze Welt umarmen!« Es ist ein Weg zur All-Liebe. Das alles führt zu einer Veränderung der Schwingung in unserem Körper, so wie ich das wahrnehme. Jeder Mensch wird durch die Liebe verändert, anfänglich meist deutlicher, mit der Zeit verwischt sich das durch die Selbstverständlichkeiten, durch Pflichten und mangelndes Wissen, wir vergessen, wie wichtig es ist, immer achtsam zu bleiben.

Die Schwingung in unserem Gehirn, die neues Denken möglich macht, scheint mir noch wichtiger. Über die Hirnforschung werden immer neue Stoffe entdeckt, welche bei diesen Veränderungen mithelfen. Vielleicht können wir daran lernen, dass Spiritualität und Wissenschaft, dazu gehört ja auch die Medizin, letztlich absolut zusammengehören.

Das Mysterium des verschiedenen Denkens beschäftigt mich immer neu. Wir kommen vielleicht aus der gleichen Kultur, dem gleichen Volk, der gleichen Religion, der gleichen Familie und haben dennoch ganz verschiedene Denkmöglichkeiten. »Es« denkt in uns und kann dadurch ganze Familien entzweien. Das zeigen Religion oder Politik oder eben die Liebe zum vermeintliche falschen Menschen. Was aber heisst »Es«? Ich denke, es steht für den Geist des göttlichen Seelenteils, für die Verbundenheit mit vergangenen Erfahrungen, vergangenen Leben, mit dem Ursprung allen Seins und der individuellen Aufgabe, die wir aus der »Quelle« mitgenommen haben. Manchmal, wenn wir lieben, denken wir das Gleiche in verschiedensten Bereichen. Die Telepathie, die das auslösen kann, wirkt sehr umfassend, weil wir in diesen Momenten offenbar ohne Angst sind und uns dem anderen voll öffnen. Das geschieht auch oft zwischen Mutter oder Vater und Kind.

Wenn wir intelligent sind, können wir in allen möglichen Bereichen studieren, die uns anziehen. Es ist absolut umwerfend, was der Mensch allein im letzten Jahrhundert alles erreicht hat. Denken wir daran, wie wir den Luftraum erobert haben oder das Meer erforschen können, gar nicht zu reden von den alltäglichen Annehmlichkeiten, deren wir uns völlig unbewusst bedienen.

Wenn ein Mensch stirbt, der sich sehr viel Wissen angeeignet hat, stellt sich die Frage: Waren alle seine Anstrengungen umsonst? Nein. Wir können alle erleben, dass wir gewisse Erkenntnisse aus dem Unbewussten hervorholen können, wenn wir das zulassen. Ich sage oft in meinen Kursen z.B. bei Akupunkturpunkten: »Ihr wisst, wohin mit euren Fingern, sonst wäret ihr nicht hier!« Das gilt natürlich für alles, je nach Begabung. Denken wir an die Wunderkinder im Bereich Musik oder anderswo. Die Indigo- oder Kristallkinder bringen dieses Wissen in unsere Welt. Wenn wir uns klar werden, wie wir das im Alltag mit einfachsten Dingen erleben, können wir auf unserem Weg der Selbstannahme einen Schritt weiter gehen anstatt zu sagen: »Ich bin kein Kristallkind, ich bin niemand!«

Unser Gehirn gibt uns Bilder aus der Vergangenheit ein, in dem alles, was wir erlebt haben, auf eine geheimnisvolle Weise gespeichert ist (manchmal auch nicht). Wir erleben etwas mit, z.B. den ersten Schultag unseres Kindes, und schon läuft der Film unseres eigenen Schuleintritts oder der eines anderen Kindes ab. Wenn wir jemandem etwas Schönes oder Schmerzliches erzählen, spielt sich alles ebenfalls vor unseren inneren Augen ab. War etwas entsetzlich, ist es nicht immer sofort greifbar gespeichert, sondern meistens sehr viel verborgener abgelegt. Vergleichen wir das Gedächtnis mit einem PC, wären solche Ereignisse quasi im »Papierkorb«. Natürlich kann dieses Wissen auch überraschend und von selbst erschreckend hervorbrechen. Dann ist es Zeit, daran zu arbeiten. Wir haben einen »Torwächter« in uns, der die Erinnerung im richtigen Moment öffnet.

Das gilt ebenso für unsere vergangenen Leben. Dabei sind es immer nur die wichtigen Bilder, die unerlösten oder die befreienden, die aufsteigen, je nachdem, was wir brauchen, um weiterzukommen. Das ist ein grandioses Mysterium und richtet sich offenbar nach universalen Gesetzmässigkeiten, die uns genau dann zugänglich werden, wenn die Zeit dafür reif ist. Nichts ist verloren, es lohnt sich, den eigenen Weg ernsthaft und ebenso mit Beschwingtheit zu suchen. Wir haben die Hilfen, die wir brauchen, mit immer neuem Vertrauen! Die Erinnerungen funktionieren sogar nach dem Tod, wenn wir uns von unserem Körper entfernen. Ich lasse jeden Menschen, der sich in einem vergangenen Leben sah, nach dem Sterbemoment fragen, danach, wie seine Seele den Körper verlassen konnte. Jeder sieht vor den inneren Augen, ob er ins Licht konnte, sich noch an den Körper klammerte oder im Zwischenreich stecken blieb. Ebenso sieht er diese Momente von anderen Beteiligten, seinen Ahnen oder wem auch immer. Diese innere Arbeit ist vielleicht das Wichtigste in der heutigen Zeit, um wirklich einen Sinn aus dem Elend zu ziehen, das unseren Planeten noch beherrscht.

Wir leben in einer Zeit, in der sehr viel mehr Licht auf die Erde ausgestrahlt wird. Eventuell geschieht dies auch durch den Klimawandel, aber ich glaube, dass dies zusätzlich auch im Weltenplan liegt. Das Licht – intensiviert durch die mangelnde Ozonschicht – erhöht die Schwingung merklich und wirkt sich im Alltag aus, indem sich immer mehr Menschen die Frage nach dem Sinn des Lebens stellen. Hellsichtige nehmen über Channeling wahr, dass sich viele Lichtwesen um unser »Wachwerden bemühen«, wahrscheinlich immer bemüht haben, aber nun lassen wir es vermehrt zu.

GG 20 Hundert Vereinigungen Kronen-Chakra
Diese erhöhten Schwingungen nehmen wir besonders über unser Scheitelzentrum auf, die GG 20, Hundert Vereinigungen, wie es in der Akupunktur heisst. Körperlich bedeutet dies: Kopfschmerzen, Schwindel, Gebärmuttervorfall. Diese Stelle ist der Gegenpol zu unserem Beckenboden, dem Steissbein, zu unserer Erdhaftigkeit.
Ich spreche gerne davon, unsere Antenne bis ins achte, neunte, zehnte, elfte und zwölfte Chakra auszufahren, vielleicht zu unserem Engel hin, sicher aber zu unserem objektiveren höheren Wissen.

Je höher unsere Schwingung in unserem Gehirn vorbereitet ist, umso mehr kann sie nach unten geleitet werden in unser
– drittes Auge, das heller sehen,
– in unseren Hals, der Wichtiges aussprechen kann,
– in unsere Thymusdrüse, die klären hilft,
– in unser Herz, das Liebe ausstrahlen,
– in unser Sonnengeflecht, das umfassender fühlen kann,
– in unser Milzzentrum, das Verletzungen transformieren lernt,
– in unser Sakral-Chakra, das Liebeskraft entwickelt und
– in unser Wurzel-Chakra, das Urwissen mit dem Scheitel verbinden kann.

Himmel und Erde finden so zusammen. Könnte das die Aufgabe sein, die sich der göttliche Geist selbst gestellt hat, mit uns allen als Mithelfern? Oder haben Sie sich noch nie gefragt, wozu das Leben dient? Ich stellte mir diese Frage immer wieder, wenn es mir schlecht ging. Immer wollte ich kurz und heftig leben, wenn es denn schon sein sollte – und ich bin immer noch da.

GG 22 Schädelvereinigung – Scheitel-Chakra
Dieser Punkt steht da mit obigen Merkmalen. Zusätzlich kommen Bewusstlosigkeit, Ohnmacht und Angstzustände dazu.

Wenn wir den Verlauf des Meridians betrachten, der vom untersten Rücken nach oben zum Schädeldach führt und vorne über die Stirn wieder herunterzieht, könnte man sagen, er erweitert sich vorerst zum Universum in uns, dem Scheitel-Chakra. Nun aber geht es wieder in die Materie.

GG 23 Oberer Stern – Scheitel-Chakra
Dieser Punkt wird mit Stirn- und Scheitel-Kopfschmerzen, Stirnhöhlen- und Augenproblemen, Angstzuständen, psychischen Störungen und Nasenbluten in Verbindung gebracht. Das hat mit der Angst zu tun, sich den geistigen Schwingungen zu öffnen. Es gilt das Wissen zuzulassen, wie bei einem Trichter Energien einzulassen, die lichtvoll sind!

GG 24 Göttlicher Hof – Drittes Auge

Ebenso wie oben, zusätzlich kommt Schwindel hinzu. In diesem Bereich liegt unser drittes Auge, unser Auftrag, in Verbindung mit dem Scheitel-Chakra, der Verbindung zu unserem höheren Wissen und unserem innerem Sehen, was jetzt, in diesem Moment, zu handeln ist. Epi- und Hypophyse führen zu diesen Möglichkeiten. Sie vereinen Geist und Materie in unserem Körper. Da kann einem schon einmal schwindlig werden, denn das ist gewaltig! In der Fussarbeit passiert es manchmal, dass sich, wenn eine derartige innere Erkenntnis und damit Wandlung geschieht, alles im Kopf dreht! Das heisst im Moment zu lernen, einfach alles zuzulassen, mit Hilfe des Therapeuten, der zum Beispiel die Fersen hält, den irdischen Gegenpol. Dann kann Licht einfallen. Das ist der Augenblick, um sich einfach füllen zu lassen und die Engel oder was immer für diesen Menschen nahe ist, um Erleuchtung zu bitten. Die Augen sprechen davon, was wir aus der spirituellen Welt aufnehmen und was wir zum Herzen hin zulassen, das heisst, nicht nur intuitives Wissen, sondern letztlich Weisheit, wenn wir die Inspirationen annehmen.

Damit werden vielleicht Gehirnzellen aktiviert, von denen wir wissen, dass zu viele brachliegen. Das bedingt dieses demütige Neigen des Kopfes, das eigentlich nur heisst, sich in den Dienst des universellen Geistes zu stellen. Sicher tönt das vielleicht zu grossartig, aber es ist genau das Gegenteil: Das muss im Alltag geschehen, genau dort, wo wir leben, der immer unser heiliger Ort ist. Das passiert immer dann, wenn wir merken, dass wir richtig gehandelt haben und wir deshalb zufrieden sind. Das kann mit einem stillen Hilfeschrei zu unserem Schutzengel oder was immer für uns richtig ist, verbunden sein.

Es ist aber auch möglich, dass uns plötzlich eine Erkenntnis, ein Zusammenhang aufgeht. Dann fassen wir uns manchmal an den Kopf oder an die Stirn und wundern uns, dass wir das nicht schon vorher realisiert haben. Es geht wirklich darum, achtsam und damit dankbar in den Alltäglichkeiten wahrzunehmen, was in uns bereitliegt.

Unter diesem Punkt folgt kein direkter Akupunkturpunkt des Gouverneur-Gefässes, aber in diesem Bereich sind verschiedene andere

Meridiane wirksam, auch rund um die Augen und Ohren. Ich habe mir in diesem Buch die Kraft der Wirbelsäule und die entsprechenden Meridianen vorbehalten.

GG 25: Einfaches Loch

Das ist die nächste Station, sie steht für Polypen, Furunkel und Geschwüre der Nase, behinderte Nasenatmung und Schock, den Schock, mit allen irdischen Grundbedürfnissen neu geboren zu werden. Kein Wunder, hier geht es zurück in die Materie, ums simple Überleben, um das Ringen nach Luft, um Nahrung und Wasser. Der Atem, der Anfang und das Ende unseres Lebens, fliesst über die Nase nicht nur in die Lungen und damit über den Blutkreislauf in den ganzen Körper.

Wir haben es sicher alle schon erlebt, dass frische Luft buchstäblich unser Gehirn durchflutet und anregt. Dadurch können wir unruhige und vor allem negative Gedanken loslassen. Bewusstes, heftigeres Ausatmen des Problems ist noch effizienter und kann ein Lächeln über das wirkliche Ausmass des Problems hervorzaubern.

GG 26: Wassergraben (vielleicht könnten wir sagen Wasserscheide)

Körperliche Zeichen: Schock, Ohnmacht, Kollaps, Epilepsie, Konversionsstörungen und Hexenschuss (Lumbago). Der Mund hat eine enge Verbindung mit dem Unterleib.

Mir fällt Edvars Munchs »Schrei« ein, das Bild, das von einem nicht enden wollenden Entsetzen geprägt ist, einem letzten Schrei aus unzähligen Mündern in aller Welt, zu allen Zeiten. Das ist für mich ein Grund mehr, zu tiefsten Heilquellen vorzustossen, unser Leben mit allen Erkenntnissen, die wir bereits erworben haben, voll auszuleben.

Meine Erfahrungen über die Geschichten, die mit Hilfe der geistigen Welt geschehen konnten, sagen mir, dass die Zeit dafür reif ist und dass immer mehr Menschen aufgerufen sind, so zu arbeiten. Das ist mit ein Grund dafür, dass ich dieses Buch so von Herzen schreiben kann.

Ohnmacht, Kollaps, Konversionsstörungen und Epilepsie können wir gut mit den Kopfzonen zusammenbringen. Da steht aber noch Lumbago, also Hexenschuss, Ischialgien, Kreuz- und Beckenprobleme. Die Mundregion steht mit dem Becken in direkter Verbindung. Der Schrei kommt aus tiefstem Grund, aus allem, was an Entsetzlichem geschehen ist, auch im Bereich des Unterleibes, und was dort im Unbewussten gelagert wurde, weil es nicht anders ging, ob in diesem oder einem anderen Leben.

Die Geburten sind da zu finden, alle Schreie aus den Zeiten, in denen es oft geschah, dass Mutter und Kind zusammen starben, weil niemand helfen konnte bei einer Querlage oder was auch immer. Alle Totgeburten aus Mangel an Nahrung und damit Kraft, die auch heute noch in weiten Teilen der Welt geschehen, enden mit dem inneren oder äusseren Schrei der Auflehnung gegen das Leid. Vergewaltigungen in welcher Form auch immer sind in diesem Schrei des Nichtverstehens, dass Menschen grausam sein können.

GG 27: Oberer Lippenrand

Aphten und Zahnschmerzen.

Aphten und Zahnschmerzen habe ich mir deshalb als Folge geholt, weil ich mir so sehr auf die Zähne gebissen, habe, um alles auszuhalten, so dass ich mich wegen der Aphten vor Schmerzen nicht einmal mehr ernähren kann. Das Ganze wirkt direkt im Nasen-Mundbereich, aber auch bis zur Ernährung des Körpers.

Es ist etwas ernüchternd, von den hundert Vereinigungen und dem Stern, der sicher für das dritte Auge steht, nun nur noch mit den körperlichen Symptomen konfrontiert zu sein. Das ist die östliche Art des Denkens: Yin und Yang, oben und unten, hinten und vorn.

GG 28: Zahnfleischpunkt

Gingivitis, Rhinitis und Stomatitis.

Die seelischen Bereiche können bei der Nase aussagen: »Ich bin verschnupft, ich habe die Nase voll.« Das reicht bis zur Hysterie: »Ich gebe auf in der Ohnmacht«. Die Verbindung im Gehirn hat einen Kurzschluss bewirkt – einen epileptischen Anfall.

Die Nase stecken wir manchmal in alles mögliche hinein, bestenfalls in eine duftende Blüte! Manchmal stecken wir sie aber auch in Sachen, die uns nichts angehen. Riechen ist etwas ausserordentlich Wichtiges. Es kann uns vor Gefahren bewahren, vor verdorbenen Nahrungsmitteln, Gas oder ähnlichem. Es gibt aber auch andere Menschen, die wir nicht riechen können, was meist auch seinen Grund hat. Die Nase meldet solche Informationen nicht nur ins Gehirn, sondern auch in den Magen. Denken wir nur daran, wie ein übler Geruch bei uns Brechreiz auslösen kann!

Der Mund ist in seinen Funktionen unglaublich vielfältig. Natürlich ist die Nahrung wichtig, das beginnt schon beim Neugeborenen nach dem Atmen als erster instinktiver Regung. Wir lernen spätestens mit dem Altern oder wenn wir krank werden, dass wichtig wird, was wir essen und trinken! Wir können uns genüsslich ernähren oder einfach zum Überleben etwas in uns hineinschaufeln.

Der Mund hat aber noch ganz andere Funktionen. Wir können lachen, lächeln, singen, flöten. Wir können sprechen, schimpfen, loben, fluchen, spucken, die Lippen zusammenpressen oder küssen.

Der Mund drückt aus, was wir aus dem Bauch heraus fühlen, was das Herz sagen und der Kopf weitergeben will an Wissen oder Weisheit. Der Mund ist ein Transformator aus allen Bereichen.

Das erlebte ich bei einem jungen Mann. Ich versuchte, ihm die Wichtigkeit des Neigens seines Kopfes zu erklären. Es geht darum, bei sich selbst zu bleiben, keine Angst zu haben, die Gefühle aus dem Bauch wahrzunehmen. Der junge Mann wirkte sehr abgehoben, wie man heute so sagt. Darum schien mir das Thema zentral, besonders, weil er gerade in den fernen Osten reisen wollte. Es riss ihm aber fortwährend den Kiefer auseinander, das heisst, er konnte den Mund fast nicht schliessen (nur bei der Behandlung bei mir). Das war für ihn sehr unangenehm, so dass ich fragte, was denn dahinterstecken könnte. Er gestand mir eine Erfahrung mit halluzinogenen Pilzen, die bei ihm vor einigen Jahren eine kurzfristige Lähmung ausgelöst hatten. Die Panik, die ihn dabei ergriffen hatte, zeigte sich noch in seinem Körper. Der stumme Schrei von damals liess sich mit Hilfe der Engel lösen und der Seelenteil, der ihm damals verlorengegangen war, fügte sich heilend im Kiefer, den Nieren und den Hüften, wo sich der Schaden gezeigt hatte, wieder ein. Die Engel antworteten auf die Frage nach seinem Auftrag, dass für ihn auch im Beruf die Kommunikation ein wichtiger Teil seines Lebens bedeute, da ihm sehr viel inneres Wissen zur Verfügung stehe!

Wie viele Schreie sind wohl schon stecken geblieben auf dieser schwierigen Welt! Das ist gar nicht überschaubar und schon gar nicht in unzähligen Leben. Darum ist es sehr wichtig, grundsätzlich therapeutisch in diese Bereiche vorzudringen. Solange diese Traumata nicht auch im Körper aufgelöst sind, wiederholen sich all die Schreckenstaten, weil sie unbewusst nach Erlösung rufen müssen. Das ist ein universales Gesetz und es meint im Klartext, dass wir immer die gleichen Fehler machen, um uns über die Reaktionen unserer Umgebung auf die Spur zu kommen. Das geht noch sanft über Kleinigkeiten im Alltag, wird aber schrecklich in Kriegen, Vergewaltigungen, unerwarteten Todesfällen und ähnlich schwierigen Lebenserfahrungen.

Die Geschichte:
Der Alltag bringt uns aber oft naheliegendere Erfahrungen. So kam Cornelia zu mir, die eine leichte Auffahrkollision verursacht hatte, obwohl sie eine sehr verantwortungsvolle Fahrerin war. Sie konnte nicht verstehen, dass ihr so etwas passiert war.

Nun hatte sie kurz davor erfahren, dass sie von einem Geburtstag ihres Kindes, das beim Vater lebte, ausgeschlossen werden sollte. Das tat ihr sehr weh, weil die ganze restliche Familie eingeladen war. Zu allem Elend machte sie sich Vorwürfe, dass sie offenbar nicht genügend Liebe für ihren Exmann und seine Freundin aufbrachte, sonst würden sie sich doch nicht so verhalten. Sie schicke ihnen doch so oft Licht und Liebe, auf dass es ihnen gut gehen möge! Sie versuche, alles zu verzeihen …

Gutsein wollen um jeden Preis ist gefährlich. Zu leicht laufen wir in alten Mustern. Das Verzeihen ist so ein Muster, selbstlos Liebe schicken, wo so viel Schmerz ist, ein anderes. Wie ehrlich geht denn das, auch wenn es zu unserer inneren Überzeugung gehört, das können zu müssen?

In der Behandlung haben wir die Engel zu Rate gezogen. Dabei stellte sich heraus, dass es nichts zu verzeihen gibt. Dieses Wort bewirkt oft sogar unausgesprochen Aggressionen beim Betroffenen, ebenso wie das Verschicken von Licht und Liebe.

Wir sind uns selten bewusst, wie hochmütig diese Handlungen wirken, auch wenn nichts dergleichen gewollt ist. Diese Frau war weit von Hochmut entfernt. Aber wie ist es denn für uns selbst, wenn uns jemand grossmütig vergibt und wir wollten im Grunde gar nichts Böses? Wir haben nur Gefühle in Bewegung gesetzt, die ausser Kontrolle geraten sind, wie es beim Lieben leicht geschehen kann. Wir wissen aber auch, dass alles Vorgeschichten hat und dass man sich kaum neu verlieben kann, wenn in einer Beziehung alles wunderbar ist.

In diesem Fall ist noch ausser Kontrolle geraten, dass das alte Auto nicht mehr zu reparieren war, also das mangelnde Geld ebenso ins »Rollen kam«. Cornelia wollte heroisch keine Schuldigen suchen, das hatte sie schon hinter sich, meinte sie. Aber die Schmerzen im Arm, im Rücken und in der Bauchspeicheldrüse, als stecke ein Messer darin, sagten etwas anders aus. Sie machte sich selbst den schlimmsten Vorwurf, den sie seit eh und je finden konnte: mangelnde Liebe.

Die Engel sagten ihr, sie dürfe lernen, ganz bei sich zu bleiben wie in einer wohltuenden Kugel. Von dort aus könne sie wirken, auch in ihrem anspruchsvollen sozialen Beruf. So würde sie genügend Kraft haben, das Richtige zu tun und zu sagen, anstatt sich zu zerfleischen.

Wundern Sie sich, wenn ich sage, dass fast augenblicklich keinerlei Schmerzen mehr irgendwo im Körper zu erfühlen waren?

St. Germain transformierte diese Erfahrungen.

Warum nun bringe ich diese Geschichte im Bereich des Mundes ein? Weil der Mund und damit die Sprache Bauchwissen und Eingebungen unseres höheren Selbstes formulieren kann. Manchmal brauchen wir dazu eine Aussenstation, um weiterzufragen und nicht bei alten Fakten stehen zu bleiben.

Verzeihen ist eine gefährliche Klippe, die gerade Menschen erfasst, welche es besonders gut meinen. Nach meiner Erfahrung braucht es kein Verzeihen, weil nichts in uns mehr Vorwürfe macht, wenn wir innerlich von der Geschichte frei wurden und vielleicht auch von dem Menschen, der alles ausgelöst hat. Das allerdings ist nach schwierigem Erleben nur über Gnade möglich. Darum aber können wir bitten.

Licht schicken ist gut, wenn darum gebeten wurde und wir über tiefes Vertrauen mit diesem Menschen im Licht verbunden sind. Schwierig wird es dann, wenn der andere sich unterlegen, weil weniger lichtvoll fühlt. Das kann sehr unliebsame Reaktionen hervorrufen, die völlig unverständlich scheinen. Vergessen Sie nicht, dass alle Menschen sensibler sind, als wir denken, auch die so genannten Trampel, zumindest, wenn es sie selbst betrifft.

Ich habe selbst erlebt, wie ich bei einem solchen Versuch in der nächste Sekunde einen so vernichtenden Stich von diesem Menschen bekam, dass es mir einige Tage gar nicht gut ging. Wohlverstanden – über eine gehörige Distanz. Das war die hoffentlich endgültige Lehre für mich. Sie hat mich dazu gebracht, diese im Grunde völlig logischen Überlegungen in der Hoffnung einzubringen, dass es bei Ihnen ein entsprechendes »aha!« auslöst.

Das Konzeptionsgefäss (KG) Jenn-Mo Yin

Dieses Gefäss beginnt wieder im Beckenboden. Von den Füssen her betrachtet ist die Wirbelsäule auch auf unserer Bauchseite erreichbar, so wie das in der Akupunktur sichtbar wird. Die Fusssohle ist eigentlich die Rückseite des Menschen, aber trotzdem sind alle Organe angehbar, so, wie eine gute Rückenmassage den ganzen Körper anspricht. Das heisst, dass ich immer das Konzeptionsgefäss gleichzeitig erreiche, wenn ich tief und breit genug an den Füssen Wirbelsäulenarbeit leiste.

Das Wurzel-Chakra: KG 1 Hui Yin Geschlechtspunkt Urkraft

Diese Stelle ist im Perineum zu finden und am Fuss im Beckenbodenbereich deutlich fühlbar und oft schmerzhaft. Alle Probleme der äusseren Geschlechtsorgane bis zu Hämorrhoiden von Mann wie

Frau können hier mindestens entspannt, oft gelöst werden. Die Akupunktur spricht zusätzlich von Gebärmuttervorfall, aber auch von Epilepsie. Diese Zone ist der Gegenpol zum Kopf und wirkt über die Verbindung der Wirbelsäule, der Kundalini und der Nadis. Das sind Energieströme entlang der Wirbelsäule, die im Westen meist nicht zum Tragen kommen, wohl aber in Yogaübungen angesprochen werden.

Im Steissbein rollt sich nach indischer Lehre die Schlangenkraft zusammen, die Kundalini, die sich bei genügender seelischer und spiritueller Erkenntnis nach vielen Leben wieder mit dem Kronen-Chakra verbinden kann. So kann der Mensch wieder zu seiner Ganzheit finden, einfacher gesagt: wieder ins Paradies gelangen, das uns nach der Bibel über die Schlange, die Eva verführte, verloren ging. Das sind Geheimnisse, die wir nicht so leicht ergründen können.

Ist der Mensch spirituell offen, kann so Erleuchtung geschehen. Wird sie aber über spezielle Übungen erzwungen, kann dies zu Verwirrungen, ja sogar zu Geisteskrankheiten führen.

Epilepsie, welche einen Menschen leicht zu Boden werfen kann, ist vielleicht aus der Lehre der Akupunktur ein unbewusster Versuch, mit der Kraft der untersten Wirbelkörper den Schaden im Gehirn zu beheben. Sie kam früher oft in adligen oder königlichen Familien vor, nicht zuletzt durch zu nahe Verwandtschaftsbande. Solche Menschen galten aber als vom Geist erfasst, von Gott erwählt. Es ist halbbewusstes Wissen da, das wir nach westlicher Medizin gar nicht erwägen.

Sakral-Chakra: KG 2 Yu Gu Gebogener Knochen Erde
Harninkontinenz, Impotenz und ähnliche Probleme sind in diesem Symphysenbereich (Symphyse = Verbindung zweier Knochen), eben dem gebogenen Beckenknochen, verborgen. Dies hat mit körperlichen wie seelischen Spannungen zu tun, die sich schmerzhaft ins Unbewusste dieser Zonen verlagern. Das Ileo-Sakral-Gelenk im Bereich KG 5-6-7 spielt über den Beckenknochen seine Rolle mit und braucht ebenso ein Lösen.

KG 3 Zong Ji Mittlerer Gipfelpunkt Erde

Dies ist der Alarmpunkt des Blasenmeridians.

Harninkontinenz und Impotenz können hier nochmals angegangen werden.

Wenn wir diese Beckenknochen so betrachten, scheint es doch völlig unmöglich, dass ein Kind mit dem doch recht grossen Kopf wirklich aus diesem Bereich hinaus ans Licht der Welt gleiten kann!

Oft wird das ja zum gewaltsamen Pressen und ist ebenso für die Mutter wie für das Kind ein Kraftakt. Es ist ein schmales Tor von einer Welt zur anderen, vom Inneren zum Äusseren, von der oberen zur unteren.

Nehmen wir KG 1 und KG 2 von der Zusammengehörigkeit her ernst, so spiegelt sich KG 1 mit der Medulla oblongata GG 16, dem Grübchen am Rand der Schädelbasis, aber genauso zum Kopf und damit zum Kronen-Chakra hin, also der Verbindung zum Geistigen.

KG 3, der Alarmpunkt des Blasenmeridians, zeigt die in der Enge konzentrierte Angst auf, vielleicht etwas in die Welt kommen zu lassen. Das kann ein Kind sein oder ein symbolisches Kind, ein Projekt, irgendein Entschluss, der Mut braucht.

Beziehungsängste in mancher Form spielen da eine entscheidende Rolle und es geht immer – oft gleichzeitig – um die Schwierigkeit des Loslassens des rein Körperlichen, nämlich sämtlichen Ausscheidungen. Wie schnell passiert es, dass schon die Angst, irgendwo zu spät zu kommen, den Urinfluss fördert oder stoppt. Das Gleiche erfahren wir bei Examensangst oder was auch immer. Wenn wir uns bewusst werden, dass Seelisches leichter geht, wenn wir einen klaren Kopf, ein offenes Herz und einen leichten Rücken bekommen, weil das Zuviel an Wasser im Körper abfliessen konnte, dann haben wir viel gelernt.

Dieser Blasenmeridian unterstützt die Wirbelsäule mit seinen zwei Bahnen auf jeder Seite in ihrer Tragkraft, wenn er im Fluss ist, also die Energien befreit sind. Das kann zum Beispiel eine gute Massage, sei dies am Rücken oder am Fuss, sein. Ich spreche gern vom hilfreichen Engel im Rücken von diesem Meridian, aber der hilfreiche Masseur kann diesen fühlbar machen.

KG 4 Guen Yuan Grenzvorsprung Erde

Dies ist der Alarmpunkt des Dünndarmmeridians, der entscheidend wirkt, ob unsere Nahrung uns wirklich Kraft gibt oder ob sie einfach wieder verschwindet über Durchfall oder durch Verstopfung stekken bleibt. Beides führt zu Müdigkeit, Kopfschmerzen und Missmut, wenn nicht zur generellen Erschöpfung.

Auch seelisch steht das gleiche Thema an. Haben wir verarbeitet, was uns zugestossen ist in unserem Leben, gestern und heute? Konnten wir manches in wertvolles Erkennen umwandeln und den Rest »kompostieren«?

Allen diesen drei Konzeptionsgefässen unterstehen Unterleibsbeschwerden wie Harninkontinenz, Impotenz, Prostataleiden, Schmerzen und Ekzeme im ganzen unteren Bereich. Auch generelle Unruhe kommt aus den Tiefen dieses Bereiches und zeugt davon, dass da noch Themen zu bereinigen wären. Es heisst nicht umsonst Becken, wo sich alles kunterbunt sammeln kann.

Spannungen im Kreuzbereich tragen immer neu zu solchen Problemen bei und alles sich zusammennehmen, z.B. bei Inkontinenz, bewirkt das Gegenteil, weil verspannte Muskeln das Wasser nicht halten können. Es geht also um grundsätzliche Entspannung. Das immer noch oft empfohlene Beckenboden zusammenziehen auch nach Geburten, beim Wasser lösen etc. bewirkt letztlich das Gegenteil, weil es gegen die Natur geht. Doch gibt es neueres, sehr gut ausgearbeitetes Beckenbodentraining.

Impotenz wird heute medikamentös angegangen, wenig wird davon gesprochen, dass die Liebe durch viel Vertrauen und Achtung an Kraft gewinnt, auch in diesem Bereich.

Die Geschichte:

Angelika sah bei einer Fussbehandlung wegen Steissbeinbeschwerden in ihrem Becken ein in sich zusammengebeugtes Kind sitzen. Auf meine Frage, warum es sich da niedergelassen hatte, kam als Antwort: Ich bin schuld, dass meine Eltern heiraten mussten und viele Jahre unglücklich verbrachten!

Ich liess sie ihre verstorbene Mutter bitten, sich zu zeigen, um ihre jetzige Sicht dazu auszudrücken. Stolz bin ich auf dich, sagte sie zweimal, alles ist gut!

Können Sie sich vorstellen, dass dieses Kind den Beckenraum verlassen konnte und die Schmerzen verschwanden, vor allem, als dieser Ort mit violetter Farbe ausgefüllt wurde.

KG 5 Shi Men Steintor Erde

Dies ist der Hauptalarmpunkt des Dreifachen Erwärmers. Wirkt im Oberkörper und den Armen.

Koliken, Schweregefühl und Aufgetriebensein, sich kalt anfühlen.

Der Dreifache Erwärmer hat die Aufgabe, den ganzen Körper wärmemässig im Gleichgewicht zu halten.

KG 6 Qui Hai Meer der Energie

Qui Hai wirkt im Bauchraum.

KG 7 Yin Jiao Yin Vereinigung Erde

Unterer Alarmpunkt des Dreifachen Erwärmers.

Auch von den Füssen her ist es gar nicht leicht, in dieser Konzentration der Wirbelkörper ein wirkliches Loslassen zu bewirken. Das Becken ist angefüllt mit Verspannungen über unseren Alltag, über die Arbeit, unsere Haltung von zu viel Sitzen oder was auch immer.

Prinzipiell möchte ich sagen, dass dieser Beckenraum wie unser Keller ist. Wenn wir einen schweren Schicksalsschlag erfahren haben, zum Beispiel den Tod eines Kindes, dann sitzen wir in der Dunkelheit unseres eigenen Kellers und es fällt schwer, an das Göttliche zu glauben, vielleicht neben dem Verlust das Schwerste …

Die Geschichte:

Ein elfjähriges Kind stirbt nach einer Zeit des immer schwächer Werdens plötzlich. Die Eltern erzählen mir von der Beerdigung in einer grossen Kirche. Sie sahen Helligkeit aus dem Sarg ausfliessen und es kamen nachher Menschen auf sie zu, von denen sie so etwas nie erwartet hätten, die das Gleiche gesehen hatten und berichteten, dass die Kirche hell wurde von diesem Licht.

Später, als ich das in einem Seminar erzählte, war eine hellsichtige Person dabei. Plötzlich liefen ihr die Tränen über das Gesicht und sie konnte sagen, das Mädchen stehe neben mir, ihre Familie an der Tür des Seminarraumes. Sie sagte, sie danke für die Hilfe, die ihre Eltern über mich bekommen konnten und sie werde bald wieder inkarnieren.

Diese Eltern leben in tiefer Trauer und jeder neue Tag ist eine Herausforderung. Aber tief im Herzen wissen sie, dass ihnen das Leben einen grossen Auftrag gegeben hat, den sie nicht zuletzt mit Hilfe dieser Tochter erfüllen werden.

Es sterben immer wieder Kinder und es sind meistens Frühvollendete. Sie wissen es oft vor den Eltern, dass sie sterben werden, manche trösten die Eltern sogar. Das weiss man auch von Bildern krebskranker Kinder, die am CG Jung-Institut und auch in England vor vielen Jahren erforscht wurden.

Es ist enorm, was an Konzentration von Energien, leider oft fehlender Energien, zusammenkommt. Das wirkt zusätzlich über alle Alarmpunkte der Meridiane, man könnte auch sagen, der absoluten Konzentrationspunkte, die miteinander verbunden sind. Das betrifft den ganzen Beckenraum, die fünf Kreuzwirbel und damit auch das Ileosakralgelenk. Im Grunde sind es vor allem Spannungen, welche die Energien nicht frei fliessen lassen. Alles Unverdaute, alles nicht Loslassenkönnen ballt sich hier zusammen. Der Begriff »Alarmpunkte« dieser Meridiane zeigt die Wichtigkeit auf.

Nabel-Milz-Chakra
KG 8 Shen Que Göttliche Grenze Wasser
Hier wird von Meteorismus (Blähbauch) gesprochen, von Darmentzündungen und auch von Hämorrhoiden, also Schmerz beim Loslassen.

Die Nabelmitte hat gleichzeitig mit unserem Sein zu tun. Wir wissen unbewusst, dass wir nur aus unserer Welt heraus agieren können, wir fühlen uns, ohne das zu wollen, als Nabel der Welt, weil wir zunächst einmal gar nicht anders können, als alles aus unserer Sicht zu sehen, das heisst aus unserem Bauch heraus zu reagieren.

Das Element Wasser – die Gefühle leiten uns (blau auf meiner Farbtafel, Abb. 2, s. S. 142).

Entsprechend können wir schlecht verdauen, wenn wir uns nicht wohl fühlen. Das heisst im Grunde, dass wir einen schwierigen Tag, eine schwierige Situation, ein schwieriges Leben nicht verdaut haben. Der Bauch bläht sich entsprechend auf, weil alles stecken bleibt.

Weiter haben wir davon gesprochen, dass im Nabelbereich unser göttlicher Kern, unser Seelenstern, unser Diamant, die wahre Aura, leuchtet, je mehr wir uns dessen bewusst werden, je mehr wir erkannt haben, um was es in diesem Erdenleben eigentlich geht.

Wir sprechen davon, dass wir eine Wut im Bauch haben. Das ist der Gegenpol zu unserem Diamanten, eher ein Feueropal! Da entscheidet der freie Wille, zu was wir uns bekennen können: zur zerstörerischen Wut, zu starken Gefühlen, geleitet aus der göttlichen Grenze, welche eine »heilige Wut« leiten kann, ohne zu zerstören. Das Milz-Chakra heisst für mich immer auch Achtung statt Selbstzerstörung.

Wer hat nicht schon erlebt, dass nach einem Wutausbruch mit allen Selbstvorwürfen der Katzenjammer kam, ob berechtigt oder nicht!

KG 9 Shu Fen Wasserverteilung Nabel-Milz-Chakra

Eiterungen, Fistelbildungen, Furunkel, Abszesse, Ekzeme, Verstopfung und Koliken, also offensichtlich alles, was hängen bleibt an Giftigem, Unverarbeitetem, Unverdautem. Vieles ist klar organisch bedingt und kann ein Grund zu Depressionen und vielen Krankheiten sein.

Es gibt die Colon-Hydro-Therapie, eine Form der gründlichen Darmreinigung über mehrere Sitzungen, die Erstaunliches bewirken kann. Dabei wurde labormässig festgestellt, dass bei manchen Menschen noch Reste von Muttermilch in den Darmzotten gefunden wurden! Offenbar sind das Restbestände, die nach seelischen Erschütterungen hängen geblieben sind. Zum Glück findet das nicht immer statt. Unser Darm gleicht oft einem Müllhaufen, sowohl körperlich wie auch seelisch. Das gehört eigentlich nicht zum klaren Diamanten, unserem Geburtsstern im Nabelbereich! Das macht uns grau und traurig im eigenen Ungeklärtem. Wir sehen meist nicht über »unseren Nabel« hinaus, die anderen oder wir sind an allem schuld. Beides kann aber nicht stimmen, wir spielen diese Szenen immer miteinander. Geht es nicht meistens um: Recht haben, dem anderen unsere Sicht der Dinge beibringen? Handelt es sich um Kindheitserlebnisse, bleiben natürlich auch Szenen hängen, die wir damals nicht überblicken konnten. Es geschah uns Unrecht. Vielleicht haben wir vage die Verzweiflung unserer Eltern mitbekommen, die irgendeiner Situation nicht gewachsen waren.

Die Geschichte:

Tanja war als zweijähriges Kind in eine Familie gegeben worden, weil ihre Mutter längere Zeit krank war. Als die Arbeit an den Füssen in diesem Bereich wirkte, entstand eine unbändige Wut in ihr, die auch deutlich über ein um sich Schlagen und Herausschreien losgelassen werden wollte. Die Verlassenheit aus dieser Zeit kam deutlich ans Tageslicht, das Gefühl, ihr sei Unrecht geschehen und es hätte eventuell auch eine andere Lösung geben können. Ein Blick zurück auf diese Zeit liess sie ein Kind sehen, das in der Ecke sass, ohne sich am Leben der anderen zu beteiligen. Sie war gefangen in ihrer Verlassenheit.

Genau diese Gefühle hatten sich über viele Erlebnisse in ihrem Leben immer neu aufsummiert. Sie lebte im Grunde als Märtyrerin in ihrer Familie, ohne sich dessen bewusst zu sein. Das ergab ein sehr schwieriges Familienbild mit traurigem Unterton, obwohl sie alles Mögliche tat, um diesem Gefühl zu entkommen, einerseits in treuer Pflichterfüllung und andererseits aber auch auf der Suche nach spirituellen Werten.

Mit Hilfe der Engel war es schliesslich möglich, dass sie sich Licht schenken liess.

Der Erzengel Ratziel, neu entdeckt bei Aura Soma, erlöste von Trauer, Groll und Hader.

Er verwandelte mit seinen Farben Flieder über Olive diese beschwerende, klebrige Masse an stillen Vorwürfen gegen die ganze Welt und an sich selbst. Ein Leuchten erhellte endlich die Augen dieser Frau, die es doch so gut mit allen meinte.

Einmal mehr versucht unser Körper mit solch drastischen Alarmzeichen, unsere Seele aufzuwecken.

Wasserverteilung – Gefühle verteilen, eher teilen! Was sind wir doch meist für Banausen, um klar auszusprechen, was wirklich wichtig ist. Die Wenigsten haben das wirklich in ihrer Familie gelernt.

KG 10 Xia Wan Magen-Milz Unterer Kanal Sonnengeflecht

Magenschmerzen, Blähbauch und Störungen von Pankreas und Milz sind unangenehm fühlbar, manchmal ist es schlecht zu entscheiden, was denn nun wirklich fehlt.

Natürlich ist es wichtig, wahrzunehmen, was wir an Nahrung schlecht vertragen. Kaffee, frische Backwaren, Süsses, Frittiertes, Salat am Abend zum Beispiel.

Zusätzlich kann einem noch manch anderes auf dem Magen liegen. Vieles kann sich gut unter Arbeitsbelastungen verstecken. Aber was uns wehtut, sind die versteckten Vorwürfe von aussen oder noch mehr von uns selbst. Alle Verletzungen, von denen wir uns sagen, das sei ja gar nicht so schlimm, gehören dazu. Manchmal hilft es, sich selbst zuzugeben, dass es wehgetan hat, ebenso verletzt zu werden wie zu verletzen. Vielleicht haben Sie schon erlebt, dass in so einer Situation Ihr Körper dann ganz besonders schlecht auf falsches Essen reagiert.

KG 11 Jian Li Die niedergelassene Ortschaft Sonnengeflecht

Abmagerung bei Heisshunger, Magenschmerzen, Durchfall abwechselnd mit Verstopfung sind die Alarmzeichen dieses Akupunktur-Punkts. Er betrifft wohl besonders die Empfindlichkeit des Bauchspeicheldrüsenköpfchens, das alles Schwierige aufnimmt, sowohl von der Nahrung her als auch seelisch. Dazu möchte ich warnen vor allen Ersatzprodukten von Zucker, die sich absolut schwächend ausgerechnet auf dieses Organ auswirken! Auch Kaffee, Fertigprodukte jeder Art mit ihren Zusatzstoffen sind ein Problem, das uns in den nächsten Jahren zu den Übergewichtigen noch viele Diabetiker hinzufügen wird. Das beginnt schon bei den so »gesunden Joghurts extra light«, die zudem die Haushaltskasse belasten und die Pharmaaktien mit den entsprechenden Medikamenten auch in Krisenzeiten sicher erhalten!

KG 12 Zhong Wan Mittlerer Kanal Sonnengeflecht
Mittlerer Kanal: Alarmpunkt des Magens und des Dreifachen Erwärmers.

Magersucht, Magengeschwüre, Funktionsstörungen von Magen, Bauchspeicheldrüse und Milz, die sich bald nach dem Essen melden, gehören dazu. Sonnengeflecht heisst das ganze Nervensystem in diesem Bereich, das sehr umfangreich ist und unsere innere Sonne stärkt oder schwächt.

Dieser Bereich hat sehr viel mit Kommunikation zu tun. Symbolisch könnten wir da die Acht um uns und unser Gegenüber ziehen. Damit können wir das Problem objektiver angehen. Drehen wir die Fragen in immer engeren Kreisen, gibt es kaum einen klaren Ausweg. Es kann sogar sein, dass wir Stiche oder Schmerzen auf der linken Seite unter den Rippen bekommen, die Stelle, die empfindlich auf alles uns »Verleugnen« in unserem wirklichen Selbst reagiert.

Als Therapeutin oder Therapeut wird dieses Wahrnehmen noch wichtiger. Ich habe immer wieder erfahren, wie meine Bauchspeicheldrüse einen Stich bekam, wenn ich mich mit dem Problem einer Klientin identifizierte, weil es mich wohl auch irgendwo angerührt hatte. Diese Wahrnehmung an sich ist wichtig, um selbst zu lernen, aber auch körperlich gefährlich.

Sie läuft immer wieder unter der Frage: Wie schütze ich mich?, was nicht nur Therapeuten angeht, sondern alle zwischenmenschlichen Beziehungen. Sich in Licht einhüllen lassen ist eine gute Möglichkeit. Trotzdem erhebt sich die Frage: Vor wem muss ich mich schützen? Vor dem, dem ich helfen möchte? Vor meinem Partner oder Kollegen, der mir vielleicht den Spiegel vor das Gesicht hält? Diese Acht, quergelegt, gibt mehr Raum für jeden. Schutz ist da, wenn ich mich dem anderen voll zuwende aus meiner inneren Sicherheit, die nötige Kraft fortwährend über mein Scheitel-Chakra »nachgefüllt« zu bekommen. Übung macht den Meister!

Ich habe erlebt, dass ein sehr starker Mensch, mit dem ich eine Auseinandersetzung hatte, so intensiv agierte, dass ich in derselben, für mich erschreckenden Weise zurückgab und mir in der Folge etwa zwei Monate auf der linken Seite halbmondförmig ein Stück fehlte,

247

bis mir das wirklich bewusst wurde und ich es dadurch auffüllen konnte. Diese Person sass links von mir und drang buchstäblich in mich ein! Natürlich unterstützen wir so etwas, ohne es zu wollen, weil uns die Szene weiterverfolgt, weil wir ändern möchten, was eigentlich Vergangenheit ist und damit hängen bleiben, anstatt vorwärts zu gehen.

KG 13 Shan Wang Oberer Kanal

Funktionsstörungen von Magen und Milz, die sich als Magenschmerzen äussern, heisst es da. Magen- und Darmgeschwüre, Koliken, Schlafstörungen, Herzbelastungen durch Blähungen und Magersucht.

Es liegt uns manchmal zu viel auf dem Magen, sei es wirklich unvernünftiges Essen in allen Variationen und zudem oft zur Unzeit oder sogenannter Stress und entsprechende Belastungen.

Dass sehr oft die Gallenblase, die Milz und damit auch die Bauchspeicheldrüse an solchen Schmerzen mitbeteiligt sind, ist aus meiner Erfahrung wichtig zu wissen. Oft sind es plötzliche Stiche rechts oder links im Magenbereich, wenn uns etwas unerwartet trifft, sei dies ein unerwarteter Angriff auf uns oder dass uns auch andere schwere Schicksale einfach betroffen machen. Rechts im Magenbereich ist das eher Auflehnung oder Wut, links Betroffenheit oder Verletzung.

Dort stecken die Folgen dieser empfindlichen Organe bis hin zu Magersucht oder Bulimie. Das kann ebenso zum Abmagern bei Heisshunger führen. Durchfall wechselt unter Umständen mit Verstopfung ab. All dies ist typ- oder charakterabhängig. Wer introvertiert ist, neigt eher zu Verstopfung, Extrovertiertsein führt nicht zuletzt über die Aktivität der Leber und Galle zu Durchfall.

Die richtige Nahrung wird sehr wichtig. Der Säure-Basenausgleich entscheidet über die Verträglichkeit. Die vielen Unverträglichkeiten von Getreide oder Milchprodukten zeigen auf, wie viel empfindlicher wir alle geworden sind. Wahrscheinlich sind aber vor allem die unnatürlichen Grundlagen der Böden mit allen chemischen Zusätzen der Anfang des Übels.

Leber – Galle und Milz – Pankreas sind am Verdauungsvorgang über alle Säfte und Enzyme massgeblich beteiligt. Die Magensäure hat gut vorbereitet, was nun verwertet werden soll. Das Ganze wird beherrscht von unserem Nervensystem, dem Sonnengeflecht, das oft überfordert wird. Alles hier braucht Wärme, das sich in der Akupunktur mit dem Dreifachen Erwärmer ausdrückt, der in diesem Bereich seinen Ursprung hat.

Wärme ist auch Liebe, Liebe zu uns selbst, zu unserem Körper, zur Erde, die uns die Nahrung gegeben hat, neue Bewusstheit auch in diesem einfachen Bereich ist hilfreich.

Himmel – Erde – Verbindung Sonnengeflecht: Tore der Geistseele

Die Magersucht greift um sich bei so vielen jungen Leuten, sogar Kindern! Einfach dargestellt ist es das Schlankheitsideal, das uns über die Reklame vor Augen geführt wird, was sicher anfänglich mitspielt. Eigentlich ist es absolut widernatürlich, nicht genug essen zu wollen und bedingt einen enormen Willen. Hinter diesem Krankheitsbild steckt viel mehr! Die Himmel – Erde – Verbindung klappt nicht. Es ist doch ein stillschweigendes Sterbenwollen! Das Tor zur Geistseele ist blockiert.

Da ist Angst, das Leben zu leben, so anspruchsvoll, wie es ist. Sicher unterschätzen wir, was unsere Weltsituation in unseren Kindern auslöst. Sie sehen die Aufrufe für die hungernden Kinder in aller Welt und gehen in Selbstbedienungsläden einkaufen, in denen beinahe die Gestelle zusammenbrechen. Kommen dann noch schwierige Familienprobleme dazu, wird es schlicht zuviel. Diese Krankheitsbilder zeigen aber auch junge Menschen, bei denen alles von aussen her gesehen einfach scheint. Ich glaube, dass zu viel »Engelkraft« in einem menschlichen Körper auch eine Gefahr sein kann. Sind die Patienten nicht meistens feine, wunderbare junge Leute? Die Flucht ins Licht ist für sie verlockend. Damit meine ich, dass wir zu wenig über den Sinn des Lebens mit unseren Jugendlichen sprechen. Es reicht eben nicht, dass wir alles haben, was wir brauchen. Wir müssen einen Weg finden, um mit unserem Alltag zufrieden zu sein, sicher einesteils über den Beruf, die Arbeit, die Familie. Andererseits aber braucht es auch einen religiösen oder spirituellen Inhalt, ein inneres Ziel. Die Fragen nach dem »Woher?« und »Wohin?« sollten Platz finden, wenn nicht in der Familie, dann im Freundeskreis.

Nun gibt es natürlich Menschen, welche sich so etwas nie gefragt haben. Da nützt auch reden nichts, der Samen findet keinen Boden. Ich glaube aber, bei solchen sensiblen Kindern oder Menschen wäre das eine Chance, die Magersucht vom Grund her anzugehen. Wie leicht entsteht das Gefühl, nicht erwünscht zu sein, keinen Platz zu finden, zufällig geboren worden zu sein, gerade heute, wo es wirklich schwierig ist, einen Weg zu finden. Es braucht einen Anstoss, zu etwas nützlich zu sein. Vielleicht verhilft gerade diese Überempfindlichkeit, eine Lösung zu erarbeiten, damit weniger Menschen auf der Welt verhungern müssen! Trotzdem ist das ein langer Weg und im Grunde ein Glücksfall, respektive eine Engel-Eingebung für den Therapeuten, hier die richtigen Worte zu finden. Vor allem muss das einigermassen frühzeitig geschehen, denn wenn sich der Körper an den Mangel gewöhnt hat, ist das wie ein eingefahrenes Gleis, aus dem es sehr schwer ist, herauszukommen.

Aurora erzählte mir vor Jahren, dass sie in diesem Zustand wie in einem Traum schwebte und das sei schön wie im Märchen gewesen. Sie wollte wirklich nicht in die harte Welt zurück! Trotzdem hat sie es geschafft, gebar Kinder und spürte durch eine gefährliche Krankheit, dass sie zum Lebenwollen gefunden hatte. Die Musik half ihr ins Leben zurück. Der spirituelle Aspekt ist dabei immer wesentlicher geworden, aber zuerst musste sie sich erden, was über die Füsse gelang.

Erstaunlich viele Menschen können aber gar nicht anders als nach dem Sinn fragen. Zum Glück! Sicher gab es das immer, aber heute ist es leichter, dazu zu stehen. Alle Religionen haben Jahrtausende lang jedes eigene Fragen verboten, weil in Dogmen und Machtstrukturen alles festgelegt war.

Offenbar bricht in vielen Teilen der Welt nun unser inneres Wissen immer deutlicher durch.

Thymus- und Herz-Chakra
KG 14 Ju Que Machtgrenze

Alarmpunkt des Herzmeridians: Angina pectoris, Herzflattern, Kurzatmigkeit, Druck auf dem Herzen auch vom Magen her, angeschlagenes Nervensystem.

In diesem Zustand bekommen wir Angst um unser Leben. Wir haben die Altenheime voll davon. Das Schwere in unserem Herzen passt ja eigentlich nicht zusammen mit seiner Aufgabe der Liebe. Aber genau da werden wir über das göttliche Gesetz angegangen. Wir sind aufgerufen, trotz allem an einen Sinn zu glauben und in Ewigkeiten denken zu lernen. Ohne tiefen Glauben an das Paradies oder Reinkarnationsdenken ist das schwer. Da bekommt der Satz am Grab: »Es lag in Gottes unerfindlichem Ratschluss, diesen Menschen abzuberufen« eine nicht enden wollende Schwere und es gibt Menschen, die sich ein Leben lang nicht mehr erholen oder auch daran sterben. Solche Erfahrungen führen uns zur Suche nach dem Sinn eines jeden Lebens auch über den Tod hinaus. Dafür brauchen wir allerdings Unterstützung über den Glauben, die Religionen und vor allem über andere Menschen.

Bei der Trauerfeier für meinen Ältesten »sah ich ihn befreit tanzen« und ich war nicht die Einzige. Wir sprechen vielleicht zu wenig davon, weil es etwas Heiliges ist. Ich gebe es weiter in der Hoffnung, den Glauben daran auch bei anderen zu stärken.

Ein Elternpaar sah beim Tod ihres wenige Monate alten Kindes eine Lichtkugel aus dem kleinen Körper austreten und in die Weite entschwinden!

KG 15 Jiu Wei Taubenschwanzfeuer

Erschöpfungszustände, Unruhe, Migräne, Asthma, Epilepsie, Impotenz wird da angesprochen, ebenso spastische Beschwerden des Verdauungstraktes, Herpes zoster, Geschwüre im oberen Darmbereich, diese werden offenbar im Osten auch mit dem Herzen verbunden! Impotenz im Herzbereich! Wie wichtig ist es, diese Verbindung wahrzunehmen. Frigidität ist der Gegenpol. Hören wir auf, alle diese Fragen nur mit Äusserlichkeiten anzugehen, mit Anti-Aging, Hormonen, Schönheitsoperationen, Wellness, feinen Kleidern und

Viagra. Das sind alles Hilfsmittel. Was wir wirklich suchen, ist Liebe. Stehen wir doch dazu!

Wenn wir im Alltag überfordert sind, kommen wir leicht in die Lage, ausgerechnet der Liebe nicht mehr genügend Raum zu lassen. Es scheint keine Zeit mehr für Beschaulichkeit zu geben, und wird sie erzwungen, sind die Gedanken ganz woanders, eben bei »Wichtigerem«! Kommen die oben genannten Beschwerden dazu, geht es gefühlsmässig bereits ums nackte Überleben. Es ist eine Form von Ertrinken im grauen Alltag, ohne einen Lichtstrahl in Sicht. Meist wurde auch vorher nicht viel Wert auf seelische Nahrung gelegt, es ging ja äusserlich alles gut.

Sehen wir das so aufgelistet, wird leicht klar, dass es manchmal, wahrscheinlich immer, eine Krankheit als Chance braucht, wie Thorwald Dethlefsen[41] schon vor mehr als dreissig Jahren geschrieben hat. Es ist wirklich nicht einfach, in unserer Welt alles unter einen Hut zu bringen. Heute sind auch die Frauen nicht mehr nur Hüterinnen des Hauses oder Herdes. Sie arbeiten ebenfalls in ihrem Beruf und erwarten immer mehr, dass die Väter miterziehen und im Haushalt ihren Teil beitragen. Wie leicht entsteht da noch ein Seilziehen gegeneinander statt miteinander. Es ist überhaupt nicht einfacher als zu meiner Zeit, wo die Felder mit all ihren Vor- und Nachteilen klar abgesteckt waren. Trotzdem ist es ein Fortschritt zu gemeinsamer Verantwortung in allen Bereichen.

KG 16 Zhong Ting Mittleres Hofffeuer
Husten: trocken und rau. Bronchitis.

KG 17 Tan Zhong Zwerchfellmitte
Oberer Alarmpunkt des Dreifachen Erwärmers.
Angina pectoris, Asthma bronchiale, Herzbeschwerden.
Der Dreifache Erwärmer als Alarmpunkt ist zuständig für die Wärmekraft aller Organe in der Umgebung des Magens, der Leber, der Milz und Bauchspeicheldrüse, aber vor allem auch der Nieren.

---

[41] Thorwald Dethlefsen: Schicksal als Chance. Goldmann Verlag, 2007.

KG 18 Yu Yang Jadehalle Feuer

Asthma, Erbrechen.

1990 erwähnte ich das Thymus-Chakra in meinem Buch »So spricht die Seele durch die Füsse«[42]. Ich habe mir erlaubt, damit die Flamme des Herzens darzustellen, die Hoffnung auf den Weg, die Wahrheit und das Licht in unseren Herzen, auf dem Weg zur Weisheit in Verbindung mit dem grossen Wissen in unserem Kopf und dem Kronen-Chakra, das wir öffnen lassen können, um zu erleben, was uns die geistige Welt vermitteln will.

Die Jadehalle drückt etwas davon aus, auch mit den alten Weisheiten aus dem Osten, aus China und Tibet, die unsere Kultur seit Urzeiten wesentlich stärker prägten, als uns das bewusst ist. Die aufgestiegenen Meister aus diesen Regionen, Dwal-Khul mit seinen Grüntönen, verbunden mit Hilarion, dem Meister des Westens, sind gütige Helfer dabei. Ausführlicher spreche ich darüber in meinem zweiten Buch »Lebenswege erkennen und beleuchten lassen«.[43]

KG 19 Zi Gong Purpurpalast Feuer

Bronchitis, Asthma.

Alle diese Bezeichnungen gehen davon aus, dass der Druck so gross ist, dass nur noch gehustet und um Atem gerungen wird, weil die Kraft für den Alltag nicht mehr reicht. Das kann zur Lungenentzündungen führen. Es passiert sehr leicht, dass ein Kind in einer Familie diesen Part übernimmt und mit Asthma reagiert, weil die Erwachsenen so im Lauf des Geschehens gefangen sind, dass der Körper bei ihnen noch alles überspielen kann. Sind wir uns darüber im Klaren, wie sehr auch wir als Kinder die Sorgen der Eltern mitgetragen haben?

Die Geschichte:

Ein neun Jahre alter Knabe war so müde, dass er auch nach zehn oder mehr Stunden Schlaf kaum aufstehen konnte. In der Schule

---

[42] Neuauflage Verlag Haag + Herchen 2009.
[43] Lebenswege erkennen und beleuchten lassen, Verlag Haag + Herchen. Weitere Informationen dazu auch in Aura-Soma-Büchern.

konnte er dem Unterricht nur schwer folgen, selbst die Lust am Spielen hatte er verloren. Er litt unter Asthma.

Nach einer Fussbehandlung bei meiner Tochter verlor er drei Kilo Gewicht, das war alles Wasser! Zuvor konnte er nicht einmal am Morgen urinieren. Nach drei Behandlungen in drei Wochen hatte er fünf Kilo losgelassen.

Seine Lebensfreude war zurückgekehrt. Er strahlte und verspürte Lust auf Fussball. Seine Lehrerin rief an und erkundigte sich, was mit dem Jungen geschehen sei, er käme nicht nur frisch und munter in die Schule, seine Leistungen hatten sich wunderbar verbessert!

Wir könnten sagen, sein Feuer brannte wieder, war nicht mehr von zu viel Wasser, auch im Sinne von belastenden Gefühlen, überschwemmt. Das betrifft die Nieren, die eigentlich die Antriebskräfte des Herzens sind. Niere heisst immer auch Harnweg – Blase. Es sind generell zu viele Spannungen da, die sich gerne im Becken ablagern, so dass entweder zu wenig Wasser abgehen kann oder es entsteht Inkontinenz. Auch Bettnässen kann sich so entwickeln, weil über die Entspannung im Schlaf das vom Tag her angestaute Wasser unkontrolliert abfliesst.

Thymus-Chakra
KG 20 Hua Gai Blumendecke Luft
Asthma, Bronchitis, Verschleimungen jeder Art, Heuschnupfen, Allergien, Traurigkeit.

Das ist die östliche Art der Hinweise: »Blumendecke« – und was heisst das denn nun? Wenn ich an meine Herzensflamme denke, so finde ich einen Weg. Alles Beschwerende wird der heilenden Flamme übergeben. Das ist die Liebe, die Barmherzigkeit, das Verstehen, die Güte. Dadurch geschieht das Aufatmen, das Erkennen von Missverständnissen, das einander in die Arme nehmen und dankbar werden, dass es Menschen gibt, die bereit sind, zu lernen und neu anzufangen. Das ist die Erfahrung, wie Grosszügigkeit uns selbst befreit und glücklich macht. Wie sehr wünschen wir uns diese guten Erfahrungen!

Es ist aber auch die sanfte Decke der Lichtwesen. Da begegnete mir eine bescheidene Künstlerin, weisshaarig, die letzten Jahre in Stille mit ihren Engelbildern beschäftigt. Sie erzählte mir, dass sie drei Kinder im frühen Stadium der Schwangerschaft verlor. Diese Seelen trägt sie als feine Lichtkugeln in ihrer Aura durch ihr ganzes Leben mit sich, wie es ihr von hellsichtigen Menschen bestätigt wurde.

Es gibt so viele Varianten der Hilfe aus der geistigen Welt, wir brauchen nicht zu rütteln und zu rätseln. Es gibt unzählige Wege, wie sich ein Leben erfüllen kann und das alleine zählt.

KG 21 Xuan Ji Jadeperle Hals-Chakra
Asthma, Kitzelhusten, Entzündungen des Kehlkopfes, Halsentzündungen.

Die Chinesen sprechen von der Lunge als dem Organ der Traurigkeit. Sie übernimmt über den Blutkreislauf die Reste der Wut aus der Leber und kann sie nur schwer loslassen, ausser, wir atmen sie bewusst aus uns heraus. Sport kann da eine Hilfe sein.

Alle oben genannten Beschwerden sind Ausdruck davon. Wir sind ja so anständig und gut im Allgemeinen, wir wollen niemanden verletzen und verletzen dadurch uns selbst. Was uns fehlt, sind Schulungen, miteinander reden und noch mehr zuhören zu lernen, sogar zum Ungesagten hin. Das werden dann Jadeperlen, die beide Seiten heilen.

Hals-Chakra
KG 22 Tian Tu Himmelspfad Luft
Asthma bronchiale, Kehlkopfprobleme, nervöser Kitzelhusten, Globus hystericus (einen dicken Hals haben!), Schilddrüsenbeschwerden, Schleudertrauma.

Alle Symptome weisen darauf hin, dass Ungesagtes ans Licht kommen möchte, aber der Mut und damit der Schwung fehlt, an sich zu glauben, sein Leben zu ändern, es selbst in die Hand zu nehmen. Dieser Engpass macht uns allen wahrscheinlich am meisten zu schaffen. Es geht ebenso darum, die unbequeme Wahrheit in Güte zu sagen, anstatt Ungesagtes hinunterzuschlucken, wie auch darum, um

Entschuldigung zu bitten, wenn wir über das Ziel hinausgeschossen sind.

Das Gold der Weisheit fehlt uns oft, das Geld ist der äussere Ersatz dafür. Wenn wir zu Geduld und Weisheit gelangen, dann kann sogar Geld zur Qualität des Goldes werden, je nachdem, wie wir es einsetzen. Weisheit können wir nirgendwo kaufen. Wir können nur immer weiter gehen und darum bitten, den subtilen Moment der Erkenntnis nicht wieder zu verpassen.

KG 23 Lian Quan Seitliche Quelle

Zervikalsyndrom, Ohnmacht, Kollaps, Schleudertrauma.

Der Hals dokumentiert die Zerbrechlichkeit des Lebens. In diesem Bereich braucht es sehr wenig, um uns aus dem Gleichgewicht zu bringen. Viele Menschen sitzen hilflos im Rollstuhl oder sind sogar absolut unbeweglich, pflegebedürftig durch Halsverletzungen. Ebenso schlimm dran sind die sogenannten »Simulanten« nach Schleudertraumata.

Der Gegenpol ist eine klare Verbindung mit einem leichten, bewussten Zug unseres Kopfes, um sowohl am Hinterkopf wie vorne die Energien frei fliessen zu lassen.

Das heisst symbolisch: »Sich mit Selbst-bewusst-Sein in den Dienst stellen«, mit allen Gaben, die uns zur Verfügung stehen.

KG 23 wird damit ergänzt über GG 16, »Kaiserliches Amt des Windes«, der an der Schädelbasis gegenüber liegt. Er steht für das, was als Eingebung dienen kann, was aus unserem Urwissen stammt. Wir können es ebenso mit dem Engel in uns bezeichnen. Am Anfang war das Wort, der Klang, die Farbe, das Licht, der Schöpfergeist.

Vergessen wir nicht, dass alles mit dem Gedanken und dem Wort beginnt, mit dem wir viel mehr in Bewegung setzen, als uns oft bewusst ist. Wir sind Geschöpfe dieses Geistes.

KG 24 Cheng Jiang Flüssigkeitsaufnahme Wasser des Lebens Erde Luft

Zahnschmerzen, Facialislähmung.

Gut zu wissen, dass über die Akupunktur bei Facialislähmungen wie auch bei Trigeminusneuralgien gute Heilungsmöglichkeiten bestehen. Der Mundbereich wie auch das Kinn stehen mit dem Becken in Verbindung, mit dem Erdhaften, das genährt werden muss. Ein starkes Kinn zeigt ein gutes Durchsetzungsvermögen an.

Etwas ernüchternd ist es für mich, wie sehr diese Kopfzonen, sowohl vom Gouverneur- wie auch vom Konzeptionsgefäss her, in der chinesischen Medizin rein organisch ausgerichtet sind.

Überdeutlich wird aber der Mund Mittelpunkt dieser beiden Meridiane! Er verbindet über das Gehirn den Verstand, den Geist, mit der Kraft des Herzens, der Seelenqualität und der machtvollen Energie des Seelensterns, unserer wahren Aura im Nabelbereich.

So wird immer deutlicher, dass sich unser ganzes Mensch-Sein als Ebenbild Gottes über den Klang, die Sprache ausdrücken kann. Schon der Gedanke formt unser Leben und das der anderen. Wie viel prägender ist alles, was wir sagen. Vielleicht können auch unsere letzten Worte auf dieser Welt noch Klarheit und Zuversicht schaffen für uns selbst, wie auch für die Menschen um uns.

Jeder ist dazu berufen, etwas in unserer Welt in Ordnung zu bringen.

So wünsche ich Ihnen, wie mir, dass wir dereinst dankbar und hoffnungsvoll unser Leben – unsere Seele – unseren Geist vertrauensvoll loslassen können mit dem letzten Hauch aus unserem Mund.

Nachwort

Ich wünsche mir, dass durch all meine Geschichten und Erfahrungen Ihr Leben etwas spannender, aber auch leichter werden kann. Das beginnt damit, mit mehr Achtsamkeit im Alltag dankbar anzunehmen, was Ihnen zufällt. Es wird leichter mit vertieftem Atem, vor allem in der Natur, Altes loszulassen und damit Neuem Platz zu schaffen.

Möge in uns allen das Vertrauen in die Weisheit unseres Schicksals wachsen, die uns mit absoluter Sicherheit zur Quelle zurückführt. Die Engelkräfte können uns immer wieder zu Glücksmomenten des Verstehens verhelfen.

Ich fühle mich als Brücke in meiner Arbeit an den Füssen zwischen KÖRPER – SEELE – GEIST, aber ebenso über die Verbindungen von Diesseits und Jenseits im Geheimnis der Alleinheit. Die Schwingungen der Liebe in den uns meist unsichtbaren Welten möge mein tiefer Dank erreichen und alle Menschen berühren, die für diese Öffnung bereit sind.

Von Herzen Dank sei allen Menschen, die zu meinen Erfahrungen beigetragen haben, besonders meiner Familie im Hier und Jetzt, aber auch denen, die vor mir waren, meinen Eltern, Grosseltern und allen Ahnen, die irgendetwas beigetragen haben an Wissen und Erleben. Vielem kann ich Ausdruck verleihen, was ihnen noch nicht in dieser Form möglich war, seit Ewigkeiten.

Dank auch dem Verlag Haag + Herchen, Frau Dörthe Emig-Herchen, die mich ermuntert hat, das Buch zu veröffentlichen und besonders an Christine Krokauer, die sich als sehr einfühlsame Lektorin erwiesen hat.

In Liebe und Dank für ein erfülltes Leben
Ingeborg Steiner-Beyer

Literatur

Wichtiger Hinweis: In die Literaturliste haben die neuesten Auflagen Eingang gefunden. Im Text ist teilweise aus älteren Ausgaben zitiert, die Zitierweise richtet sich nach der Seitenzahl und Ausgabe wie in den Fussnoten angegeben.

ANN, NANCY: Understanding your life thru colour. Metaphysical concepts in color and aura. Starling Publishers, 1986

APUZZO, STEFANO/MONICA D'AMBROSIA: Auch Tiere haben Seelen. Von der Unsterblichkeit der Tiere. Aquamarin Verlag, 2008

AYAAN HIRSI ALI: Mein Leben, meine Freiheit. Die Autobiographie. Piper Verlag, 2006

COOPER, DIANA: Entdecke Atlantis. Ansata Verlag, 2. Auflage 2007

CRISCOM, CHRIS: Psychogenetik. Erkennen und nutzen Sie Ihr spirituelles Erbe. Ullstein Verlag 2004

DALICHOW, IRENE/BOOTH, MIKE: Aura-Soma. Doremer-Knaur Verlag, 1994

DELASSUS, JEAN-MARIE: La génie du foetus. Vie prénatale et origine de l'homme. Dunod Verlag, 2001

DETHLEFSEN, THORWALD: Schicksal als Chance. Goldmann Verlag, 2007

EMOTO, MASARU: Die Botschaft des Wassers. Koha Verlag, 2008

FOZAR, GRAZYNA/FRANZ BLUDORF: Zaubergesang. Geheimnisvolle Erdsequenzen – Der Schlüssel zur Wetter- und Gedankenkontrolle. Herbig Verlag 2001

HAICH, ELISABETH: Einweihung. Aquamarin Verlag 2007

JOHNSON, MARJORIE: Naturgeister. Aquamarin Verlag, 2000

KEYES, KEN: Der hundertste Affe. Plädoyer gegen den Atomwahn. Hübner Verlag, 1995

MALASZ, GITTA: Die Antwort der Engel. Daimon Verlag, 12. Auflage 2005

MATTHEWS, PAMELA/MIKE BOOTH: Aura-Soma-Tarot Karten. 2005

MERZ, BLANCHE: Die Seele des Ortes. AT-Verlag, 2000

MEUROIS-GIVAUDAN, ANNE UND DANIEL: Die neun Schritte ins Leben. Der Initiationsweg der Geburt. Hugendubel Verlag, 2007

MEUROIS-GIVAUDAN, ANNE UND DANIEL: Essener Erinnerungen. Die spirituellen Lehren Jesu. Hugendubel Verlag, 1992

MINATTI, AVA: Die Kinder der neuen Zeit. Smaragd Verlag, 2001

POGACNIK, MARKO: Erdsysteme und Christuskraft. Droemer Knaur Verlag, 1998

TOMPKINS, PETER/CHRISTOPHER BIRD: Das geheime Leben der Pflanzen. Fischer Verlag, 1977

SCHWEIZER, EVELYN: Unsere guten Nachbarn. Von Gnomen und Elfen. Zytglogge Verlag, 3. Auflage 2002

SHELDRAKE, RUPERT: Der siebte Sinn der Tiere. Fischer Verlag 2007

STEINER-BEYER, INGEBORG: So spricht die Seele durch die Füsse. Verlag Haag + Herchen 2009

STEINER-BEYER, INGEBORG: Lebenswege erkennen und beleuchten lassen. Verlag Haag + Herchen, 2001

ST. JOHN, ROBERT: Metamorphose. Die pränatale Therapie. Synthesis Verlag, 2004

TOMATIS, ALFRED: Der Klang des Lebens. Rowohlt Verlag, 2003

WALL, VICKY: Das Wunder der Farbheilung und die Geschichte eines Lebens. Nietsch Verlag, 2006

WALLIMANN, SILVIA: Erwache in Gott. Bauer Verlag, Freiburg, 7. Auflage 1999

WALLIMANN, SILVIA: Mit Engeln beten. Bauer Verlag, Freiburg, 12. Auflage 2002

WILSON, ANNIE/LILLA BEK: Farbtherapie. Scherz Verlag 1998

Weiterhin sind lieferbar:

Ingeborg Steiner-Beyer

So spricht die Seele durch die Füsse

166 Seiten. Paperback € 24,00. SFr. 43,20.
ISBN 978-3-89846-546-5

Ingeborg Steiner-Beyer

Lebenswege erkennen und beleuchten lassen
Erfahrungen in der therapeutischen Arbeit

176 Seiten. Paperback € 14,40. SFr. 25,80.
ISBN 978-3-89846-092-7

HAAG + HERCHEN VERLAG GmbH
Fuchshohl 19 a · D-60431 Frankfurt am Main
Telefon (069) 55 09 11-13 · Telefax (069) 55 26 01
verlag@haagundherchen.de · www.haagundherchen.de